Textlinguistik
Ein Arbeitsbuch

Prof. (em.) Dr. Hans Jürgen Heringer ist Professor für Germanistische Linguistik und Deutsch als Fremdsprache.
Er lehrte an den Universitäten Heidelberg, Tübingen und Augsburg.

Hans Jürgen Heringer

Textlinguistik

Ein Arbeitsbuch

2., verbesserte Auflage

mykum Verlag
Brey

Bibliografische Information der Deutschen Nationalbibliothek

Die Deutsche Nationalbibliothek verzeichnet diese Publikation in der Deutschen Nationalbibliografie; detaillierte bibliografische Daten sind im Internet über http://dnb.dnb.de abrufbar.

1. Auflage 2018
2., verbesserte Auflage 2019

Auf der Bornau 29
D-56321 Brey

Druck und Endverarbeitung (print on demand):
Books on Demand (BoD) GmbH
In de Tarpen 42
22848 Norderstedt

Printed in Germany

ISBN 978-3-9819884-9-9

Vorwort 7
1. Grundfragen und Grundlagen 9
2. Kohärenz: Textstrukturen 21
3. Kohärenz: Deixis und Phorik 35
4. Der semantische Gehalt 55
5. Texte als Mittel der Kommunikation 65
6. Lokale Kohärenz: trigger und transitions 77
7. Globale Kohärenz: Das Thema eines Textes 93
8. Modulare und elektronische Texte 109
9. Textsorten oder Texttypen 123
10. Intertextualität 143
11. Text und Stil 159
12. Textkritik und Textbewertung 175
13. Literarische Texte 185
14. Lesen und Schreiben 203
Literatur 221
Anhang: Ein Ereignis in Variationen 229

Vorwort

Das Arbeitsbuch „Textlinguistik" ergänzt das 2015 erschienene Grundbuch „Linguistische Texttheorie – Eine Einführung".

Bisher war das Arbeitsbuch lediglich als PDF verfügbar. Auf Anregung meines Kollegen Bernd Ulrich Biere, der seit einigen Jahren einen kleinen Verlag in der Nähe von Koblenz betreibt, habe ich mich entschlossen, auch eine gedruckte Version der ursprünglichen PDF herzustellen, die über den Buchhandel, auch online, beziehbar ist.

Damit versuche ich, insbesondere denjenigen Lesern gerecht zu werden, die ein Arbeitsbuch lieber im traditionellen Buchformat vor sich haben möchten. Das DIN-A4-Format der PDF habe ich aus Gründen der Lesbarkeit für den Druck beibehalten, aber vor allem ist es einem Arbeitsbuch angemessen.

Während in „Linguistische Texttheorie" eine mehr oder weniger darstellende Form gewählt wurde, geht es im Arbeitsbuch um eine Vertiefung dreierlei Art:

◊ Ausgewähltes Material für Ihre eigene Weiterarbeit,
◊ Diskussion und Kritik,
◊ Material mit Aufgabenstellungen.

Das Arbeitsbuch folgt den Kapiteln des Grundbuchs. Es wird jedoch keine Progression von Kapitel zu Kapitel angestrebt, so dass es sich eher um ein Album als um ein Lernprogramm handelt.

Das Arbeitsbuch ist geprägt durch das, was ich gelesen habe:

◊ Altes und Neues,
◊ Modisches und Vergessenes,
◊ Eigenes und Fremdes,
◊ Kluges und Doofes.

Vor allem erlaube ich mir aber, dass wir auch Kritisches gemeinsam erfahren.
Und natürlich Kreatives. Anregungen für Ihre eigene Telefonzelle im Anhang.
Viel Erfolg – und Spaß?

Hans Jürgen Heringer
Herrsching, im März 2019

Ja, das Schreiben und das Lesen
ist stets mein Fall gewesen.
nach Johann Strauß, Der Zigeunerbaron

1

Grundfragen und Grundlagen

Wichtig ist die Einsicht, dass ein Text nur in einem gewissen Sinn aus Sätzen besteht. Sätze werden gewöhnlich für Einheiten der **Langue** gehalten. Texte werden aber geäußert, sind Verwendungen in der **Parole**. Sie bestehen aus Satzäußerungen. Aus diesem Grund sollten wir auch unterscheiden zwischen der Bedeutung von Sätzen und dem Sinn eines Textes. Der Sinn wird zwar durch die Bedeutungen der Sätze gefüttert, er entsteht aber im Verstehen.

Wenn es heißt, dass Texte im Gegensatz zu Sätzen zur Parole und nicht zur Langue gehören, so wird damit die grundlegende Unterscheidung eines Urvaters der Linguistik angewandt (de Saussure in CLG, Heringer 2013).

De Saussure legte der Linguistik eine Dreiteilung zugrunde, deren Phänomene mit unterschiedlichen Ansätzen und Methoden zu behandeln sind.
Sprache wird untersucht in verschiedenen Erscheinungsformen:

- Die Langue, eine Einzelsprache als ein soziales Konstrukt und mentales Modell. Für de Saussure wichtig: Sie existiert nur im Kollektiven. Sie ist etwas Gesellschaftliches, ein fait social.
- Der Langage, die Sprachfähigkeit der Spezies Mensch und von Individuen, vor allem wie sie die Sprache erwerben.
- Die Parole, die Menge tatsächlicher sprachlicher Handlungen und Äußerungen im kommunikativen Zusammenhang.

In einer Langue gibt es keine sprachlichen Grenzen, weder regional noch zeitlich. Alles ist im Fluss, alles ist plastisch. Die Schnitte legen wir – nach linguistischen Kriterien.
Und weiter: Die Langue ist

- die Instanz, die wir anrufen, wenn wir beurteilen wollen, ob eine Äußerung korrekt ist oder nicht, ob es sich um Deutsch handelt oder nicht,
- das Potential, das uns versichert, dass wir uns verstehen.

Eine Langue ist eine Fiktion, von der die Sprecher ausgehen, weil sie eine gemeinsame Basis für das gegenseitige Verstehen brauchen. Und das Verstehen ist tatsächlich nur so weit möglich, wie es eine gemeinsame Basis gibt.

Eine Saussuresche Überzeugung hat die weitere Entwicklung der Linguistik entscheidend beeinflusst: die Systematizität der Langue. Auf der einen Seite der flüssige Charakter der Langue, ohne vorgegebene Grenzen und Einheiten und auf der anderen Seite „Die Sprache ist ein System von Zeichen".

Die Parole hingegen hat eine soziale Seite, aber auch eine individuelle. Die soziale Seite ist ihre Verwendung in der Kommunikation zwischen Partnern. Sie ist individuell, weil sie die persönliche Kompetenz erfordert. Eine Person muss nicht alle Möglichkeiten der Langue beherrschen oder anwenden können und sie wird in Bereichen auch individuelle Regeln automatisch befolgen.

Kommunikativ und phylogenetisch gesehen ist die Parole die Basis der Langue. In der kommunikativen Praxis, in der Parole der Sprecher einer Gemeinschaft entsteht die Langue.
Andererseits wird in der Kommunikation die Langue genützt, angewendet. Denn ohne ihre Kenntnis kann keiner kommunizieren und verstanden werden. Dies ist das kommunikative Hin und Her, in dem die Parole die Langue braucht und die Langue von der Parole gefüttert wird.

Definitionen von Texten beschäftigen die Textlinguistik naturgemäß. Drum ist ihre Anzahl Legion. Hier exemplarisch kommentierte Textdefinitionen.

Text heiße jeder geäußerte sprachliche Bestandteil eines Kommunikationsaktes im Rahmen eines kommunikativen Handlungsspiels, der thematisch orientiert ist und eine erkennbare kommunikative Funktion erfüllt, d. h. ein erkennbares Illokutionspotenzial realisiert. (Schmidt 1976, 150)

Mehrere Kriterien.
Wer muss das erkennen. Der Linguist? Die an der Kommunikation Beteiligten? Beide?

Viel Terminologisches, das man kennen müsste. Wie weit wird es tragen? Wohin wird es uns tragen? Ein Problem ist das *eine* in der zu erfüllenden Funktion.
Das sollte man mal vorexerzieren. Und eigentlich wäre es das Ergebnis der Analyse.

Il testo è un sistema. Un sistema in cui sono messe in relazione unità di contenuto, a cui vengono attribuite forme differenti, a seconda dei codici e dei linguaggi adoperati, e di grandezza variabile. (it.wikipedia.com)

Eine klassische Definition nach genus und differentia. Ein System, das X ist.
Da aber der Inhalt so nicht vorliegt, wird man von ihm schwer ausgehen können.

Im Sinne der Komplementarität beider Betrachtungsweisen sollte bei der Definition von 'Text' sowohl auf die textexternen als auch auf die textinternen Kriterien zurückgegriffen werden. [. . .] Ein Text wäre danach, textintern gesehen, ein komplexes sprachliches Zeichen, das nach den Regeln des Sprachsystems (langue) gebildet ist. Textextern gesehen, wäre ein Text dann gleichbedeutend mit 'Kommunikationsakt'.
(Gülich/ Raible 1977, 47)

Ja sicher, allerdings ein etwas ungewöhnliches Zeichen.
Aber sicher genügt das nicht. Es wäre keine differentia specifica.

Das klingt nun aber sehr ulkig.
Das Kommunikative ist doch nicht textextern.
Der Text spielt gerade in der Kommunikation seine Rolle.
Sollte Schmidt (oben) da Unrecht haben.
Ja, und gleichbedeutend wäre wirklich ein starkes Stück.

Mit unseren Kautelen im Kopf schauen wir uns Textdefinitionen an. Die folgenden Beispiele werden aufgeführt in Heinemann/ Heinemann 2002, 110, weitere Adamzik 2004, 38.

> Isenberg 1968: Der Text ist eine Folge von Sätzen, die durch Vertextungsmittel miteinander verknüpft sind.
>
> Agricola 1969: Der Text ist eine geordnete Menge von Sätzen, die zusammen ein Thema bildet.
>
> Große, E. U. 1976: Der Text ist der sprachlich manifeste Teil der Äußerung in einem Kommunikationsakt.
>
> Dimter 1981: Ein Text ist eine syntaktisch, semantisch und pragmatisch kohärente, abgeschlossene Folge sprachlicher Zeichen.
>
> Hundsnurscher 1984, 76: Ein Text ist jede Art von in Gebrauch genommener Sprache.
>
> Beaugrande/ Dressler 1981, 32: Texte sind Resultate von mentalen Prozessen und kognitiven Prinzipien.
>
> Warnke 2000, 2: Ein Text ist eine an subjektives Handeln gebundene Einheit der Sprache, die per se funktional ist.
>
> Heinemann 2002: Texte sind die von Handelnden in einer bestimmten interaktionalen Situation produzierten und rezipierten Grundeinheiten der sprachlichen Kommunikation mit einer spezifischen kommunikativen Funktion. (Ihre Wesensmerkmale werden von Individuen prototypisch gewichtet und als Ganzheiten deklariert.)

Selbstverständlich werden die Definitionen in Frage gestellt und diskutiert. Hier zum Beispiel scheint die Idee der Textfunktion problematisiert.

> Der für die vorgeschlagene Textdefinition grundlegende Begriff der kommunikativen Funktion ist aber primär auf den einzelnen Sprecher bzw. Schreiber bezogen [. . .], sodass die Anwendung des Textbegriffs auf dialogische Kommunikation zumindest als problematisch erscheint. (Brinker 2010, 19)

Halten Sie das Argument für stichhaltig? Sind Texte nicht irgendwie dialogisch? Hätten Sie eine Idee, was *bzw.* hier heißen soll?

Vielleicht schauen Sie all diese Definitionen mit kritischen Augen an. Machen Sie eine Aufstellung, in der Sie alle genannten Kriterien aufführen.

> Sehr witzig dieser Webfund. Das ist natürlich Isenberg selbst -;).
> Text ist „eine kohärente Folge von Texten ." (Isenberg 1970:1)

Texte sind begrenzt. Sie haben einen Anfang und einen Schluss (mit diesem Wort deutet sich schon an, dass es da nicht einfach um das Ende geht). Anfang und Schluss sind funktional.

Ich hatte in der Schule einen Deutschlehrer, der von vielen Romanen den ersten Satz auswendig wusste. Werde es ihm, nachdem Du diese Seite eingerichtet hast, gleichtun.

„Der Anfang ist immer das entscheidende, hat man's darin gut getroffen, so muss der Rest mit einer Art von innerer Notwendigkeit gelingen, wie ein richtig behandeltes Tannenreis von selbst zu einer graden und untadeligen Tanne aufwächst ." (Fontane)

Mit dem ersten Satz entwirft der Autor schon eine Art Prospekt. Man würde am

Im achtzehnten Jahrhundert lebte in Frankreich ein Mann, der zu den genialsten und abscheulichsten Gestalten dieser an genialen und abscheulichen Gestalten nicht armen Epoche gehörte. (P. Süßkind, Das Parfüm)

Alle glücklichen Familien gleichen einander, jede unglückliche Familie ist unglücklich auf ihre Art. (L. Tolstoi, Anna Karenina)

Die Geschichte Hans Castorps, die wir erzählen wollen – nicht um seinetwillen (denn der Leser wird einen einfachen, wenn auch ansprechenden jungen Mann in ihm kennenlernen), sondern um der Geschichte willen, die uns in hohem Grade erzählenswert scheint (wobei zu Hans Castorps Gunsten denn doch erinnert werden sollte, dass es seine Geschichte ist, und dass nicht jedem jede Geschichte passiert): diese Geschichte ist sehr lange her, sie ist sozusagen schon ganz mit historischem Edelrost überzogen und unbedingt in der Zeitform der tiefsten Vergangenheit vorzutragen. (Thomas Mann, Zauberberg)

Diederich Heßling war ein weiches Kind, das am liebsten träumte, sich vor allem fürchtete und viel an den Ohren litt. (Heinrich Mann, Der Untertan)

Der Knabe war klein. Die Berge waren ungeheuer. Von einem der schmalen Wege zum anderen kletterte er durch eine Wildnis von Farnen. Der Fels sprang vor und jenseits toste ein Wasserfall [. . .] (Heinrich Mann: Die Jugend des Königs Henri Quatre)

Weil seine Lage unabänderlich war, musste Abschaffel arbeiten. (Genazino, Abschaffel)

Als Mary K. s Gatte noch lebte, Oskar hieß er, und sie selbst noch auf zwei sehr schönen Beinen ging (das rechte hat ihr, unweit ihrer Wohnung, am 21. September 1925 die Straßenbahn über dem Knie abgefahren), tauchte ein gewisser Doktor Negria auf, ein junger rumänischer Arzt, der hier zu Wien an der berühmten Fakultät sich fortbildete und im Allgemeinen Krankenhaus seine Jahre machte. (Doderer, Die Strudlhofstieg)

liebsten Fortsetzungszeichen setzen.
Haben Sie Ideen, wie es jeweils weitergehen könnte? Oder fänden Sie andere Titel für den jeweiligen Roman. Entwerfen Sie dafür einen Plot.

Wenn es eine Diskussion oder Zweifel gibt, ob etwas als Text anzusehen ist oder nicht, dann kann man den Zweifel nicht stillen, indem man eine vorgängige Definition heranzieht. Die Definition selbst steht zur Debatte. Darum kann es vernünftig sein, am Anfang erst einmal offen zu sein für alles, was als Text in Frage kommt.
Man kann versuchen, einzelne Kriterien anzuwenden, und sehen wie weit sie tragen: Länge, Korrektheit, Kohärenz, Verständlichkeit usw.

Dies ist eine kleine Sammlung von Beispielen, bei denen Sie überlegen können:

- **Handelt es sich um Texte? Warum? Warum nicht?**
- **Welche Kriterien tragen wie weit?**

Für alle x gilt: Wenn P(x) dann Q(x)
P(x)
Also: Q(x)

Welche Funktion hat der folgende Text?

Eiris sazun idisi, sazun hera duoder.
suma hapt heptidun, suma heri lezidun,
suma clubodun umbi cuoniouuidi:
insprinc haptbandun, invar vigandun.
(Text: Braune Ahd. Lesebuch, 86)

Einst saßen Idisen, setzten sich hierhin, dahin.
Einige banden Fesseln, einige hielten das Heer auf,
einige lösten ringsumher die (Todes)Fesseln:
Entspringe dem Fesselband, entflieh den Feinden!

Fisches Nachtgesang

–
◡ ◡
– – –
◡ ◡ ◡ ◡
– – –
◡ ◡ ◡ ◡
– – –
◡ ◡ ◡ ◡
– – –
◡ ◡ ◡ ◡
– – –
◡ ◡
–

Schlange bilden!

Wir suchen einen/eine
Bereichsleiter/in
mit der Qualifikation als
Diplom-Ingenieur
Fachrichtung Bauingenieurwesen.
Es können nur Bewerber/innen berücksichtigt werden, die nach dem Studium langjährige Erfahrungen im Fernstraßenbau in leitender Stellung sammeln konnten und die erfolgsorientierte Führung von Ingenieuren und anderen Mitarbeitern nachweisen können. Selbstständiges Arbeiten und hohes Verantwortungsbewusstsein setzen wir voraus.

Hätten Sie hier was zu bemängeln?

De Bläck Fööss: Huusmeister Kaczmarek

Jo, wenn d'r Aufzoch klemmp un de Mülltonn' brennt
un em janze Huus et Leech usfällt,
es em drette Stock d'r Klo verstopp,
alles weed bei mir gemeld'.
Och wenn Wasserrühre lecke,
dun se mich och naaks für wecke,
dat es minge Job.
Dreck en d'r Eck' un 'ne Fleck an d'r Deck,
sidder dann jeck, wem es dä Dreck? Muss weg!

Versuchen Sie mal, das ins Standarddeutsche zu übersetzen.

Inhaltsangabe zu Herbert Malecha: Die Probe

Also, der Jens Redluff wurde von der Polizei gesucht, weil er mal im Gefängnis war. An der Lithfassäulen hingen Plakate, die ihn beschreiben haben: Aussehen, Größe, Alter, Haarfarbe usw. Dann war er mal in einer Kneipe bestellte sich ein doppelte Wodka, und kamen ich glaube es waren drei Männer in die Kneipe mit schwarze Hütten und wollten den Ausweis von dem Jens sehen. Schön und gut, diese 3 Männer erkannten ihn aber nicht und verließen wieder die Kneipe. Ja, und dann war der Jens in so einer Ausstellung und dann auf einmal rief einer „herzlichen Glückwunsch". Sie sind unser tausendster Besucher und bekam einem Blumenstrauß in die Hand gedrückt. Der Wärter frägt den Jens, ja wie heißen sie denn?
Jens sagte seinen ganzen Namen, Jens Redluff und alle waren still.
Auf einmal kam die Polizei und Jens wurde festgenommen.
Die Geschichte find ich ganz gut. Das ist mal was anderes, nicht so langweilig!
Ich finde es auch toll, wenn ein richtiges Buch dazu gäbe.

Welche Fehler finden Sie? Von welcher Art sind sie? Wie alt war der Schreiber? Ist das trotzdem ein Text?

Ja, wenn der Aufzug klemmt und die Mülltonne brennt
und im ganzen Haus das Licht ausfällt,
ist im dritten Stock das Klo verstopft,
alles wird bei mir gemeldet.
Auch wenn Wasserrohre lecken,
würden sie auch nachts mich wecken,
das ist mein Job.
Dreck in der Ecke und ein Fleck an der Decke,
sind sie denn verrückt, wem gehört der Dreck? Muss weg!

Was halten Sie von dieser Lösung für „De Bläck Fööss"?

Ein alter und etwas ungewöhnlicher und barocker Text des Barock von Theodor Kornfeld. (Im Netz an vielen Orten zu finden)

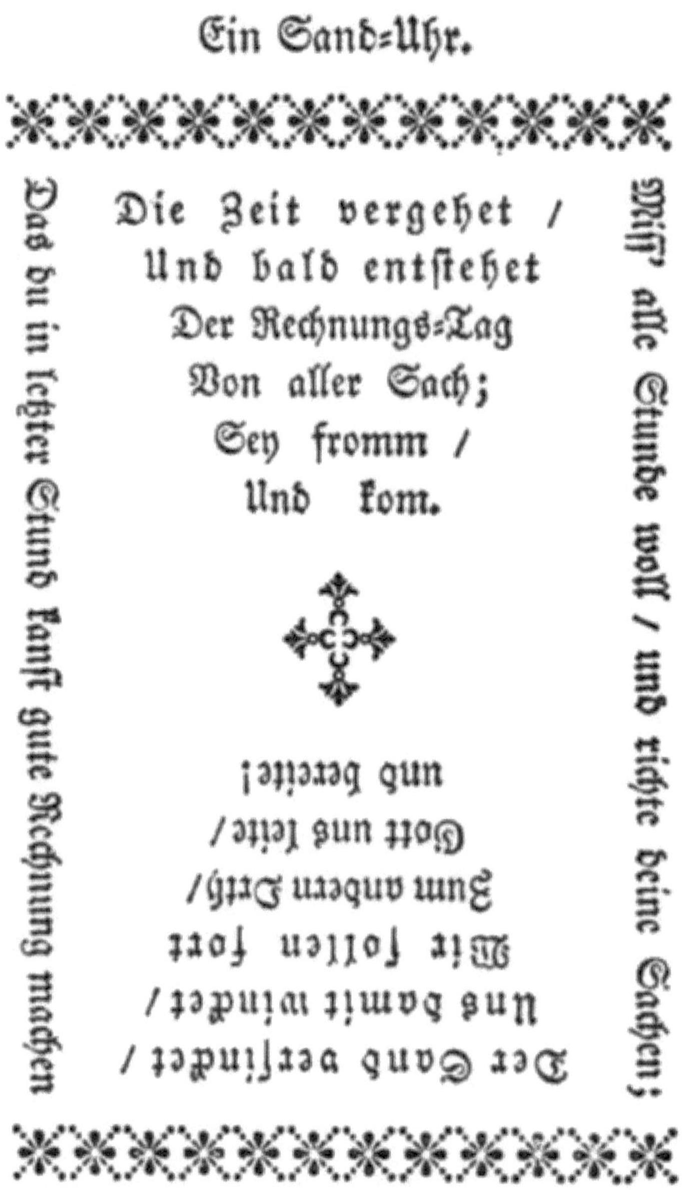
Ein Sand-Uhr.

Die Zeit vergehet /
Und bald entstehet
Der Rechnungs-Tag
Von aller Sach;
Sey fromm /
Und kom.

Der Sand verfindet /
Uns damit windet /
Wir sollen fort
Zum andern Orth/
Gott uns leite /
und bereite!

Das du in letzter Stund kanst gute Rechnung machen

Miß alle Stunde woll / und richte deine Sachen;

- **Der Titel sagt, worum es geht.**
- **Ist es überhaupt ein Text?**
- **Transkribieren Sie ihn in Normalform.**
- **Was geht alles verloren?**

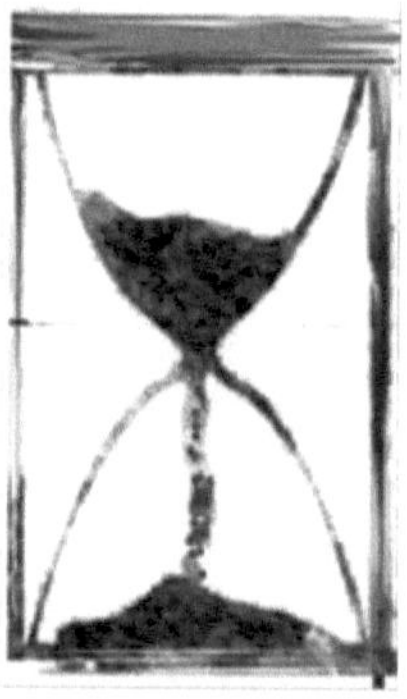

Und noch ein neuerer.

- **Warum ist er so gestaltet?**
- **Ist es überhaupt ein Text?**

EXilanten

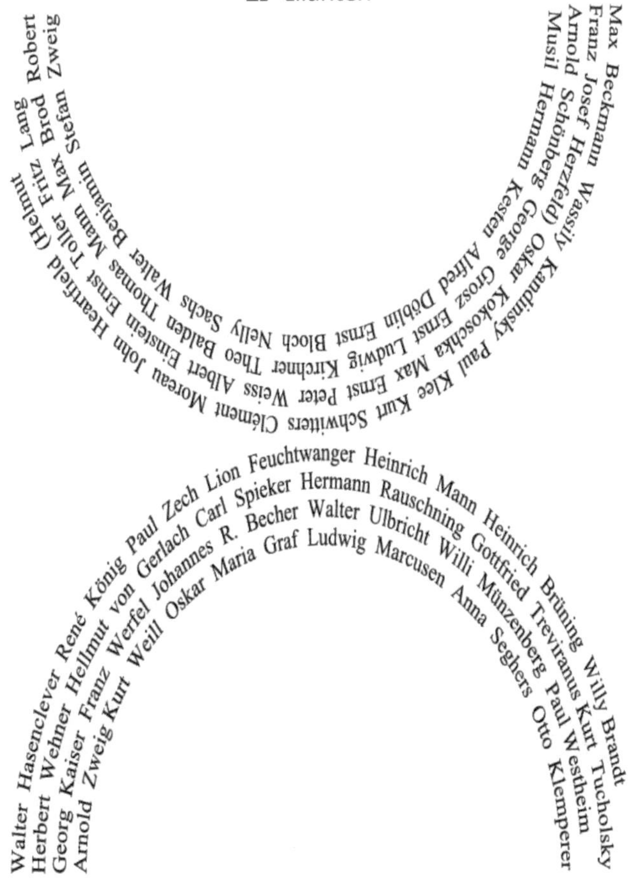

Haben Sie eine Idee, worum es hier historisch ging?

TEXTE sind sinnvolle Verknüpfungen sprachlicher Zeichen in zeitlich-linearer Abfolge. (Weinrich 1993, 17)

Was würde Weinrich sagen zur Sanduhr oder der folgenden Figur?

Das zeichentheoretische Prinzip solcher Texte heißt Ikonismus.
Was wird wohl hier dargestellt sein?
Informieren Sie sich über Ikonismus allgemein und in der Sprache im Besonderen.
Auch Ikonismus in Texten und in der Wortstellung.

Kern-
Gift- Müll-
Umwelthysterie
Tschernobyl Störfall Atom-
Treibhauseffekt Umweltbewusstsein
GAU
Waldsterben Entsorgungspark
zivile Nutzung Atommolke GAU
Lebensqualität Naturschutz Friedliche Nutzung
Supergau Strahlenmolke entsorgen Giftkrieg
Umweltschutz Fischsterben Heimatschutz Ozonloch
Ökologie
Katastrophe Schadstoffe Seveso
Atomangst Atomeuphorie Havarie environment
Sandoz-Rheinvergiftung Störfall Restrisiko Umweltverschmutzung
umweltfreundlich Becquerel Smog Rauchnebel Umweltverschmutzung
Gift-
Müll-

Zu Ikonismus in der Zeichentheorie:
Heringer (2014a), Kap. 2. 1

Ikonismus in der deutschen Grammatik:
Heringer (2014b), 159

Hallo mein Engel

Ich hoffe du liest Briefe ich sehe einfach keine andere Möglichkeit meine Gefühle für dich anders auszudrücken, wenn du bei mir bist kann ich keinen klaren Gedanken fassen, du stellst meine Welt auf den Kopf, alles dreht sich. Kopf und Bauch. Wo vorher Leere war, ist nun Reichtum und Fülle. ich spüre die Wärme meines Herzens, sie durchströmt meinen Körper komplett. Ich spüre wie meine Finger beginnen zu Kribbeln. Ich will einfach nur noch zu dir um deine Nähe, deinen Geruch einzuziehen, den klang der Stimme zu hören, die mich so verzaubert hat.

Ich liebe dich, diese drei Worte reichen nicht um das zu beschreiben was ich für dich empfinde. Du bist meine Sonne wenn es regnet, dein Lachen ist die Luft die ich zum Atmen brauche. Ich danke dir für jeden Moment den ich mit dir verbringen darf. Jede Berührung ist so intensiv! Und das Gefühl, das Gefühl etwas ganz besonderes für jemanden zu sein. Für dich, die mir Alles bedeutet!

Ich liebe dich mein Herz

Frieder

Würden Sie aus dieser kleinen Textsammlung welche als Texte anerkennen? Was wäre zu korrigieren? Was halten Sie vom Stil?

Sehr geehrte Paola,
Du bist glukisch! Ich kanne dir congratuliert, aber was kanne ich dir geschenk?
Ich möchte nach Berlin gehen für du und Stefan sehen.
Im welche Kirche ist der Hochzeit? Oder wo? Und wo ist die Hochzeitsreise? Ich denke Greichenland ist schöne, aber Ägypten ist schöner also. Wie alt is Stefan?
Viele Grusse, Natascha
Frieder

Paola,
Super! Endlich, wirds du verheiratet!!! Ich freue mich sehr gern über euch.
Kann ich wartet Stefan treffen. Wie ist er? Er ist Arzt, deshalb schlau must er sein. . . und reich? Wunderbar! Du brauchst einer mann mit viel Geld weil kaufst du sehr gern und oft. . .
Hört mal, die einladung war schön aber nicht so klar. . . Kann ich meine neue Freund zum deine Hochzeit bringen? Bitte sag mir bald, Ja?
Bis bald!
Busi,
Kaine
PS: Machen sie eine Hochzeitreise?
Wenn ja, wo?
Ah! Du bist so glücklich!!!

Fehlerhafte Texte sind Texte.
Bewusst abweichende Texte sind Texte.
Als Text intendierte Zeichenfolgen sind für den Autor Texte und können verstehenden Rezipienten als Texte erscheinen.

Fisches Nachtgesang ist als Text gemeint und kann auch als Text verstanden werden.

- **Es gibt einen Titel. Der wirkt leitend und erklärend.**
- **Die Zeichenfolge ist strukturiert und kann gedeutet werden, etwa Anklänge an Versmuster.**
- **Der Text wird von vornherein nicht als Zweck- oder Gebrauchstext gelesen.**
- **Wer den Autor kennt, wird auf etwas gefasst sein.**
- **Den Gag wird man verstehen, wenn man die Redensart kennt und wenn sie einem in den Sinn kommt.**

> Akzeptieren wir, dass ein Text aus Sprache besteht, stellt sich nur noch die Frage . . .
> Schwarz-Friesel/ Consten 2015, 17

Ja, wer so etwas akzeptiert, dem stellen sich wirklich viele Fragen.

Auch nicht ganz schlecht ist dieses hier.

> Die Umwelt geht als Erfahrung in den Menschen ein.
> Gansel/ Jürgens 2009, 123

You shall know a word
by the company it keeps.
John R. Firth

2

Kohärenz: Textstrukturen

Die frühen Textgrammatiken von Weinrich gehen von authentischen Texten aus. Zeigen sich aber in dem Sinn bescheiden, als sie nicht alle grammatischen Phänomene an Texten glauben zeigen zu können. Eigentlich geht es hier nicht um die Grammatik von Texten, sondern um Grammatik an Texten. Insofern wird auch beansprucht, dass wir es mit vollständigen Grammatiken zu tun haben, die immer Texte im Blick haben.

Was genau ist ein Konnektor? Hier im Kontrast zwei Definitionen.

- **Was halten Sie vom Widerspiegeln? Was ist da primär?**
- **Was fehlt in der ersten gegenüber der zweiten?**
- **Was wird jeweils verknüpft? Was ist da korrekt?**

> Wichtig ist nur: Konnektoren sind sprachliche Mittel, die logische Grundoperationen unseres Denkens widerspiegeln. Mit diesen logischen Operationen verknüpfen wir Sachverhalte gedanklich, mit den entsprechenden sprachlichen Mitteln verbinden wir Teile von Texten. (Schwarz-Friesel/ Consten 2014, 85)

> Konnektoren sind sprachliche Ausdrücke, die Sätze in eine spezifische semantische Beziehung zueinander setzen können. Das sind im Deutschen etwa 350 Ausdrücke, die traditionell als Konjunktionen und als bestimmte Subklassen von Adverbien und Partikeln beschrieben werden. Konnektoren sind [. . .] auf der obersten Ebene grammatischer Kombinatorik, auf der Ebene der Syntax, angesiedelt. GRAMMIS (http://hypermedia. ids-mannheim. de/call/public/sysgram. ansicht?v_typ=d&v_id=1183)

Beachten Sie: Im Gegensatz zu der Betrachtungsweise im Buch werden bei GRAMMIS (auch in der Liste) Präpositionen nicht berücksichtigt.

Wo steckt hier jeweils der Grund. Unterstreichen Sie das Textsegment.

Der Weg zurück wird weit und mit Steinen gepflastert bleiben, **weil** jede Kirche gerne ihre Besitzstände retten möchte, von Rom und dessen Vormacht-Anspruch ganz zu schweigen.

Der Weg zurück wird weit und mit Steinen gepflastert bleiben. **Deshalb** möchte jede Kirche gerne ihre Besitzstände retten, von Rom und dessen Vormacht-Anspruch ganz zu schweigen.

Der Weg zurück wird weit und mit Steinen gepflastert bleiben. Jede Kirche möchte **nämlich** gerne ihre Besitzstände retten, von Rom und dessen Vormacht-Anspruch ganz zu schweigen.

Aber in seiner aufgeregten Stimme klingt fast überschwengliche Freude mit. Berechtigte Freude. **Denn** was zunächst nur gute Hoffnung ist, stellt sich knapp drei Stunden später als Gewissheit heraus. **Weil** schon zu DDR-Zeiten in der brandenburgischen Naturschutzstation Buckow der Versuch gelungen war, durch künstliche Bebrütung, Aufzucht und anschließende Auswilderung wenigstens einen kleinen Trappenbestand zu sichern.

Konnektoren können von unterschiedlicher Wortart sein.

Konjunktion:	Dass ein atomarer GAU nur sehr selten eintritt, beruhigt den Laien nicht; **denn** selten kann auch morgen sein.
Subjunktion:	Dass ein atomarer GAU nur sehr selten eintritt, beruhigt den Laien nicht, **weil** selten auch morgen sein kann.
Bindeadverb:	Dass ein atomarer GAU nur sehr selten eintritt, beruhigt den Laien nicht; selten kann **nämlich** auch morgen sein.
Adverbialpronomen:	Selten kann auch morgen sein. **Deshalb** beruhigt es den Laien nicht, dass ein atomarer GAU nur sehr selten eintritt.
w-Wort:	Selten kann auch morgen sein, **weshalb** es den Laien nicht beruhigt, dass ein atomarer GAU nur sehr selten eintritt.
Partikel:	Dass ein atomarer GAU nur sehr selten eintritt, beruhigt den Laien nicht; selten kann **ja** auch morgen sein.
Präposition:	**Trotz** seiner Seltenheit ist ein atomarer GAU für den Laien bedrohlich.
Brückenausdruck:	Dass ein atomarer GAU nur sehr selten eintritt, beruhigt den Laien nicht. **Der Grund dafür** ist, dass selten auch morgen sein kann.

Hier einige Beispiele für Konnektoren, die in mehrere syntaktische Kategorien gehören.

Konnektor	Kategorie	Beispiel
als	Subjunktion	Du warst weg, als ich kam.
	Partikel	Heute wird weniger geraucht als früher.
	Präposition	Atomkraftwerke gelten als große Gefahr.
denn	Konjunktion	Komm zurück. Denn ich brauche dich.
	Partikel	Was war denn das?
	Partikel	All das gibt es heute mehr denn je.
doch	Adverb	Doch war da nichts mehr zu machen.
	Partikel	Wie heißt der doch gleich?
seit	Subjunktion	Seit ich weniger esse, fühle ich mich fit.
	Präposition	Seit ihrem Geburtstag ist sie krank.
während	Subjunktion	Während sie Mut zeigte, war er feige.
	Präposition	Während der Ferien wird relaxt.

Hier bekommen Sie die Liste der Konnektoren aus GRAMMIS. Suchen Sie die 10 häufigsten heraus und bringen Sie sie in eine Reihenfolge.

aber
abermals
abgesehen davon
abgesehen von
alldieweil
allein
allemal
allenfalls
allerdings
als
als dass
als ob
als wenn
alsbald
alsdann
also
andernfalls
andrerseits
anfänglich
anfangs
angenommen dass
angesichts dessen
anhand dessen
anschließend
ansonsten
anstatt
anstatt dessen
anstelle dessen
auch
aufgrund dessen
ausgenommen
ausschließlich
außerdem
bald
beispielsweise
besonders
bestenfalls
bevor
beziehungsweise
bis
bloß
da
dabei
dadurch
dafür
dagegen
daher
dahingegen
damals
damit
danach
daneben
dann
darauf
daraufhin
darüber hinaus
darum
das heißt
dass
davor
dazu
dazwischen
dementsprechend
demgegenüber
demgemäß
demnach
demzufolge
denn
dennoch
desgleichen
deshalb
dessen ungeachtet
deswegen
diesbezüglich
doch
drauf
drum
ebenfalls
ebenso
eh
ehe
eigentlich
einerseits
einesteils
einmal
einzig (und allein)
endlich
entsprechend
entweder (. . .) oder
ergo
erst
erstens (. . .)
erstmal
es sei denn
etwa
falls
ferner
folglich
freilich
für den Fall
gar
gdw.
gegebenenfalls
genauso
geschweige/ geschweige denn
gesetzt
gleichermaßen
gleichfalls
gleichwohl
gleichzeitig
halb (. . .), halb
hernach
hierbei
hierdurch
hiermit
hingegen
hinsichtlich dessen
hinterher
hinwieder
hinwiederum
höchstens
im Fall(e)
im Übrigen
im Weiteren
im/ in Hinblick darauf
immerhin
in Sonderheit
indem
indes
indessen
infolgedessen
insbesondere
insofern
insofern (. . .), als
insoweit

kaum
lediglich
mal (. . .), mal
mindestens
mit Bezug darauf
mithin
mittlerweile
nachdem
nachher
nämlich
nebenbei
nebenher
nicht einmal
nicht mal
nichtsdestotrotz
nichtsdestoweniger
noch
nun
nunmehr
nur
nurmehr
obendrein
obgleich
obschon
obwohl
obzwar
oder
ohnedies
ohnehin
schließlich
schlussendlich
schon
sei es
seit
seitdem
seither
selbst
sintemal(en)
so
so lange
sobald
sodann
sodass
sofern
sofort
sogleich
solang(e)
somit
sondern
sonst
sooft
sosehr
soviel
soweit
sowie
sowieso
sowohl (. . .) als (auch)
später
sprich
statt
stattdessen
teils (. . .), teils
trotzdem
überdies
überhaupt
übrigens
um dessentwillen
umso mehr, als
umso weniger, als
unbeschadet dessen
und
und zwar
ungeachtet dessen
unterdes
unterdessen
unterstellt
vielmehr
von daher
vor allem
vorausgesetzt
vorbehaltlich dessen
vorher
während
währenddessen
weder (. . .), noch
weil
weiter
weiterhin
weiters
wenigstens
wenn
wenn (. . .) auch
wenngleich
wennschon
weshalb
weswegen
wie
wieder
wiederum
wiewohl
will sagen
wo
wobei
wodurch
wofern
wogegen
wohingegen
wohlgemerkt
womit
wonach
worauf
woraufhin
zudem
zuerst
zugleich
zuletzt
zum Beispiel
zum einen
zumal
zumal (da)
zumindest
zunächst
zusätzlich
zuvor
zwar
zwischendurch
zwischenzeitlich

Stellen Sie aus der Sammlung Konnektoren zusammen:

- **fünf adversative**
- **fünf konsekutive**
- **fünf kausale**
- **fünf konzessive**

In jeder Serie finden Sie ein Kuckucksei, das inhaltlich nicht in die Reihe passt.

denn	weil	dadurch, dass	indem	nämlich	daher
folglich	also	somit	so dass	mit	führt zu . . .
sondern	aber	im Gegenteil	dagegen	womit	jedoch
folgt auf. . .	heute	später	nachdem	bis	führt zu . . .

Ein Text sollte klar strukturiert sein. Die Konnektoren sind mit bestimmten Sprechakten verbunden. In Texten gibt es wiederkehrende Mini-Folgen mit gleicher Struktur.

Aussage	Erklärung *(das heißt, das bedeutet, . .*	
Aussage	Kontrast / Gegensatz *(aber, dagegen, . . .)*	
Aussage	Begründung *(weil, denn, . . .)*	Beispiel
Bedingung	Folge *(denn, . . .)*	Beispiel
Argument	Schluss *(also, darum, . . .)*	Beispiel
Aussage	Zusätze *(nicht nur, sondern auch, hinzu kommt, außerdem,*	

Unterstreichen Sie alle temporalen Konnektoren in den Meldungen.

Nach einer neunmonatigen Sperre wegen Dopingmissbrauchs hat Rossi im vergangenen Jahr das Gesamtklassement der Tour de Suisse gewonnen. Eigentlich war im Team abgesprochen, dass Gianni im vorletzten Aufstieg attackieren und Casale dann die Chance eines Konters wahrnehmen würde. Doch der Toscaner kam dem Tessiner zuvor, dem danach die Hände gebunden waren.

Nachdem sich ein Projekt zerschlagen hatte, planten Sepp Bischof und sein Team notgedrungen die Eröffnung einer Zweigstelle. Als die Parcon dann mit dem Neubau beginnen konnte, wurde die Zweigstelle wieder hinfällig. Einen Monat später bezog das RAV die Räume.

Gestern Abend endlich zeichnete sich beim zweitägigen Außenministertreffen ein Umfallen Deutschlands ab. Kurz zuvor noch hatte der Außenminister zwar einen Alleingang ausgeschlossen, aber schon eine Annäherung angedeutet.

Die politische Klasse Russlands probte am Wochenende den Aufstand. Sie wird ihn am Mittwoch erneut wiederholen. Während der in Bausch und Bogen in der Staatsduma verdammte Präsident wieder einmal das Krankenhaus aufsuchen musste, versuchte das Parlament die ersten Schritte zu seiner formalen Amtsenthebung einzuleiten.

Der junge Mann war auf den früheren Eishockeyspieler losgegangen, nachdem ihn dieser ermahnt hatte, eine zurückgelassene Plastiktasche mitzunehmen. Sch. : „Erst beschimpfte er mich, dann drohte er mir Schläge an und plötzlich zog er aus seinem Rucksack die Pistole. „

Vor und während des Hahnenkammrennens 1989 wurden in den Printmedien Österreichs, Deutschlands und der Schweiz 1989 Veröffentlichungen gezählt.

aber, allein, allerdings, als, also, auch, bald, besonders, bis, da, dabei, dafür, damit, dann, darauf, dass, dazu, denn, deshalb, doch, eigentlich, einmal, endlich, erst, etwa, gar, indem, ja, jedoch, kaum, noch, nun, nur, nämlich, ob, oder, schon, seit, selbst, so, sogar, sondern, sonst, sowie, und, weil, weiter, wenn, wieder, wo, während, zwar

Dies sind häufige Konnektoren. Bestimmen Sie die Wortart.

Hier bitte zur Bestätigung (oder Korrektur?) Ihrer Einschätzung der Rangliste der Konnektoren.

1	und	19	ja	37	während
2	auch	20	selbst	38	weiter
3	dass	21	erst	39	zwar
4	als	22	weil	40	gar
5	aber	23	sondern	41	darauf
6	wie	24	nun	42	jedoch
7	noch	25	einmal	43	kaum
8	so	26	damit	44	dafür
9	wenn	27	also	45	eigentlich
10	nur	28	wo	46	besonders
11	oder	29	erst	47	sogar
12	doch	30	ob	48	endlich
13	schon	31	seit	49	sonst
14	bis	32	bald	50	sowie
15	denn	33	dabei	51	indem
16	dann	34	allein	52	allerdings
17	wieder	35	dazu	53	nämlich
18	da	36	etwa		

Dies ein Ausschnitt aus Freges Begriffsschrift (1879)

http://visualiseur. bnf. fr/ark:/12148/bpt6k65658c.

Alle Erscheinungen nun in der Sprache, die nur aus der Wechselwirkung des Sprechenden und des Hörenden hervorgehen, indem der Sprechende z. B. auf die Erwartungen des Hörenden Rücksicht nimmt und diese schon vor dem Aussprechen eines Satzes auf die richtige Fährte zu bringen sucht, haben in meiner Formelsprache nichts Entsprechendes, weil im Urtheile hier nur das in Betracht kommt, was auf die *möglichen Folgerungen* Einfluss hat. Alles. was für eine richtige Schlussfolge nöthig ist, wird voll ausgedrückt; was aber nicht nöthig ist, wird meistens auch nicht angedeutet; *nichts wird dem Errathen überlassen.* Hierin folge ich ganz dem Beispiel der mathematischen

An diesen typischen Verwendungen können Sie sehen, welche unterschiedlichen Affinitäten vordergründig synonyme Konnektoren haben.
Bei *vorher* ist auch der Unterschied zwischen deiktisch und anaphorisch wichtig, von dem das nächste Kapitel handelt.
Gegenüber (Seite 29) sehen Sie zu den unterschiedlichen Relationen diverse Ausdrucksmittel.

vorher	**zuvor**
Kurz vorher hatte. . . erklärt Zwei [. . .] Tage [. . .] vorher Wenige Stunden/Tage|Minuten vorher [. . .] hatte mindestens [. . .] eine Woche vorher Nie vorher [und] nie [. . .] nachher Hätte ich das vorher [. . .] gewusst	Kurz zuvor [. . .] war Niemals [. . .] zuvor Unmittelbar zuvor war/hatte. . . stärker als je zuvor Mehr. . . als je zuvor Vier [Jahre/Tage] zuvor hatte. . .
zuerst	**erst**
zuerst [. . . und] dann zuerst. . . erst später Doch [. . .] zuerst Nachdem [. . .] zuerst Er studierte [. . .] zuerst	erst zehn Jahre alt muss jedoch erst einmal jetzt [. . .] erst einmal Den [. . .] ersten [. . .] Schritt auf/Auf den [. . .] ersten [. . .] Blick

Suchen Sie zu jedem Stern gegenüber zwei konkurrierende Konnektoren und zeigen Sie in typischen Sätzen, worin sie sich unterscheiden.
Kommentieren Sie kurz.

Unterstreichen Sie hier die Konnektoren. Ordnen Sie sie den Kategorien zu.

Da dieser Satz meine Erkenntnis vergrößert, muss er ein synthetisches Urteil sein.
Dass dieser Satz meine Erkenntnis vergrößert, begründet, dass er ein synthetisches Urteil sein muss.
Dieser Satz muss ein synthetisches Urteil sein, weil er meine Erkenntnis vergrößert.
Dieser Satz muss ein synthetisches Urteil sein. Denn er vergrößert meine Erkenntnis.
Dieser Satz muss ein synthetisches Urteil sein. Der Grund ist: Er vergrößert meine Erkenntnis.
Dieser Satz muss ein synthetisches Urteil sein. Er vergrößert meine Erkenntnis.
Dieser Satz muss ein synthetisches Urteil sein. Er vergrößert nämlich meine Erkenntnis.
Dieser Satz vergrößert meine Erkenntnis, weshalb er ein synthetisches Urteil sein muss.
Dieser Satz vergrößert meine Erkenntnis. Er muss daher ein synthetisches Urteil sein.
Wegen der Vergrößerung meiner Erkenntnis muss dieser Satz ein synthetisches Urteil sein.
Weil dieser Satz meine Erkenntnis vergrößert, muss er ein synthetisches Urteil sein.

Brückenausdruck, Brückenverb, Konjunktion, Partikel, Proform, Präposition, Subjunktion, Subjunktion, Subjunktion, ohne Konnektor, w-Wort

Eine erste Gruppe von Konnektoren sind anreihende, die auf „p und q" aufbauen. Sie werden aber in Untergruppen weiter spezifiziert.

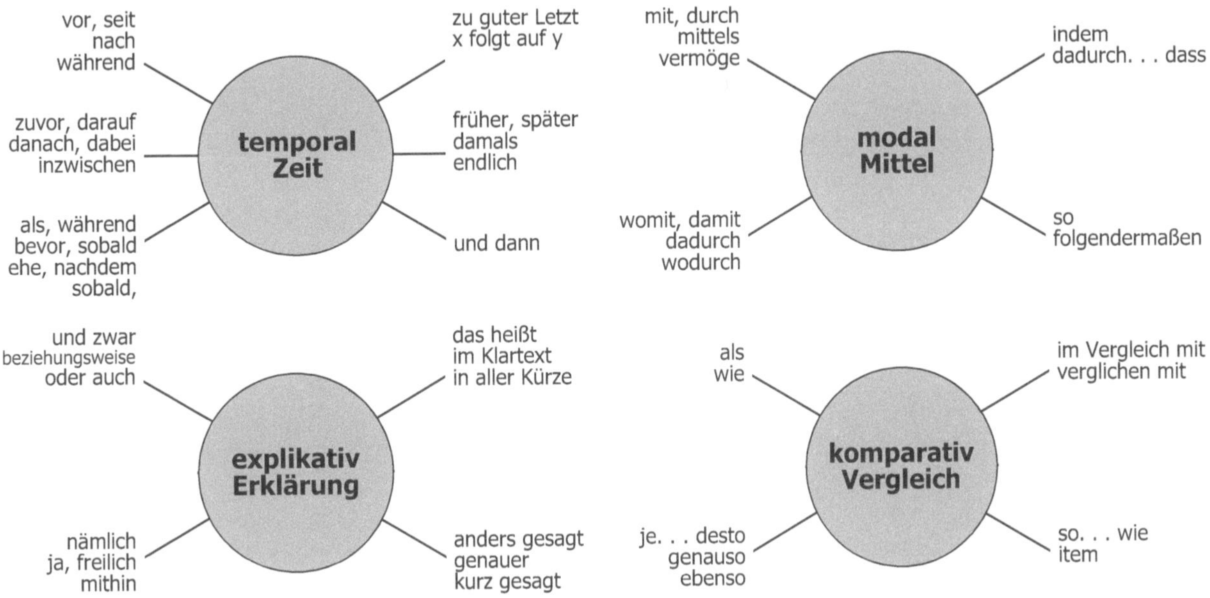

Der zweiten Gruppe liegt eine wenn-dann-Beziehung zugrunde. In der reinen wenn-dann-Beziehung ist weder p noch q behauptet. Allerdings kann das in besonderen Fällen anders zu verstehen sein, etwa wenn ein Vergangenheitstempus gewählt wurde oder ein *immer wenn*.

Wenn es regnete, nahm sie einen Schirm mit.

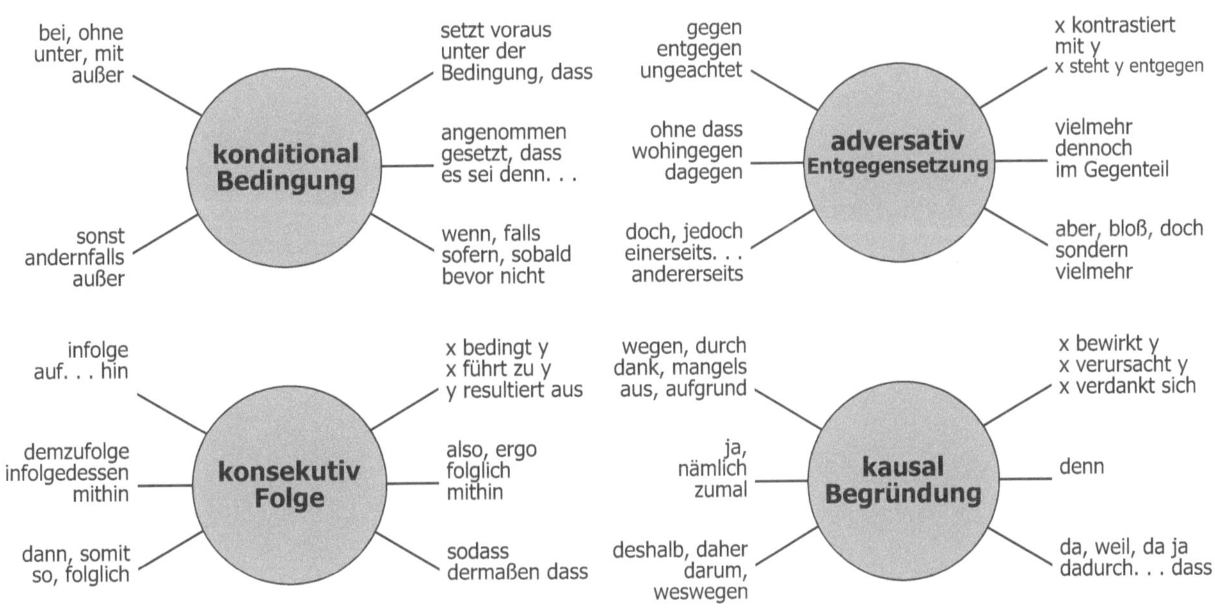

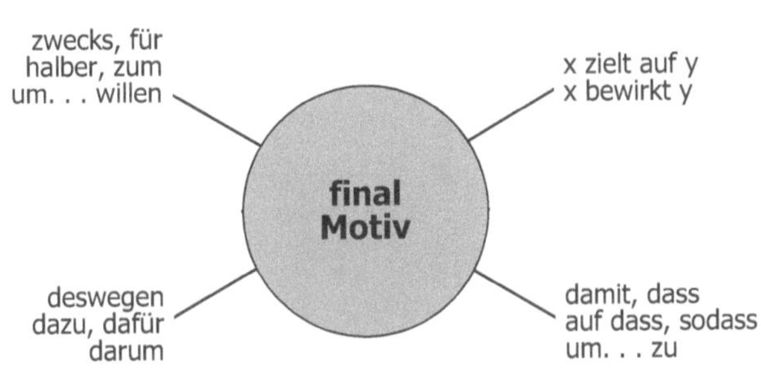

In anderen Fällen steckt die wenn-dann-Beziehung im ominösen Dritten.

Zur Funktion von Konnektoren gibt es strittige Diskussionen. Grice hat für die Beziehung jenes Dritten zum Vordergrund den Bastard der konventionalen Implikatur geboren, Hagemann möchte ihm in einem späten, etwas verwirrenden Versuch Geburtshilfe leisten. Bei ihm erscheinen all die kaum definierten Bezeichnungen dafür, wie das Dritte wirkt. Außerdem dehnt er die Ausdrucksmittel aus, mit denen wir konventionale Implikaturen ausführen können. Die Tradition stützt sich auf Frege:

> Das Wort „aber" unterscheidet sich von „und" dadurch, daß man mit ihm andeutet, das Folgende stehe zu dem, was nach dem Vorhergehenden zu erwarten war, in einem Gegensatze. Solche Winke in der Rede machen keinen Unterschied im Gedanken. (Frege der Gedanke 1918, 64)

Was genau ist eine Proposition?

> I shall consider that propositions represent the underlying meanings of utterances.
> A proposition consists of at least one predicate and one argument. In that case, it is a proposition with a one-place predicate. But a proposition may also have n-place predicates with ordered arguments. Any n-place predicate serves to express the relations which hold between arguments. (van de Velde 1992, 110)

> Als (komplexe) sprachliche Zeichen haben Sätze aber auch eine Inhaltsseite; sie bezieht sich vor allem auf die Satzbedeutung (im engeren Sinn), d. h. auf den vom Satz ausgedrückten Sachverhalt, den wir als Proposition bezeichnen. (Brinker/ Cölfen/ Pappert, 2014, 27)

> So ist z. B. die Äußerung *Hans hat das Buch trotz seiner Krankheit beendet* ein Satz mit zwei Propositionen, da die konzessive Adverbialbestimmung *trotz seiner Krankheit* eine Proposition vertritt. (Brinker/ Cölfen/ Pappert, 2014, 28)

Was sind demnach Propositionen?

- **Wo fehlt das genus proximum?**
- **Wie ist das Verhältnis von sprachlichen Ausdrücken zur Proposition gedacht? Schauen Sie auf die Verben.**
- **Ist das konsistent?**

Zu Propositionen kann man in der textlinguistischen Literatur recht wirre Aussagen finden. Wie und warum sich Logiker den Kopf darüber zerbrochen haben, scheint vergessen, wenn es je bekannt war. Die mittlerweile klassische Definition habe ich gegeben: Eine Proposition ist das, was wahr sein kann. Ich sympathisiere also durchaus mit Quine, der sie ganz aus dem Verkehr ziehen wollte, weil sie nichts über die Sätze hinaus bringen. (Quine 1970, 10)

Hier nun ein paar Zitationen zum Knabbern.

> Jeder Text stellt eine Abfolge von Sätzen [. . .] dar, denen bestimmte semantische Repräsentationen zugeordnet werden, die als semantische Strukturen, in der Linguistik Propositionen [. . .] genannt, beschrieben werden können. (Schwarz-Friesel/ Consten 2014, 60)

> In der Terminologie der Sprechakttheorie, die P. von Polenz übernimmt, wird nun die Prädikation auch Proposition genannt. (Gansel/ Jürgens 2007, 45)

Der propositionale Akt setzt sich zusammen aus dem Referenzakt und dem Prädikationsakt.
Falls mit Prädikation dieser gemeint ist, wäre das schlicht falsch.

> Propositionen, die in ihrer Gesamtheit das textsemantische Potenzial bilden, beziehen sich auf referenzielle Sachverhalte [. . .]. (Schwarz-Friesel/ Consten 2014, 60)

- **Was heißt hier beziehen sich?**
- **Was sind referenzielle Sachverhalte?**
- **Im Übrigen sind Propositionen Satzäußerungen nicht Sätzen zugeordnet. So können sie auch nicht das semantische Potenzial bilden.**

Dann können wir anderswo noch lesen:

> . . . auf den vom Satz ausgedrückten Sachverhalt, den wir als Proposition bezeichnen
> . . . zwischen den in den Sätzen ausgedrückten Sachverhalten (Satzinhalten, Propositionen)
> Der Inhalt eines Satzes kann in eine Proposition integriert sein.
> Ein Satz kann Propositionen enthalten.
> Ein Textsegment kann aus Propositionen bestehen.
> Ein semantischer Satz besteht aus einer „metapropositionalen Basis" und einer „Proposition".
> Eine Adverbialbestimmung kann eine Proposition vertreten.
> Eine Proposition kann durch mehrere Sätze realisiert sein.
> Eine Äußerung kann als Realisierung einer Proposition aufgefasst werden.
> Gefüge von Beziehungen, die zwischen den Sätzen bzw. den Propositionen als den Strukturelementen des Textes bestehen
> Sätze realisieren Propositionen.

Sollten wir uns doch nicht lieber Quine anschließen und uns mit den dass-Sätzen zufrieden geben?
Wenn Propositionen nur mit Äquivalenzen von Sätzen identifiziert werden können, dann können wir auch direkt von den Relationen zwischen Sätzen ausgehen. Denn die Proposition bringt uns nichts, was uns die Sätze nicht brächten.

Wie bereits angedeutet wurde, besteht ein Textsegment vielfach aus mehreren Sätzen (und Propositionen); es kann aber auch nur einen elliptischen Satz oder einen nichtsatzwertigen Ausdruck umfassen. Ein Satz kann mehr als eine Proposition enthalten und eine Proposition durch mehrere Sätze realisiert sein.
So ist z. B. die Äußerung *Hans hat das Buch trotz seiner Krankheit beendet* ein Satz mit zwei Propositionen, da die konzessive Adverbialbestimmung *trotz seiner Krankheit* eine Proposition vertritt (explizit: *Hans hat das Buch beendet, obwohl er krank war/ ist*). Demgegenüber besteht die Äußerung *Hans glaubt, dass der Urlaub schön wird* aus zwei Sätzen, die aber nur eine Proposition realisieren: Bei dem dass-Satz handelt es sich um einen sog. Objektsatz (*Hans glaubt X*), dessen Inhalt in die Proposition des übergeordneten Satzes integriert ist (als zweiter Referenzteil). Auch die Äußerung *Der Mann, der die Bank überfiel, ist von der Polizei gefasst worden* kann als Realisierung einer Proposition aufgefasst werden, da der Relativsatz – analog zu Adjektiven, Präpositionalattributen usw. – den Referenzteil *der Mann* erweitert. (Brinker 2010, 25 = vorletzte Ausgabe, Autor Brinker allein)

Hier wird die Containermetapher verwendet, nach der Propositionen im Satz enthalten sind.
Gemeint wohl eher im oder als Inhalt.
Zum Beispiel ist ja *Gemeint* sicher auch im vorigen Satz enthalten.

Im Prinzip ok.
Hier nun aber vertritt die Phrase eine Prop.

Jetzt aber realisieren Sätze Props.
Völlig nebendran ist die Behauptung, der dass-Satz „realisiere“ keine Prop.
Vor allem wenn schon – wie oben – Phrasen Props „realisieren“.
Darüber hinaus wird mit dem dass-Satz nicht referiert. Vielmehr die Prop ausgedrückt.

Auch das sollte man nicht annehmen.
Vielmehr zwei Props:
Der Mann, [es ist der, der die Bank überfiel,] ist von. . .

Jeder Text stellt eine Abfolge von Sätzen (S1, S2 etc.) dar, denen bestimmte semantische Repräsentationen zugeordnet werden, die als semantische Strukturen, in der Linguistik Propositionen (P1, P2 etc.) genannt, beschrieben werden können. Eine Proposition besteht aus einem Prädikat und einem oder mehreren Argumenten: Der Satz *Hanno stirbt an Typhus* beinhaltet die Proposition (Sterben (Hanno, Typhus)) [. . .]
Propositionen, die in ihrer Gesamtheit das textsemantische Potenzial bilden, beziehen sich auf referenzielle Sachverhalte. (Schwarz-Friesel/ Consten 2014, 60)

Hier geht es gleich in anderem Jargon weiter. Man weiß nicht so genau: Sind sie sem. Strukturen oder werden sie, nur wenn sie sem. Strukturen sind, so benannt.
Die Fülle unserer Zitationen zeigt, dass man kaum sagen kann „in der Linguistik“. Außerdem ist das irreführend: Sie kommen aus der Logik und sind da wohldefiniert!
Die Außenklammer um die zitierte Prop ist unglücklich.

Was das „beziehen“ soll, ist schwer zu sehen. Gibt es gar noch eine Ebene drunter?
Soll das Ganze mit Referenz zu tun haben? Das wär fatal.

Was Laien so von Konnektoren denken. Oder sollten es gar Sprachlehrerinnen sein? Hier in schöner Formatierung.

Mein schönstes deutsches Wort lautet: „doch", weil sich in diesem Wort eine ganze Philosophie widerspiegelt: es ist kein einfaches „Ja", sondern drückt aus, dass ein „Nein", ein Hindernis überwunden ist bzw. überwunden werden muss; und es hat viele Gesichter.

Manchmal ist es kräftiger als jedes „trotzdem" oder „dennoch", manchmal zeigt es geradezu zärtliche Züge („Macht doch nichts!")

Oft schleicht es sich als Füllwort ein, ist scheinbar harmlos, aber ungeheuer stark. In Vielen Fällen gilt es als unübersetzbar und ist eben typisch deutsch.

Aus: Das schönste deutsche Wort, o. J. , o. O.

Mein schönstes deutsches Wort lautet: „doch", weil es auf eine sanft hauchende Art in seiner Funktion sehr wirkungsvoll ist.

Es verneint das zuvor Gesagte und ist doch positiv. Es ist kurz, klein, leise, unscheinbar und kann doch in dem Maße mächtig und mutig sein, wie das Vorangegangene sich aufgeplustert hatte, um mächtig zu scheinen.

Positiver Widerstand im schönsten Sinne, den Glauben an die eigene Stärke ausdrückend und irgendwie entwaffnend (… oder zur Weißglut bringend;-).

Ein Wort, das ich in anderen Sprachen oft vermisse.

Aus: Das schönste deutsche Wort, o. J. , o. O.

Werfen Sie einen Blick ins Konnektoren-Handbuch. Auch auf dies hier:

Entgegen dem normal zu Erwartenden:

Seien wir doch mal ehrlich
zwar nicht ... doch [...] immerhin
in letzter Minute [...] doch [...] noch

Hier klingt schon an: Gegen die schlechte Erwartung hilft die Hoffnung:

Hoffnung [dass es] vielleicht [...] doch noch ...

Die Hoffnung zum Besseren:

vielleicht [...] doch

Und konterkarierend: Wenn du denkst ...

Das darf doch [...] nicht [...] wahr sein
doch ... gar nicht [...] wahr

Auch wenn du es nicht glaubst, dann sag ich dir ...

Das ist doch [...] Quatsch

Auch heischend:

Es ist [...] doch [...] verständlich

Und schwächer, immer schwächer:

Schauen Sie sich doch [...] mal die an ...

Wie man Kohärenz herstellt. Hieran können Sie sich selbst versuchen.

Am Nordpol ist es kalt. Mein Mandelbäumchen blüht. Köln liegt am Rhein.

Der Autor befindet sich in einem fernen Land.
Ein Ich sitzt im Winter am kalten Fenster. . .

Als ob ein Mensch denkt und dabei spontan von einem Gedanken zum anderen springt
Es handelt sich um Gedankenfetzen
Er denkt daran, dass. . .
Was ihm gerade so durch den Kopf geht.

Der 1. Satz strahlt Kälte, der 2. Wärme aus.
Sätze 1 und 3 sind nüchtern.

Satz 3 steht nicht in logischem Zusammenhang zu den ersten beiden Sätzen.
Man erkennt nicht die Zielsetzung des Autors.

Der Text will Fernwehstimmung beim Leser anklingen lassen
Der 1. Satz strahlt Kälte aus
Satz 2: eine Feststellung, über die man sich

In, Mein Mandelbäumchen blüht' kommt eine kleine Freude auf.
, Nordpol': eine Empfindung kommt zu Tage: kalt.

Es könnten Gedanken sein, die jemandem spontan eingefallen sind, vielleicht auf Grund von Anspielungen, gleich welcher Art

Selbstverständlichkeiten sind aufgeschrieben.
Die Aussagen sind wahr und nachprüfbar
Die Sätze 1 und 3 geben allgemein bekannte

Es handelt sich um sehr einfache Sätze.
Simple Aussagesätze, einfache Syntax, einfacher Satzbau

Satz 2 ist eine persönliche Aussage. Satz 2 ist der einzige subjektive Satz, der sich auf die Sprechsituation bezieht. Der Dichter bezieht sich mit ein. Der 2. Satz fällt auf: Bezug auf den Sprecher.
Mein Mandelbäumchen, anstatt das oder ein Mandelbäumchen. An einer Stelle kommt das Possessivpronomen, mein' vor: Persönlichkeit, Identität des Autors kommt zum Ausdruck.

Das Blühen des (eigenen) Mandelbäumchens wird hier als ewig geltende Tatsache hingestellt.
Drei, durch die Textform miteinander verbundene Sätze, die für mich deutlich werden lassen, dass drei verschiedene Orte (Nordpol, meine innere Situation, mein Mandelbäumchen und Köln) keinen anderen Bezug zueinander haben, als dass sie in einem Text verarbeitet worden sind.
Dieser Text ist meiner Meinung nach von jemandem geschrieben, der sich in einer Depression befindet. Er hat Fernweh, was man daraus sehen kann, dass er vom Nordpol spricht. Jedoch fällt ihm dabei ein, dass es dort zu kalt ist. So denkt er daran, dass sein Mandelbäumchen blüht. Es scheint also Frühling zu sein, es ist wärmer; und so zieht er Köln am Rhein dem Nordpol vor.

Der Autor befindet sich in einem fernen Land, er fühlt sich einsam in seiner kalten Umgebung. Man könnte sich vorstellen, dass man im Winter am kalten Fenster sitzt, vorm blühenden Mandelbaum, den Blick auf den Rhein gerichtet.

**Wie viele Eier sind im Nest? –
Drei, Joghurt hat keine Gräten!**

Sagt die Null zur Acht: „Schicker Gürtel!"

**In einer Dachrinne sitzen zwei Kühe und stricken einen Ofen. Kommt ein Schluck Kaffee vorbei und fragt: „Sagt mal, dürft ihr überhaupt schon rauchen?" –
„Wieso?? Ist hier Einbahnstraße?"**

Stellt ein Mann sein Fahrrad an einer Laterne ab und geht einkaufen. Als er wiederkommt, ist die Laterne weg.

Drei Zeiten gibt es:
Vergangenheit, Gegenwart, Zukunft.
Aber vielleicht wäre es besser so:
Gegenwart des Vergangenen,
Gegenwart des Gegenwärtigen,
Gegenwart des Künftigen.
Ungefähr so Augustinus in den Confessiones

3

Kohärenz: Deixis und Phorik

Zeigen auf etwas setzt voraus, dass man weiß, was dieses Etwas ist, dass man einen Begriff davon hat. Auch der Verstehende kann das Zeigen nur deuten, wenn er weiß und also gesagt bekommt, worauf gezeigt wird. Nur Kinder können die Hoffnung haben, dass sie verstanden werden, wenn sie mit „Da . . ." und ausgestrecktem Zeigefinger auf etwas zeigen. Im Grunde ist die Rede vom Zeigen bei der Deixis zu ontologisierend, tut so als gebe es all die Objekte, auf die so gezeigt wird oder gezeigt werden könne.
Darauf will Wittgenstein in unserem Motto hinaus: „Zeig auf ein Stück Papier! – Und dann zeig auf seine Form, – und nun auf sein Farbe, – nun auf seine Anzahl (das klingt seltsam) ." Philosophische Untersuchungen, 33

Da geht es vor allem um die naive Annahme, die Welt und alles, was dazugehört, sei sozusagen sprachlos da.

In verschiedenen Kulturen ist die Zeit unterschiedlich konzeptualisiert und auch bei uns war sie in früheren Zeiten etwas Anderes. Wie könnte das gewesen sein, als es nur Sonnenuhren gab? Wie als es nur Wasser- und Sanduhren gab?

In den chilenischen Anden in 4000 m Höhe leben die Aymara-Indianer. Die Linguistin Eve Sweetser hat die Sprache des Volkes untersucht und dabei Interessantes herausgefunden:

> Sweetser also asserts that the Aymara have an apparently unique, or at least very rare, understanding of time, and Aymara is, with Quechua, one of very few languages where speakers seem to represent the past as in front of them and the future as behind them. Their argument is situated mainly within the framework of conceptual metaphor, which recognizes in general two subtypes of the metaphor „the passage of time is motion": one is „time passing is motion over a landscape" (or „moving-ego"), and the other is „time passing is a moving object" („moving-events").
> The latter metaphor does not explicitly involve the individual/speaker; events are in a queue, with prior events towards the front of the line. The individual may be facing the queue, or it may be moving from left to right in front of him/her. (en. wikipedia. org/wiki/Aymara_language)

Die Aymara haben noch mehr Interessantes. Ganz wie bei unserem Tempus jeder Satz temporalisiert sein muss, so muss bei den Aymara jeder Satz evidentialisiert werden:
Bei den Aymara kann man nicht einfach etwas behaupten, man muss immer dazusagen, woher man das zu Grunde liegende Wissen hat. Mit grammatischen Mitteln muss der Sprecher markieren, ob er es erzählt bekommen hat, gerüchteweise vernommen, nur gefolgert oder selbst gesehen hat. Sagt zum Beispiel jemand: „Die Amerikaner sind auf dem Mond gelandet" und kennzeichnet es nicht mit „Kenntnis aus zweiter Hand", wird er als Angeber angesehen und vielleicht gefoppt: „Ach, warst du dabei?".

Mit dem **definiten Artikel** wird ein Gegenstand gekennzeichnet, der dem Adressaten bekannt sein sollte, in der Sprechsituation vorhanden oder im Text eingeführt wird.

Gestern ereignete sich ein Unfall. An dem Unfall waren ein Personenauto und eine Straßenbahn beteiligt. **Der PKW**. . .
An dem Unfall war ein PKW beteiligt. **Das Auto** wurde beschädigt.
An dem Unfall war ein PKW beteiligt. **Der Renault** wurde beschädigt.

Der Gegenstand wird durch Attribute identifizierbar.

Goethe ist der bedeutendste Dichter der deutschen Klassik.
Gib mir doch bitte mal den Schlüssel zum Tresor.
Gib mir doch bitte mal den Schlüssel, der auf dem Tisch liegt.

Der Gegenstand existiert in unserer Welt nur einmal.

die Sonne, die Erde, der Himmel, das Universum, der Äquator, der Nordpol
der Schwarzwald, die Zugspitze, der Genfer See, der Rhein, die Elbe
der Dresdner Zwinger, der Kölner Dom, die Chinesische Mauer
der Deutsche Bundestag, die UNO, der Papst, die Mona Lisa
die Menschheit, die Weltbevölkerung, das Mittelalter, die Renaissance
die Völkerschlacht bei Leipzig, der Dreißigjährige Krieg, der Islam, das Christentum
die Astronomie, die Medizin, das Deutsche, das Kroatische

Der Gegenstand kommt in einem gesetzten Bezugsrahmen oder in der unmittelbaren Umgebung der Gesprächspartner nur einmal vor.

Monika wäscht sich das Gesicht.
Sei vorsichtig, sonst wirfst du die Vase um.
Hans geht in die Küche. (In Wohnungen gibt es gewöhnlich nur eine Küche)
Ich habe in der Schule nach dem Hausmeister gefragt.
Gestern waren wir auf einer Hochzeit. Die Braut soll früher in einem Nachtclub gearbeitet haben.
auf dem Marktplatz, vor dem Rathaus, gegenüber dem Bahnhof

Der definite Artikel kann verallgemeinern. Er kennzeichnet dann nicht einen einzelnen Gegenstand der Gattung, sondern die ganze Gattung.

Der Löwe frisst kaum Gras, der Löwe ist ein Raubtier.
Ich lese jeden Morgen die Zeitung. (Natürlich immer ein anderes Exemplar)
Die Tanne ist ein Nadelbaum. (Die Tannen sind Nadelbäume.)

Der Gegenstand bezeichnet den Gegenstandstyp im Singular.

in der Nacht/ am Tag, ins Theater/ ins Konzert gehen
bei der Bahn/ Post/ Zeitung arbeiten
die Realschule/ das Gymnasium/ die Universität besuchen
aufs Land/ an die See fahren, auf den Sportplatz/ ins Bett gehen
mit der Straßenbahn/ dem Bus/ dem Taxi/ dem Rad fahren
etwas in der Zeitung lesen/ im Radio hören

Der bestimmte Artikel steht in bestimmten Konstruktionen.

Im 20. Jahrhundert, im Juni des Jahres 1995
Am (kommenden/ vergangenen) Montag, des Morgens, des Abends, des Nachts
In der Nacht, am Tag, am Montag, den 13. Februar
Es war der 9. November 1918, er ist am 9. November 1938 geboren
Die Zwiebeln kosten 80 Euro die hundert Kilo. Wir sind 110 Kilometer die Stunde gefahren.
Das Warten macht mich ganz nervös.
zum Stehen kommen, ins Wanken geraten, den Tod finden, etwas/ jemandem den Vorzug geben

Die generische Verwendung des **definiten Artikels** ist frequent. Wir können sie auch sehen in defNP mit restriktiven Attributen: *der erste Tag im Juli.*
Da handelt es sich nicht um Anaphorik.

Einige Phraseologismen enthalten Verschmelzungen von Präposition und bestimmtem Artikel.

im Dunkeln tappen, ans Licht kommen
mit dem Feuer spielen, auf der Hand liegen
die Kastanien aus dem Feuer holen, die Katze aus dem Sack lassen,
die Augen vor etwas verschließen, die Karten offen auf den Tisch legen,
den Kopf verlieren, die Nerven verlieren
sich etwas in den Kopf setzen, sich an den Kopf fassen
jmd. etwas ans Herz legen, den Stier bei den Hörnern packen,
jmd. an der Nase herumführen, jmd. im Wege stehen/ beim Wort nehmen
die erste Geige spielen, im siebten Himmel sein, die Dinge beim Namen nennen

Die Verwendung des **indefiniten Artikels** bedeutet, dass es sich um genau einen Gegenstand handelt. *Ein* war ja ein Zahlwort. Grundvoraussetzung ist, dass es mehrere Gegenstände dieser Art gibt. Will man von mehreren Gegenständen unbestimmt sprechen, so lässt man einfach das Artikelwort weg: ein Fahrrad → Fahrräder, eine Tüte → Tüten

Der indefinite Artikel kennzeichnet einen Gegenstand, der noch unbekannt ist oder gerade im Text eingeführt werden soll.
Im Plural steht unter gleichen Bedingungen kein Artikel (oder *einige, etliche, mehrere, ein paar*).

Es war einmal eine Prinzessin. Sie war wunderschön.
Am vergangenen Montag kam es in der Bahnhofstraße zu einem Verkehrsunfall.
An dem Unfall waren ein Pkw und eine Straßenbahn beteiligt.
Am vergangenen Montag kam es in der Bahnhofstraße zu (mehreren) Verkehrsunfällen.
An den Unfällen waren (etliche) Pkws und auch eine Straßenbahn beteiligt.

Der Gegenstand kann für Sprecher und Hörer unbestimmt sein. Vielleicht ist er nicht vorhanden oder existiert (noch) nicht. Im Plural steht kein Artikel.

Ein junger Mann hat nach Ihnen gefragt. Ich weiß aber nicht, wer er ist und was er wollte.
Vielleicht gehe ich nachher noch in eine Kneipe und trinke ein Bier.
Ein unbekannter Bankräuber hat gestern die Filiale der Dresdner Bank überfallen.

Heringer (2014b): Deutsche Grammatik und Wortbildung

Der indefinite Artikel signalisiert, dass die Identifizierung des Gegenstands momentan nicht relevant ist.

Gestern war ich noch kurz in einer Kneipe und habe ein Bier getrunken. Danach bin ich aber gleich nach Hause.

Der indefinite Artikel kann auch verallgemeinern. Die Äußerung trifft auf jeden einzelnen der Gegenstände einer Gattung zu. Vor allem in klischeehaften Verallgemeinerungen und wenn Eigennamen als Appellativa gebraucht werden. Aber auch in Klassifizierungen.

Ein Junge weint nicht.
Ein Vater muss auch streng sein können.
Die/ eine Tanne ist ein Nadelbaum.
Dieses Wort ist ein Substantiv.
Sie ist eine ausgezeichnete Köchin.
Magst du eine Havanna? Oder rauchst du nicht mehr?

Der indefinite Artikel in Qualifizierungen ohne oder mit Attribut bewirkt eine emotionale Komponente.

Donnerwetter, hat der ein Tempo drauf!
Mensch, hat der (aber) einen Hunger!
Was für ein Bier! Mannomann, ist das eine Stadt!

Konstruktionsabhängige Verwendungen des indefiniten Artikels, vor allem in festen Wendungen.

War Walther ein größerer Dichter als Grass? (vor Adjektiv im Komparativ)
Er sprach mit einer Schnelligkeit, dass man ihm kaum folgen konnte.
einen Besuch abstatten, einen Beitrag zu etwas leisten, eine Vorliebe für etwas haben
aus einer Mücke einen Elefanten machen, Hunger haben wie ein Wolf
Früh übt sich, was ein Meister werden will. Da beißt keine Maus einen Faden ab.

Anaphorisch verwendet werden vor allem Ausdrücke dieser Art.

Personalpronomen

Der Philosoph setzte sich auf andere Weise mit diesem Ereignis auseinander: **Er** sammelte alle Informationen über das Erdbeben.

Adverbialpronomen

Die Bürger sollten in Scharen **nach Olympia** pilgern, um **dort** einige Männer zu bejubeln.

Relativpronomen

Die Geowissenschaftler klären über **die ruhelose Natur** auf, **die** sich nicht beherrschen lässt.

Definitartikel

Dies ist ein Beitrag von **Rita Süsmuth**. **Die Autorin** war Präsidentin des Deutschen Bundestags.

Demonstrativpronomen

Kant bereitete dem Irrglauben ein Ende, **Naturkatastrophen seien eine Strafe Gottes**. **Diese** Ansicht veränderte das Denken gründlich.

Possessivpronomen

Wenn **Erdbeben** natürliche Ursachen haben, dann muss es möglich sein, sie zu untersuchen und **ihre** Ursachen zu verstehen.

Definite Artikel als Anaphern sind sozusagen der default. Sie sind unauffällig und dienen eher rein dem Verweis. Bei Demonstrativpronomen oder Demonstrativartikeln ist eine semantische Ausdeutung möglich.
Demonstrativpronomen dienen auch dazu, die Entfernung des Antezedens zu signalisieren, etwa in dem Gegensatz von *die* und *diese* oder deutlicher noch bei *diese* und *jene*:

> Verstünde der Podesta sein Handwerk und wäre der Aktuar nicht der eigennützigste aller Menschen, Ihr wäret nicht so losgekommen. **Jener** war verlegener als Ihr, und **diesem** hätte Eure Verhaftung, die Berichte, die Abführung nach Verona auch nicht einen Heller eingetragen. (Filippo Miller, alias Goethe: Italienische Reise)
> Ich glaube die Ursache dieses krankhaften Zustandes in dem häufigen Gebrauch des türkischen und Heidekorns zu finden. **Jenes**, das sie auch gelbe Blende nennen, und **dieses,** schwarze Blende genannt, werden gemahlen, das Mehl in Wasser zu einem dicken Brei gekocht und so gegessen. (Filippo Miller, alias Goethe: Italienische Reise)

Haben Sie eine Idee, was es mit dem *türkischen* auf sich hat?

Auch bei *jene* finden wir sozusagen offene Verweise ohne Antezedens. Sie erscheinen als eine Art Distanzmarker.

> Weil aber mein Publikum jene belobten Gegenstände im Rücken hatte und sich nicht ganz von mir abwenden wollte, so drehten sie auf einmal, **jenen** Vögeln gleich, die man Wendehälse nennt, die Köpfe herum, dasjenige mit Augen zu schauen, was ich ihren Ohren anpries, ja der Podesta selbst kehrte sich, obgleich mit etwas mehr Anstand, nach dem beschriebenen Bilde hin. (Filippo Miller, alias Goethe: Italienische Reise)

> **Des Löwen Anteil (nach Äsop)**
> Löwe, Esel und Fuchs schlossen einen Bund und gingen zusammen auf die Jagd. Als sie nun reichlich Beute gemacht hatten, befahl der Löwe dem Esel, diese unter sie zu verteilen. Der machte drei gleiche Teile und forderte den Löwen auf, sich selbst einen davon zu wählen. Da aber wurde der Löwe wild, zerriss den Esel und befahl nun dem Fuchs zu teilen. Der nun schob fast die ganze Beute auf einen großen Haufen zusammen und ließ für sich selbst nur ein paar kleine Stücke über.
> Da schmunzelte der Löwe: „Ei, mein Bester, wer hat dich so richtig teilen gelehrt?“
> Der Fuchs antwortete: „Das Los des Esels. „

Warum ist hier zweimal das demonstrative *der* verwendet?

Stärker deskriptive Züge finden wird auch bei Possessivpronomen, die über den Verweis hinaus noch eine Art Zugehörigkeit signalisieren.

> Sobald mir vom Brenner Herunterfahrendem der Tag aufging, bemerkte ich eine entschiedene Veränderung der Gestalt, besonders missfiel mir die bräunlich bleiche Farbe der Weiber. **Ihre** Gesichtszüge deuten auf Elend, Kinder waren ebenso erbärmlich anzusehen, Männer ein wenig besser, die Grundbildung übrigens durchaus regelmäßig und gut. (Filippo Miller, alias Goethe: Italienische Reise)

Die deskriptiven Anteile schlagen schon mal durch, wenn die Anaphorik langsam fadet, weil das Antezedenz weit weg ist. Während in der reinen Anapher die Pronomen *er* und *sie* auf Antezedentien mit entsprechendem Genus verweisen, kommt der Sexus dann ins Spiel.

> An Fußgängerüberwegen haben Fahrzeuge mit Ausnahme von Schienenfahrzeugen den zu Fuß Gehenden sowie Fahrenden von Krankenfahrstühlen oder Rollstühlen, welche den Überweg erkennbar benutzen wollen, das Überqueren der Fahrbahn zu ermöglichen. Dann dürfen sie nur mit mäßiger Geschwindigkeit heranfahren; wenn nötig, müssen sie warten.
> Wer ein Rad fährt, hat die Lichtzeichen für den Fahrverkehr zu beachten. Davon abweichend sind auf Radverkehrsführungen die besonderen Lichtzeichen für den Radverkehr zu beachten. An Lichtzeichenanlagen mit Radverkehrsführungen ohne besondere Lichtzeichen für Rad Fahrende müssen Rad Fahrende bis zum 31. Dezember 2016 weiterhin die Lichtzeichen für zu Fuß Gehende beachten, soweit eine Radfahrerfurt an eine Fußgängerfurt grenzt.

Hoffentlich sind Sie kein Fahrender von Rollstuhl.

In diesem Text wird mit Fleiß versucht, die deskriptiven Anteile zu reduzieren. Fraglich bleibt, ob das gelingt. Finden Sie Problemstellen?

Unterstreichen Sie hier die Ausdrücke, auf die verwiesen wird.

> Verstünde der Podesta sein Handwerk und wäre der Aktuar nicht der eigenützigste aller Menschen, Ihr wäret nicht so losgekommen. Jener war verlegener als Ihr, und diesem hätte Eure Verhaftung, die Berichte, die Abführung nach Verona auch nicht einen Heller eingetragen. (Filippo Miller, alias Goethe: Italienische Reise)

> Ich glaube die Ursache dieses krankhaften Zustandes in dem häufigen Gebrauch des türkischen und Heidekorns zu finden. Jenes, das sie auch gelbe Blende nennen, und dieses, schwarze Blende genannt, werden gemahlen, das Mehl in Wasser zu einem dicken Brei gekocht und so gegessen. (Filippo Miller, alias Goethe: Italienische Reise)

Referenz kann verwirrend sein. Können Sie dieses Rätsel auflösen?

Florestan wird von Don Pizarro, der sich vor kompromittierenden Enthüllungen Florestans fürchtet, widerrechtlich in Kerkerhaft gefangen gehalten. Florestans Frau Leonore schleust sich unter dem Namen Fidelio als Bursche verkleidet beim Kerkermeister Rocco ein. Roccos Tochter Marzelline verliebt sich in Fidelio, wobei sie ihren Bräutigam Jaquino vernachlässigt. Fidelio nutzt Roccos Vertrauen aus, um mit ihm den Kerker zu besuchen. Dieser macht jedoch zur Bedingung, dass Fidelio nicht zu einem besonders gehüteten Gefangenen gehen darf. Leonore ahnt, dass es sich dabei um ihren Gatten handelt. (https://de. wikipedia. org/wiki/Fidelio)

Franz Kafka: Vor dem Gesetz

Vor dem Gesetz steht ein Türhüter. Zu diesem Türhüter kommt ein Mann vom Lande und bittet um Eintritt in das Gesetz. Aber der Türhüter sagt, dass er ihm jetzt den Eintritt nicht gewähren könne. Der Mann überlegt und fragt dann, ob er also später werde eintreten dürfen. „Es ist möglich", sagt der Türhüter, „jetzt aber nicht ." Da das Tor zum Gesetz offensteht wie immer und der Türhüter beiseitetritt, bückt sich der Mann, um durch das Tor in das Innere zu sehn. Als der Türhüter das merkt, lacht er und sagt: „Wenn es dich so lockt, versuche es doch, trotz meines Verbotes hineinzugehn. Merke aber: Ich bin mächtig. Und ich bin nur der unterste Türhüter. Von Saal zu Saal stehn aber Türhüter, einer mächtiger als der andere. Schon den Anblick des dritten kann nicht einmal ich mehr ertragen ." Solche Schwierigkeiten hat der Mann vom Lande nicht erwartet; das Gesetz soll doch jedem und immer zugänglich sein, denkt er, aber als er jetzt den Türhüter in seinem Pelzmantel genauer ansieht, seine große Spitznase, den langen, dünnen, schwarzen tatarischen Bart, entschließt er sich, doch lieber zu warten, bis er die Erlaubnis zum Eintritt bekommt. Der Türhüter gibt ihm einen Schemel und lässt ihn seitwärts von der Tür sich niedersetzen.

Auffällig sind die rekurrenten Nominalphrasen im Kafkatext.
Wie ist das zu deuten?

Referenz mag nicht nur Leser verwirren, sie verwirrt auch Linguisten.
Dazu mehr auf Seite 44.

Wolfgang Borchert: Die drei dunklen Könige

__ tappte durch die dunkle Vorstadt. Die Häuser standen abgebrochen gegen den Himmel. Der Mond fehlte und das Pflaster war erschrocken über den späten Schritt. Dann fand __ eine alte Planke. Da trat __ mit dem Fuß gegen, bis eine Latte morsch aufseufzte und losbrach. Das Holz roch mürbe und süß. Durch die dunkle Vorstadt tappte __ zurück. Sterne waren nicht da.

Als __ die Tür aufmachte (sie weinte dabei die Tür), sahen ihm die blassblauen Augen seiner Frau entgegen. Sie kamen aus einem müden Gesicht. Ihr Atem hing weiß im Zimmer, so kalt war es. __ beugte sein knochiges Knie und brach das Holz. Das Holz seufzte. Dann roch es mürbe und süß ringsum. __ hielt sich ein Stück davon unter die Nase. Riecht beinahe wie Kuchen, lachte __ leise. Nicht, sagten die Augen der Frau, nicht lachen. __ schläft.

Der Mann legte das süße mürbe Holz in den kleinen Blechofen. Da glomm es auf und warf eine Handvoll warmes Licht durch das Zimmer. Die fiel hell auf ein winziges rundes Gesicht und blieb einen Augenblick. Das Gesicht war erst eine Stunde alt, aber es hatte schon alles, was dazugehört: Ohren, Nase, Mund und Augen. Die Augen mussten groß sein, das konnte man sehen, obgleich sie zu waren. Aber der Mund war offen und es pustete leise daraus. Nase und Ohren waren rot. __ lebt, dachte die Mutter. Und das kleine Gesicht schlief.

- **Was hat es mit dem Titel auf sich?**
- **Legen Sie ein Karteikarte an und notieren Sie alles, was Sie über Ihn erfahren.**
- **Haben Sie eine Idee, was es mit der Figur auf sich haben könnten?**
- **Hätten Sie einen Namen für Ihn?**

Nicht an allen Leerstellen ist von Ihm die Rede!

Hier ist die Übersetzung des Gedichts „L'isola" von Ungaretti verwürfelt.
Können Sie eine sinnvolle Abfolge herstellen?

Aufrecht eine Ulme umarmend.
Das sich losgelöst hatte vom schrillen
Des glühenden Wassers,
Es war eine Nymphe, sie schlief
Herzschlag
hinab
In alten versonnenen Wäldern, stieg er
Und eine Maske (sie starb hin und blühte
wieder auf) sah er;
Und es rief ihn zurück ein Flügelrauschen
Und ging weiter
Zu einem Ufer, wo ewiger Abend war
Zum Aufstieg gewandt sah er

Haben Sie eine Idee, was Sie hier auf die Karteikarte schreiben könnten?

Was genau ist Referenz und Koreferenz?
Nicht nur Sprecher haben Probleme mit dem Referieren und der Referenz. Auf anderer Ebene haben auch Linguisten welche.

Die Referenztheorie ist logisch, philosophisch und auch linguistisch präzise ausgearbeitet. Zwar klettern manche nicht so gern auf eine zweite Stufe und lassen Prädikationen über Prädikate oder Propositionen zu, aber unten herum ist alles klar.

Wir sollten uns der folgenden terminologischen Tradition anschließen:
Von referieren sprechen wir, wenn wir mit Ausdrücken Bezug nehmen auf Gegenstände (im weiten Sinn), von denen wir reden.
Abgeleitet hiervon mag man auch sagen, dass wir es dann mit referierenden Ausdrücken zu tun haben.
Klassisch sind NPs referierende Ausdrücke.
Wenn wir mit zwei Ausdrücken auf den gleichen Gegenstand referieren, mag man auch von Koreferenz sprechen.

Wenn wir mit einem anaphorischen Ausdruck im Text auf eine andere Stelle, auf ein Antezedenz Bezug nehmen, dann sollten wir von verweisen sprechen.
Die Anapher ist ein Verweisausdruck.

An diesen Erklärungen erkennen Sie auch, warum es nicht so geschickt ist, in beiden Fällen von Bezug nehmen zu sprechen.

„Koreferenz" wird als zusammenfassender Terminus für folgende Arten von Referenzbeziehungen aufgefasst:
- totale Referenzidentität (z. B. zwischen *Hans* und *er*);
- partielle Referenzidentität (z. B. zwischen *Hans* und *sein Kopf*);
- überlappende Referenz (z. B. zwischen *die Jungen* und *die älteren Kinder* bei Bezugnahme auf eine Gesamtmenge *die Kinder*)

(Vater 1998, 133)

Identität besteht nicht zwischen den Ausdrücken.

So etwas gibt es nicht.

Und so etwas auch nicht.

(94) Manfreds Katze mag kein Futter aus der Dose. Eigentlich mögen sie so was doch.

(95) Mit Manfreds Katze wird auf ein konkretes, spezifisches Exemplar einer Katze referiert; mit dem Pronomen *sie* hingegen hier auf die Klasse aller Katzen.

(Schwarz-Friesel/Consten 2014, 116)

Nein. Klassen und Mengen brauchen gar kein Futter und sie mögen auch keines.

Referiert wird auf alle Katzen.

Ganz deplaziert ist die Rede vom Referenten für das Antezedens.

Hier bitte ein bekannter Text. Zeigen Sie die anaphorische Verkettung mit der Lupentechnik. (Eine mögliche Lösung können sie finden und verbessern (?) in Heringer 2001, 40)

Im Anfang war das Wort, und das Wort war bei Gott, und Gott war das Wort.

Dasselbe war im Anfang bei Gott.

Alle Dinge sind durch dasselbe gemacht, und ohne dasselbe ist nichts gemacht, was gemacht ist.

In ihm war das Leben, und das Leben war das Licht der Menschen.

Und das Licht scheint in der Finsternis, und die Finsternis hat's nicht begriffen.

Es ward ein Mensch von Gott gesandt, der hieß Johannes.

Dieser kam zum Zeugnis, daß er von dem Licht zeugte, auf daß sie alle durch ihn glaubten.

Er war nicht das Licht, sondern daß er zeugte von dem Licht.

Das war das wahrhaftige Licht, welches alle Menschen erleuchtet, die in diese Welt kommen.

Es war in der Welt, und die Welt ist durch dasselbe gemacht; und die Welt kannte es nicht.

Er kam in sein Eigentum; und die Seinen nahmen ihn nicht auf.

Wie viele ihn aber aufnahmen, denen gab er Macht, Kinder Gottes zu werden, die an seinen Namen glauben;

welche nicht von dem Geblüt noch von dem Willen des Fleisches noch von dem Willen eines Mannes, sondern von Gott geboren sind.

(Lutherbibel 1912, Johannes 1)

Diese Übungen können Sie für sich selbst verwenden. Sie könnten aber auch nützlich sein, wenn Sie selbst unterrichten.

Unterstreichen Sie: Worauf verweist *darüber*, worauf *hierüber*?

Sie klagen mich an, weil ich mich zweimal dort eingeschlichen habe. Wenn sie mich anderer Dinge anklagen, ärgere ich mich darüber, aber hierüber kann ich nur lachen.

Unterstreichen Sie: Worauf verweist *dies*, worauf *weshalb*?

Mittlerweile berichten Medien, dass G. bereits im Februar seinen Rücktritt anbot. Dies würde erklären, weshalb sich der Swissair-Präsident am 12. und 13. Februar in Brüssel aufhielt.

Unterstreichen Sie: Worauf verweist *womit*, worauf *vorher*?

Was die Rechnungshofprüfer zu bemängeln hatten, wurde im Dezember bekannt, aber bereits zwei Monate vorher hatte das Parlament einen Teil der Mängel behoben. Seit Jahresbeginn werden Ärzte nur noch bei Bedarf anwesend sein, womit einiges Geld eingespart wird.

Unterstreichen Sie: Worauf verweist *womit*, worauf *weshalb*?

Stadt- und Gemeinderat haben die entsprechenden Beschlüsse gefasst, womit die Subventionierung jeder Krippe auf je eigenem Recht beruht. Diesen Zustand betrachtet der Stadtrat als unhaltbar, weshalb er nun dem Gemeinderat ein neues Subventionssystem vorschlägt.

Unterstreichen Sie: Worauf verweist *darüber*?

Ob an einer Schule künftig fünf oder sechs Tage pro Woche unterrichtet wird, darüber sollen Eltern, Lehrer und Schüler gemeinsam entscheiden.

Unterstreichen Sie: Worauf verweist *solchen*?

Mit Sicherheitsgründen argumentierte eine Bank in einem zweiten Fall, die einen männlichen Mitarbeiter für eine Bankstelle suchte, in der nur eine Person allein tätig ist. Es sei nicht opportun, einen solchen Posten mit einer Frau zu besetzen.

Unterstreichen Sie: Worauf verweist *solcher*?

Doch auch nach dem gescheiterten Putsch bleibt eine mögliche Erweiterung ein ungeliebtes Thema. Ein solcher Schritt mache den ganzen Apparat noch schwerfälliger, argumentiert man in Brüssel.

Unterstreichen Sie: Worauf verweist *so eine*?

Es wurde behauptet, wir hätten uns bereit erklärt, an diesem Datum keine Party abzuhalten. Wir haben die Organisatoren aufgefordert, uns über so eine Abmachung den Beweis zu erbringen.

Bei Verweisen mit *all* und *so* müssen Sie genau in den Vortext schauen und nach dem Sinn die passenden Bezugsausdrücke wählen.

Erst zwanzig Jahre später durfte er in seine Heimatstadt zurückkehren. Der greise Lyriker berichtete von seinem berühmten Kollegen, der von minderjährigen Kulturrevolutionären gezwungen wurde, auf Glasscherben kniend seinem Werk abzuschwören. Für mich war es eine Strapaze, dies alles zu hören und zu erfragen.

Unterstreichen Sie: Worauf verweist *dies alles*?

Seit einem Jahr befasste sich die Gruppe mit der Sanierung des Naturschutzgebietes. In Absprache mit dem Pächter entstand eine Pufferzone um den Weiher, die bestehende Bestockung wurde ausgelichtet, ein Teil des Schilfes entfernt oder gemäht und das nördliche Ufer von einem steilen Bord in eine Flachuferzone umgewandelt. Dies alles war aber nur durch das Entgegenkommen von Sepp F. möglich.

Unterstreichen Sie: Worauf verweist *dies alles*?

Die Schauspieler informieren über das Stück; sie spielen nicht. Zwar benutzen sie Treppen, Schaukästen, Apparate, deuten im Casinospiel an, sie und wir seien Spielbälle im Spiel, doch dies alles ohne ersichtlichen Grund.

Unterstreichen Sie: Worauf verweist *dies alles*?

Reform, Entwicklung, Fortschritt – davon wird auch die Schule erfasst, die dem Drill abschwören und kindgemäße Lernmethoden ermöglichen will. All dies zusammen führt am Ende des 19. Jahrhunderts zum Glauben, dass es im 20. Jahrhundert ebenso fortschrittlich weitergehen müsse.

Unterstreichen Sie: Worauf verweist *all dies*?

Fast alles, bis auf wenige Facharbeiten, wurde selbst gemacht: Die Mauern trocken gelegt, Fassade und Türen erneuert und der Opferstock wieder in Stand gesetzt. All dies geschah in fachlicher Absprache mit dem Denkmalamt, das die eifrige Truppe beriet.

Unterstreichen Sie: Worauf verweist *all dies*?

Mit nicht vorhandenen Mitteln wird gerne argumentiert, die allerdings bei unnötigen Prestigeobjekten durchaus da sind. Beispiel eines solchen ist die Publikation Kunst-Werk, deren zweiter Teil soeben erschienen ist.

Unterstreichen Sie: Worauf verweist *solchen*?

Ein beliebte Idee ist, man könne das Thema eines Textes und seine Fortführung darstellen als eine Aufsplittung der Satzbedeutung.

Sätze können ein Thema einführen und ausführen. Das ist die Grundthese des Thema-Rhema-Ansatzes.
Über das Thema T wird dann etwas ausgesagt, nämlich das Rhema A.
Für die Abfolge der Themen gibt es wenigstens drei gängige Muster:

1. Ein Thema zieht sich durch den Text.
2. Ein Thema gibt das andere.
3. Unterthemen werden von einem Hauptthema abgeleitet.

Diese Art Theorie hat mit einem brauchbaren Themabegriff wenig zu tun. Zumindest ist unklar, was genau sie damit zu tun haben könnte.

Im Grunde geht es einfach um anaphorische Kleinstrukturen.
Das können Sie hier erkennen, wenn Sie die anaphorischen Beziehungen konstruieren.

T_1 —— A1	Rotkäppchen war ein blondes BDM-Mädel.
↓ T_1 —— A2	Es lebte mit seiner Mutter zusammen.
↓ T_1 —— A3	Es betreute seine alte Oma im Müttergenesungsheim.

T_1 —— A1	Es war einmal ein blondes BDM-Mädel.
↓ T_2 —— A2	Das hatte ein rotes Käppchen auf.
↓ T_3 —— A3	Dieses stand ihm besonders gut.

T —— A	Es war einmal ein braves BDM-Mädel.
→ T_1 —— A1	Seine Haare waren blond und lockig.
→ T_2 —— A2	Ein rotes Käppchen schmückte sein Haupt.

Schon in der anaphorischen Wiederaufnahme legt man sich auf Einiges fest. So lesen wir in einer Textlinguistik. Sie kennen das aus „Linguistische Texttheorie":

> Dieser Gedanke wird von Inger Rosengren in seiner Neufassung der Texttheorie dahingehend präzisiert, dass er die Texttheorie für zuständig erklärt für Regularitäten aller Textsorten.

Eine Personenbezeichnung kann durch *er* weitergeführt werden. Wer das tut, lässt erkennen, dass er glaubt, dass es sich um eine männliche Person handelt. Unser Textlinguist zeigt uns aber noch mehr: Vielleicht weiß er wenig von Schweden und von schwedischen Vornamen, vielleicht hatte er das Buch nicht in den Händen, hat es gar nicht gelesen usw.
Die Probleme mit dem anaphorischen *er* sind gut bekannt aus der feministischen Linguistik. Hier wird nicht anerkannt, dass Personenbezeichnungen auch generisch verwendet werden und dass dies auch verständlich bleibt. Tatsächlich scheint das Laufwissen aber nicht immer gut zu funktionieren, sodass in einer anaphorischen Kette mit der Zeit das Wissen faden kann, dass das anaphorische Antezedens generisch zu verstehen war. Dieses Fading ist schönes Thema fürs Lesen.

Zu Tempus
Bitte keine theoretischen ontologisierenden Hypostasierungen: Zeitpunkte, Zeiträume. Ob wir das brauchen, bleibt fraglich. Auf jeden Fall wird damit ein anderer Referenzbegriff eingeführt. Solche Gegenstände werfen ein Identitätsproblem auf und sie brauchen eine ganze Zeitontologie.
Auf sie würde auch mit ganz anderen Mitteln referiert und die Antezedentien sind von anderer Art.
Auch die sog. Ereigniszeit ist ein drolliges Konstrukt. Ereignisse gibt es in der Sprache nicht. Die Ereignisse werden konstruiert über wahre Satzäußerungen. Wahrheit ist aber in der Sprache nicht vorgesehen (nur Wahrheitsansprüche) und darum geht es auch bei Temporalisierung nicht.

> Kerr aus Breslau, ein großer Feuilletonist – ich bin der letzte, der's leugnen dürfte, ich hab's zu schmecken bekommen –, Kritiker Kerr also, frohlebig, sentimental und keck, kurzum, eine entzückende und ausschlaggebende Individuation, hat meine Bücher in spritzig-mordheiteren Kapitelchen ganz einfach zugrunde gerichtet – für den Augenblick. Gleich danach waren sie wieder besser, und wie gut sie mit der Zeit noch werden sollen, ist eine Frage eben der Zeit, eine Frage, über die ich sehr vorsichtig denke, bei deren Erwägung ich mich aber von den spritzigen Erkenntnissen Kritiker Kerrs im geringsten nicht leiten lasse.
> Thomas Mann

(Aus Thomas-Mann-Korpus IDS)

- **Wie deuten Sie das „Gleich danach" mit anschließendem Präteritum? Was ist die Bezugszeit?**
- **Was ist die Bezugszeit zum Futur *werden sollen*?**
- **Woran erkennt man, dass Thomas Mann ironisch schreibt?**

Flaubert
L'Education Sentimentale
Le 15 septembre 1840, vers six heures du matin, la Ville-de-Montereau, près de partir, fumait à gros tourbillons devant le quai Saint-Bernard.
Des gens arrivaient hors d'haleine; des barriques, des câbles, des corbeilles de linge gênaient la circulation; les matelots ne répondaient à personne; on se heurtait; les colis montaient entre les deux tambours, et le tapage s'absorbait dans le bruissement de la vapeur, qui, s'échappant par des plaques de tôle, enveloppait tout d'une nuée blanchâtre, tandis que la cloche, à l'avant, tintait sans discontinuer.

Vergleichen Sie den Text im Buch mit dem Original. Was würden Sie besser übersetzen?

Kalendarische Zeitangaben sind üblich in Chroniken und chronikartigen Texten. Sie können fortlaufend oder alinea geordnet sein und gliedern so den Text.

> 5. 20 Länderjournal. 5. 45 Sport. 6. 00 Morgenmagazin. 9. 00 heute. 9. 03 Die fliegenden Ärzte. 9. 45 Joyrobic. 10. 00 heute. 10. 03 Ratgeber. 10. 35 info. 11. 00 heute. 11. 04 Verkehrsgericht. 12. 35 Umschau. 12. 55 Presseschau. 13. 00 Mittagsmagazin. 13. 45 Wirtschafts-Telegramm.
> 14. 00 Tagesschau
> 14. 30 Wuff
> 14. 55 Philipp
> 15. 00 Tagesschau

Man weiß, dass *heute* nicht immer kalendarisch gemeint ist. Manchmal fängt es eher mit dem Aufwachen an und hört mit dem Zu-Bett-Gehen auf. Das wird schon mal kritisch der Unschärfe der Sprache schlecht geschrieben. Inwiefern sind aber auch kalendarische Zeitangaben so genau nicht? Schauen Sie oben.

Stilistisch: Wie versteht man im Schillertext die Tempusänderung?

Der Verbrecher aus verlorener Ehre
Eine wahre Geschichte
Eines Morgens hatte ich nach meiner Gewohnheit das Holz durchstrichen, die Fährte eines Hirsches zu verfolgen. Zwei Stunden hatte ich mich vergeblich ermüdet, und schon fing ich an, meine Beute verloren zu geben, als ich sie auf einmal in schußgerechter Entfernung entdecke. Ich will anschlagen und abdrücken – aber plötzlich erschreckt mich der Anblick eines Hutes, der wenige Schritte vor mir auf der Erde liegt. Ich forsche genauer und erkenne den Jäger Robert, der hinter dem dicken Stamm einer Eiche auf eben das Wild anschlägt, dem ich den Schuß bestimmt hatte. Eine tödliche Kälte fährt bei diesem Anblick durch meine Gebeine. Just das war der Mensch, den ich unter allen lebendigen Dingen am gräßlichsten haßte, und dieser Mensch war in die Gewalt meiner Kugel gegeben. In diesem Augenblick dünkte mich's, als ob die ganze Welt in meinem Flintenschuß läge und der Haß meines ganzen Lebens in die einzige Fingerspitze sich zusammendrängte, womit ich den mörderischen Druck tun sollte. Eine unsichtbare fürchterliche Hand schwebte über mir, der Stundenweiser meines Schicksals zeigte unwiderruflich auf diese schwarze Minute. Der Arm zitterte mir, da ich meiner Flinte die schreckliche Wahl erlaubte – meine Zähne schlugen zusammen wie im Fieberfrost, und der Odem sperrte sich erstickend in meiner Lunge. Eine Minute lang blieb der Lauf meiner Flinte ungewiß zwischen dem Menschen und dem Hirsch mitten inne schwanken – eine Minute – und noch eine – und wieder eine. Rache und Gewissen rangen hartnäckig und zweifelhaft, aber die Rache gewann's, und der Jäger lag tot am Boden. (Friedrich Schiller)

Geschichte und Geschichten spielen sich beide „in der Zeit" ab, aber in verschiedener Weise. Dieses Thema behandelte Thomas Mann essayistisch im Abschnitt „Strandspaziergang" zu Anfang des siebenten Kapitels des Zauberberg. Er war nicht der erste, oder originellste, Schriftsteller, der über den Unterschied von Erzählzeit und erzählter Zeit nachdachte. Doch er gab dieser Gegenüberstellung neue, sprechende Namen: die historische ist die „musikalisch-reale" Zeit, die erzählte die „imaginäre" oder „inhaltliche" Zeit, die im Zusammenhang mit der Erzähltechnik im Zauberberg auch „variable Geschwindigkeit" heißen könnte. Denn dort lesen wir anfangs lange Kapitel über kurze Geschehnisse: die Ankunft Hans Castorps, seine familiäre Vergangenheit, erste Begegnungen mit den Tischgenossen und Settembrini, und später Kapitel, die über lange Zeiträume gehen, so dass es scheint, als werde nun beschleunigt erzählt. Geschichte und Geschichten dienen beide der Erinnerung – an Ereignisse, Gedanken, Erfahrungen der Vergangenheit. Der Bewahrer dieser Erinnerung ist der „raunende Beschwörer des Imperfekts".

Haben Sie eine Idee, was Thomas Mann mit den Beschwörern des Imperfekts gemeint haben könnte?
War Harald Weinrich so einer? Recherchieren Sie: Stichwort Erzähltempus.

Hier ein Beispiel zur consecutio temporum. Recherchieren Sie, was es mit der consecutio auf sich hat. Warum heißt sie so? Was besagt sie?

Prinzessin Barbara von Läutenkirchen **war** von ihrem Abendritt **zurückgekehrt**, **hatte** ihre Stute Desiree wie immer persönlich **abgesattelt** und zu ihrer Box in den Stall **geführt** und **wollte nun** hinübergehen zu dem prächtigen barocken Schloss ihrer Familie, dem fürstlichen Sitz derer von Läutenkirchen. (Claudia Torwegge)

Zur Idee: „Erzählt wird im Imperfekt" schauen Sie bitte mal den Text von Ursula Wölfel „Die Geschichte von den Nilpferden" an.

Was macht die Wölfel da? Nur welche Arten von Verben stehen im Imperfekt?

Das Präteritum ist rein anaphorisch bezogen auf die Bezugszeit.
Das Perfekt zeigt auch eine Bindung an die Sprechzeit.
Von daher auch die Idee, das Perfekt aktualisiere, Präteritum zeige mehr Distanz.

Eine alte Frage ist: Wenn es im Deutschen schon zwei Vergangenheitstempora gibt, worin unterscheiden sie sich? Bei dieser Frage sollten wir uns konzentrieren auf Varietäten, in denen es den Unterschied gibt. Weithin, besonders in süddeutschen Varietäten ist das Präteritum (außer bei den Auxiliarverben) verschwunden.
Ein wichtiger Gesichtspunkt für das Perfekt ist: Es ist ein zusammengesetztes Tempus und es besteht aus einem finiten Verb im Präsens und einer infiniten Form, die Vorzeitigkeit ausdrückt. Daraus sollte sich manches für seinen Gebrauch ergeben.

Hier ein Lückentext mit dem Anfang des Gedichts: **Eugen Roth, Beim Einschlafen**

Ein Mensch ______ sich im Bette strecken,
Doch hindern die zu kurzen Decken.
Es _____ zuerst ihn an den Füßen,
Abhilfe ______ die Schulter büßen.
Er ____ nach rechts und _____, nun gings,
Doch ______ die Kälte prompt von links.
Er _____ nach links herum, jedoch
_____ dadurch von rechts ein Loch.
Indem der Mensch nun dies bedenkt,
Hat Schlaf sich mild auf ihn _______
Und schlummernd ist es ihm _______:
Er hat sich warm zurechtgerückt.

Dazu etwas Verbmaterial zum Einsetzen:
rollen, kommen, mögen, müssen, entstehen
Das Quasi-Original finden Sie hier:
http://www.alphazalpha.de/literatur/texte/roth/gedichte/einschlafen.html

- **Welche Tempora wären hier im Einzelnen zu verwenden?**
- **In welcher Zeile schlägt das Tempus um?**
- **Wie könnte man das deuten?**

Um zwölfe mittags starb er. Die Gegenwart des Amtmannes und seine Anstalten tuschten einen Auflauf. Nachts gegen eilfe ließ er ihn an die Stätte begraben, die er sich erwählt hatte. Der Alte folgte der Leiche und die Söhne, Albert vermocht's nicht. Man fürchtete für Lottens Leben. Handwerker trugen ihn. Kein Geistlicher hat ihn begleitet.

Die letzten zwei Sätze aus Goethes Werther führt Weinrich (1964, 87) als Beispiel zur Erklärung des Unterschieds zwischen Perfekt und Präteritum an: „Der letzte Satz ist nicht mehr Erzählung. Er nimmt Stellung zum Selbstmord und zur Stellungnahme der Geistlichen zum Selbstmord. Der Satz ist besprechend. Eben darum schließt er die Erzählung ab ."
Diese Erklärung mag einleuchten – fraglich erscheint allerdings, ob man aus einem Goethe-Beispiel die prinzipielle Unterscheidbarkeit von Perfekt und Präteritum auch für die heutige Zeit ableiten kann.

Suchen Sie eine andere Erklärung für die Stilwirkung.

Zeitlogik gehört nicht in die klassische Logik. Dennoch hat seinerzeit Reichenbach eine Zeitlogik entwickelt. Viele Linguisten rekurrieren hierauf.
Hier einige Ideen, was man davon brauchen könnte und was eher nicht.
Im allgemeinen werden drei wichtige Aspekte unterschieden:

- Sprechzeit
- Bezugszeit
- Ereigniszeit

Dafür sind unterschiedliche Termini im Spiel: Für Bezugszeit auch Referenzzeit.

Ein Unikum ist die Ereigniszeit, weil sie sozusagen ontologisierend ein Ereignis ansetzt, das zu einem bestimmte Zeitpunkt passiert sei. Es geht aber um die Zeit, die mit dem Geäußerten gemeint ist. Dafür wird auch schon mal Topikzeit gesagt.

Überflüssig ist die Evaluationszeit, die für folgende Fälle gedacht ist.

Sie sagen morgens um 10 Uhr: „Heute geh ich ins Theater .“

Ob das stimmen könnte, wird sich nur im Zeitraum nach 10 Uhr entscheiden. Alles, was vor der Sprechzeit lag, spielt hierfür keine Rolle.
Dies ist aber nicht etwas, das direkt die Zeitlogik betrifft. Es geht einfach darum, was vom Sprecher sinnvollerweise gemeint sein könnte. Es wäre ja nicht rational anzunehmen, der Sprecher wolle nicht ausschließen, dass er vor 10 im Theater war. Das Maximumprinzip!
Eine andere Frage ist: Wie und wo kommt der Unterschied zum Tragen zwischen Zeitpunkt und Zeitspanne?

Zur Veranschaulichung zeitlicher Verhältnisse werden öfter graphische Darstellungen gewählt. Das ist manchmal recht schwierig.
So finden sie vielleicht für eine Veranschaulichung eines Plusquamperfektgebrauchs:

Nachdem ich gegessen hatte, ging ich nach Hause

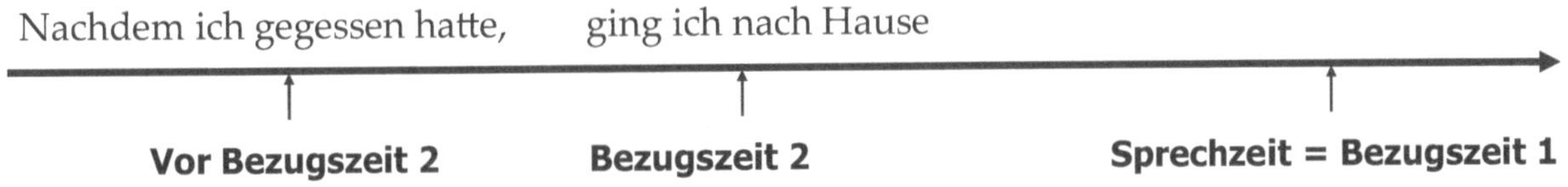

Textuell geht es dabei aber darum, dass von der ersten Bezugszeit (hier der Sprechzeit) aus eine neue temporäre Bezugszeit gesetzt wird.

Völlig außerhalb zeitlogischer Fragen ist die Idee, mit diversen Ereigniszeiten zu arbeiten für Sätze wie hier:

Ich habe viermal versucht, dich anzurufen.

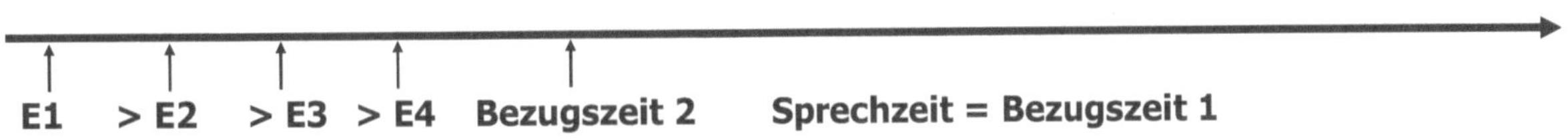

Oft werden Anaphernregeln normativ empfohlen. Dabei geht es vor allem um Kongruenz in Genus und Numerus. (Allerdings haben nicht alle Antezedentien ein Genus, insbesondere Textsegmente nicht. Sie werden mit dem neutrum aufgenommen, etwa *es*).

Für Sprecher scheint es oft Konkurrenz zu geben. Beim Verstehen kann man an Stilblüten zeigen, wo anaphorische Probleme liegen. Überlegen Sie:

- **Wie sollte verwiesen werden?**
- **Woran merken Sie das?**
- **Wie wird tatsächlich verwiesen?**
- **Woran merken Sie das?**

Als Karl Rahner im Jahr 1967 einem Ruf nach Münster folgte, hat er mich zu Romano Guardini mitgenommen, um diesem die schmerzliche Nachricht von seinem Weggang von München persönlich zu überbringen. (zur Debatte 2014, 8, 1)

Wenn unsere Mutter große Wäsche hat, helfen wir ihr; wir legen sie in den Korb, tragen sie auf den Speicher und hängen sie auf.

Er zerschlug einen Bierkrug auf dem Kopf des Polizeibeamten, der voll Bier war.

Dr. Eckener ist der zweite Führer des neuen Zeppelin. Er ist 200 m lang und hat fünf Gondeln am Bauch.

Der Wasserhahn war kaputt. Bald aber kam der Klempner. Er war undicht geworden und gab dauernd einen dünnen Wasserstrahl von sich.

Man kann Wasser trinken, man kann es auch lassen.

Alle Schüler müssen sich im Hofe ruhig herumbewegen. Ein Lehrer führt die Aufsicht. In seiner Mitte befindet sich ein alter Springbrunnen.

Alte Mönchsregel: Wenn deine Augen eine Frau erblicken, schlage sie nieder.

Mancherlei für das Verständnis von Anaphorik kann man in der Schrift schwer wiedergeben. Es ist eine Frage der Betonung. Erkennen Sie wie?

Definitionen

Was heißt „konsequent"?
Heute so und morgen so.
Was heißt „inkonsequent"?
Heute so und morgen so.

Jüdischer Witz

Was ist der Witz?

Ein Twitterer, ein Klugscheißer und ein Single in einer Bar. Er bestellt ein Bier.

What's in a Word?
The Christians (awsome hit)

4

Der semantische Gehalt

Jedem besonnenen Leser von Wörterbüchern muss es nun auffallen, dass man in einem größeren Artikel eines ernsthaften Wörterbuches viele Bedeutungen des Wortes findet, historisch oder logisch geordnet, gut oder schlecht geordnet, aber niemals die Bedeutung; je kleiner und elender so ein Wörterbuch ist, desto falscher und irreführender begnügt es sich damit, eine einzige Übersetzung anzuführen, die Bedeutung.
(Fritz Mauthner, http://www. zeno. org/Mauthner-1923/A/Bedeutung).

Schauen Sie vergleichend in andere Wörterbücher.

Befassen Sie sich mit diesem Artikel:

Duden – Das große Wörterbuch der deutschen Sprache, s. v.

Wort, das; -[e]s, Wörter u. Worte [mhd., ahd. Wort, eigtl. = feierlich Gesprochenes]:
1. a) (Pl. Wörter; gelegtl. auch: Worte) kleinste selbständige sprachliche Einheit von Lautung (2) u. Inhalt (2a) bzw. Bedeutung:
ein [. . .] kurzes, zusammengesetztes, deutsches, [. . .] *W.; dieses W. ist ein Substantiv* [. . .]
b) (Pl. Worte) Wort (1a) in speziellem Hinblick auf seinen bestimmten Inhalt, Sinn; Ausdruck, Begriff:
Liebe ist ein großes W; Angst ist ein zu hartes W.
2. (Pl. Worte) etw. , was man als Ausdruck seiner Gedanken, Gefühle o. ä. zusammenhängend äußert; Äußerung:
(2a) *Worte des Dankes, Trostes; aufmunternde* [. . .] *überflüssige -e* [. . .]
mir fehlen die -e, ich habe/finde keine -e [dafür]! (ich bin vor Entrüstung o. ä. sprachlos) [. . .]
auf ein W. ! (ich möchte Sie/dich kurz sprechen)
du sprichst ein großes W. gelassen aus (so einfach ist das nicht; nach Goethe, „Iphigenie", I. 3);
3. <Pl. Worte> Ausspruch:
ein wahres, [. . .] *geflügeltes W.* (bekannter, viel zitierter Ausspruch; LÜ von griech. *épea pteróenta* [Homer]).
4. <Pl. Worte> (geh.) Text von, zu etw. :
W. und Weise;
man weiß nicht, wer die -e zu dieser Melodie schrieb [. . .]
5. <o. Pl. > förmliches Versprechen; Versicherung:
jmdm. das W. abnehmen zu schweigen; sein W. einlösen, halten [. . .]
ich gebe Ihnen mein W. (Ehrenwort) darauf; auf mein W. (dafür verbürge ich mich!)
a) (Rel.) Kanon, Sammlung heiliger Schriften, bes. die darin enthaltene Glaubenslehre:
das W. Gottes (Gottes Offenbarung im Wort der Heiligen Schrift) [. . .] *Im Zweifelsfall galt ihm das W. des Korans* (Stern, Mann 140);
b) (christl. Theol.) Logos (4):
Und das W. ward Fleisch (Joh. 1, 14)

- **Welche Eigenschaften des Stichworts werden beachtet?**
- **Welche Komponenten sind im Text zu erkennen?**
- **Wie ist der Text gegliedert?**
- **Was soll der Unterschied zwischen 1. , 2. und 3. sein? Wieso ist 4. ein eigener Punkt?**
- **Wie wird die Bedeutung dargestellt?**
- **Wie ist die arabische Nummerierung zu verstehen?**

Hier sehen Sie eine weiter ausgefächerte Darstellung des relationalen Zusammenhangs eines Satzes. (Ehrhardt/ Heringer 2012)

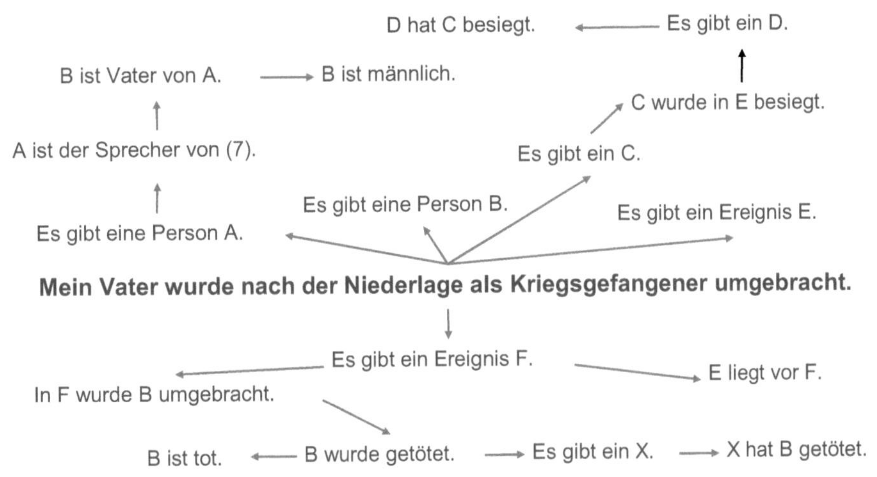

Beurteilen Sie folgende Satzbatterie. Schreiben Sie zu den Sätzen die Nummer des Satzes, der paraphrasiert sein könnte oder als Vorgänger oder Nachfolger passt.

7	Am meisten Dosentunfisch wird in der EU verkauft.
	Die Fischerei in der Region soll reduziert werden.
	Fernflotten sind hierfür verantwortlich.
	Die Inselstaaten brauchen allerdings das Geld.
	Es gibt kaum noch Gelbflossentunfisch. Das ist das Resultat der Überfischung.
	Fischbestände sind ausgerottet.
	Fischbestände werden ausgerottet.
	Geld wird vor allem von den Inselstaaten benötigt.
	Greenpeace reduziert die Fischerei.
	Nach der FAO sollen große Fischbestände überfischt sein.
	Große Fischbestände sind überfischt.
	Es wird außerdem gefordert, die Fischerei zu reduzieren.
	Überfischung folgt den Fernflotten.

1. Fischbestände vor dem Aus
2. Schuld daran sind hoch gerüstete Fernflotten.
3. Die FAO schätzt, dass weltweit große Fischbestände überfischt sind.
4. Die Folge: Der Gelbflossentunfisch macht sich rar.
5. Doch die Inselstaaten sind auf das schnelle Geld oft angewiesen.
6. Darüber hinaus fordert Greenpeace eine Halbierung der Fischerei in der Region.
7. Der weltweit größte Markt für Tunfischfleisch in Dosen ist die EU.

Vagheiten sind ein allgemeines Problem für Semantiker. So finden wir auch vage Darstellungen der Vagheit.

> Die Erfahrung lehrt, daß die Bedeutung von Einzelwörtern meistens recht umfangreich und so oft vage ausfällt.
> Die Vagheit der Bedeutung von Einzelwörtern schwindet jedoch, wenn das Wort in syntaktischen Verbindungen auftritt, die die Komplexität der Wortbedeutung auf einzelne Komponenten festlegen (determinieren) und somit die Fülle möglicher semantischer Merkmale auf wenige bestimmte reduzieren. Aus der lexikalischen Bedeutung wird so eine „aktuelle Bedeutung". Diese syntaktische Determinierung der Wortbedeutungen kann auf verschiedene Weise erfolgen, z. B. :
>
> - Durch Einbettung in einen Satz: So wird z. B. die Bedeutung von „Boden" konkreter, wenn es heißt „Beim Laufen über den weichen Boden verstummen die Stiefelgeräusche",
> - durch Angabe eines zusätzlichen Attributs (Genitiv- oder präpositionales Attribut): So wird die allgemeine Bedeutung „Mantel" z. B. präziser in „der Mantel des Kindes", „der Mantel aus Blech",
> - in Kompositabildungen: vgl. z. B. „Kindermantel" statt „Mantel", „Tortenboden" statt „Boden",
> - im Kontext mit anderen Konkretisierungen, z. B. „Gehalt zahlen" statt „Gehalt", „Boden aufhacken" statt „Boden",
> - durch Appositionen, z. B. Herrn Apotheker Küntzel; an den Leiter des Arbeitsamtes, Herrn Meyer,
> - in metaphorischen Verwendungen, vgl. z. B. „Salonlöwe" statt „Löwe" (für Mann), „Hausgeist" statt „Geist" (für Haushaltshilfe).
>
> (Sowinski 1983, 81)

Der Unterschied von Sinn und Bedeutung wird unglücklich formuliert (beides mit *Bedeutung*).
Konkreter wird gar nichts.
Die Bedeutung von *Mantel* ändert sich hierbei nicht. Man braucht sie gerade um die Fügungen zu verstehen. Die Zusätze machen es!
Auch in allen anderen Punkten passiert mit der Bedeutung nichts. Dass ein Kompositum eine andere Bedeutung hat als seine Teile, ist eher trivial.

Wesentlich erfreulicher ist das Spiel mit der Vagheit.
Sie erinnern sich ans Wasser lassen?

Viele spielerische Texte schenkt uns Heinz Ehrhardt. Könnten Sie hier weitermachen?
(Suchen Sie mal, wie die Fortsetzung geht. Sie finden das Gedicht unter anderem hier: http://www.zeitgeistlos.de/gedichte/erhardt/erhardt06.html)

Anhänglichkeit

Das Kind hängt an der Mutter,
der Bauer an dem Land,
der Protestant an Luther,
das Ölbild an der ....

Dies hier ist die Begründung des Revisionsurteils in einem spektakulären Indizienprozess des letzten Jahrhunderts.

Das Brühne-Urteil. Aus der Urteilsbegründung:
Eine weitere zeitliche Festlegung und damit auch eine Bestätigung der Aussage Klingler gestattet die bei dem toten Dr. Praun gefundene Armbanduhr. Wie bereits vorher ausgeführt, war infolge des Sturzes Dr. Prauns das Glas der Uhr abgesprungen. Die Uhr stand still, als sie die Polizeibeamten dem Toten am 13. April 1960 abnahmen und Dr. Praun jun. übergaben. Die Uhr zeigte damals auf 08. 45 Uhr. Dies ergibt sich aus der glaubhaften Aussage des Zeugen Dr. Praun jun. , der die Uhr später in einer Kassette verwahrte. Im Frühjahr 1961 übergab er sie auf Aufforderung der Polizei zum Zwecke der Untersuchung dem Bayerischen Landeskriminalamt. Hier stellte der Sachverständige Dr. Schöntag fest, dass der kleine Zeiger der Uhr (Stundenzeiger) durch das Hinstürzen des Ermordeten an seinem Ende auf einer Strecke von ca. 1 mm scharfkantig umgebogen war, so dass der große Zeiger (Minutenzeiger) nicht passieren konnte. Hierauf beruhte das Stehenbleiben der Uhr und nicht etwa auf einer mangelnden Federspannung, weil die weiteren Untersuchungen ergaben, dass die Uhr nach Anheben des großen Zeigers noch etwa 15 Stunden lang lief.
Bedenkt man, dass nach der oben festgestellten Beschädigung der Minutenzeiger noch etwa eine Stunde lang weiterlaufen konnte, ehe er durch den Stundenzeiger gehemmt wurde, dann kommt man unter Abrechnung einer Stunde (also 08. 45 Uhr auf 07. 45 Uhr) genau zu dem Zeitpunkt, der mit den Beobachtungen der Zeugin Klingler hinsichtlich der beiden Schüsse (19. 45) übereinstimmt.
Dies war auch die Meinung des Sachverständigen Dr. Schöntag unter der Voraussetzung, dass die Uhr tatsächlich um 08. 45 Uhr stehen geblieben ist. Als sie nämlich in den Besitz des Sachverständigen gelangte, zeigte sie 09. 48 Uhr. Dr. Praun hat hierzu angegeben, dass er am 13. April 1960 dabei gewesen sei, als die Uhr seinem toten Vater abgestreift und sofort ihm übergeben worden sei. Anschließend habe er die Uhr in einer Kassette verwahrt und diese erst fast ein Jahr später zur Polizei gebracht. Er sei damals selbst erstaunt darüber gewesen, dass die Uhr jetzt 09. 48 anzeige. Er könne sich das nur so erklären, dass der große Zeiger durch die Erschütterungen auf dem Transport einmal über den aufgebogenen kleinen Zeiger gehoben und die Uhr wieder etwa eine Stunde weitergelaufen sei.

Aus der Revisionsbegründung:
Die sachlich rechtlichen Angriffe der Revision gegen das Urteil sind unbegründet. Es ist frei von Widerspruch und anderen Denkfehlern.

Was halten Sie von den Schlüssen, die gezogen werden?
Besonders interessant ist die Logik mit der Uhr.
Einmal, also eine Stunde weitergelaufen? Wieso nur eine Stunde??

- **Wieso muss die Uhr beim Mord stehen geblieben sein?**
- **Ging die Uhr vorher richtig?**
- **Und so weiter.**

Hier einige Sentenzen und Stereotypen über die Liebe.
Können Sie daraus semantische Erkenntnisse gewinnen? Welche?
Achten Sie vor allem auf Metaphorik. Was ist jeweils die Botschaft?

Liebe ist ein großes Wort.
Liebe vermag alles.
Wortlos ist die Liebe.

Die Liebe ist das Gültige; sie gibt den Ausschlag.
Darum bleibt sie doch die Liebe, das göttlichste Phänomen der Welt.
Alte Liebe rostet nicht.

Liebe muss leiden.
Wer liebt, leidet.
Niemand kann von Liebe sagen ohne Liebesschmerz. (J. Wenzig)
So viel Muscheln der Strand, so viel beut Schmerzen die Liebe. (Ovid)

Willst du geliebt werden, so liebe. (Seneca, Episteln 9)
Liebe strebt zur Vereinigung.
Zwei Seelen und ein Gedanke, zwei Herzen und ein Schlag. (Fr. Halm)

Denn ich sehe, dass du nun mir vor allen gehörst, und dass ihr untrennbar verschlungen seid, Tod und Liebe.
Wer liebt, ist nicht einem anderen verfallen.
Liebe rechnet nicht.

Liebe, die von Herzen liebt,
ist am reichsten, wenn sie gibt;
Liebe, die von Opfern spricht,
ist schon rechte Liebe nicht. (Em. Geibel)

Das ist die wahre Liebe, die immer und immer sich gleich bleibt, wenn man ihr alles gewährt, wenn man ihr alles versagt. (Goethe)
Wo die Liebe hinweggenommen, bleibt nichts als Gerechtigkeit.

Die Psychoanalyse will wissen, dass die Liebe sich aus lauter Perversitäten zusammensetze.
Natürlich sind Sinnlichkeit und Liebe auf keine Weise zu trennen.
Liebe macht uns frei; sie steigert unsere Leistungsfähigkeit.

Wen aber die Liebe verblendet, der ist blind bei Tag und Nacht.
Alle Wesen, die tagsüber mit der Liebe nicht fertig wurden, nutzen die Nacht.

Was sich liebt, das neckt sich.

Ein früher Beleg für die vorterminologische Verwendung des Ausdrucks „commitment" in einem – für unsere Fragestellung relevanten Zusammenhang – findet sich in Strawsons „Introduction to Logical Theory" (Strawson 1952, 175):

> All John's children are asleep.
> [. . .] in using the sentence he commits himself to the existence of children of John's.
> S presupposes S':
> (S) All John's children are asleep.
> (S') John has children. (or: There exist children of John's.)

Was heißt: kommuniziert werden?

Für implizite Bedeutungen, die nicht behauptet, aber dennoch kommuniziert werden, hat die „Philosophie der Normalsprache" [. . .] das Konzept der Präsuppositionen (von lat. „vorweg unterstellen") entwickelt. Bereits ein Satz wie *Kanzlerin Merkel wandte sich heute mit einer Regierungserklärung an den Bundestag* enthält unter anderem folgende Präsuppositionen:
(1) Es existiert eine Person namens Merkel und eine Institution namens Bundestag.
(2) Person und Institution sind dem Leser bekannt.
(3) Auf die Person kann mit dem Begriff ‚Kanzlerin' sinnvoll referiert werden.
(4) Auch die übrigen verwendeten Begriffe sowie die Paradigmen, in denen sie stehen, sind dem Leser bekannt.
Ein verbreiteter Test für Präsuppositionen ist die Verneinung des Satzes, die die präsupponierten Inhalte nicht berührt. Sie werden auch durch den verneinten Satz kommuniziert: Kanzlerin Merkel wandte sich heute nicht mit einer Regierungserklärung an den Bundestag. Auch auf der Ebene des Textes werden bestimmte Inhalte präsupponiert. So setzt der Schreiber den Zusammenhang seines Textes voraus. Er codiert nicht etwa in einem eigenen Satz, dass er den Text zusammenhängend verfasst hat. Auf der anderen Seite geht der Leser davon aus, dass ein Text, [auf den er trifft], einen Zusammenhang hat. Sollte sich im Text Unvereinbares zeigen, setzen Deutungsprozesse ein, die das Inventar des grammatischen und kulturellen Wissens mobilisieren. Über die genaue Abgrenzung und Beschreibung verschiedener Typen von Präsuppositionen hat die linguistische Pragmatik jedoch bisher keinen Konsens erreicht.

Das mit der Person und der Institution tut der Autor hier dazu. Es ist nicht präsupponiert.

Überhaupt nicht. Das ist vielmehr der Grund, warum man die Präs. versteht.

Regel gilt genereller, betrifft nicht nur Präps. Übrigens: „Wort", nicht „Begriff".

Generell für jede Kommunikation

Der ganze Passus handelt nicht von Präsupposition.

Das ist in der Wissenschaft immer so. Gottseidank. Dennoch sollte man was dazu sagen.

Hier geht es kritisch um die Darstellungsform.

Wenn ein Sprecher über den Bundespräsidenten den Satz (1a) äußert, dann setzt er (1b) voraus:
(1) a. Herzog hat sich mit der Rechtschreibreform befaßt. (= p)
b. Es gibt eine Rechtschreibreform. (= q)
c. p >> q
Verwendet man das Zeichen >> für präsupponiert, dann können wir schreiben „p >> q".
Negiert man den Satz (1a), sagt man also sein Gegenteil, dann stellen wir fest, daß die Präsupposition nicht verschwindet, sondern erhalten bleibt:
(2) a. Herzog hat sich nicht mit der Rechtschreibreform befaßt. (= NICHT p)
b. Es gibt eine Rechtschreibreform. (= q)
c. NICHT p >> q
(Meibauer 2008, 44)

Das Zeichen >> wie auch die Präs q wurden ja schon verwendet. Sollte nicht vorher Präs definiert sein?

Die Präs kann nicht verschwinden: Sie ist in der Erklärung noch nicht da! Der Zusammenhang von 1 a. ist das Entscheidende. Man hätte sie miteinander bringen sollen. So scheint der Text didaktisch ungeschickt und schwer zu kapieren.

Hier wäre Klammerung angebracht.

Gerichte stehen oft vor dem Problem, entscheiden zu müssen, was ein Ausdruck oder eine Ausdrucksweise besagt. Sie bemühen dann öfter Wörterbücher oder mühen sich selbst mit Definitionen ab – und entscheiden letztlich laienhaft und intuitiv.

Die Grundstücksnachbarn X und Y trafen im Jahre 19** die Vereinbarung, dass in einer Wand des Gebäudes des X, welche an der Grenze zum Grundstück des Y liegt, keine Fenster angebracht werden dürfen. X baute später undurchsichtige Bausteine aus geriffeltem Glas in Fenstergröße ein. Die Beseitigungsklage des Y wies das OLG Hamm ab; mit „Fenstern" seien im Vertrage nur „Fenster im landläufigen Sinne" gemeint; diese seien dadurch gekennzeichnet, dass sie die Einsicht in das Nachbargrundstück, ebenso Geräusch- und andere Emissionen auf das Nachbargrundstück zuließen, was man von den eingebauten Glasbausteinen gerade nicht sagen könne; der Vertragszweck werde daher durch den Einbau von Glasbausteinen nicht gestört.

Was ist nach Ihrer Meinung mit *Fenster* gemeint? Wie würden Sie Fenster definieren? Wie in diesem Fall argumentieren?

Zur Anregung frequente Kookkurrenzen.

Im Text des Grundgesetzes bleibt mancherlei ungesagt oder implizit – wie man sagt.

Artikel 1
(1) Die Würde des Menschen ist unantastbar. Sie zu achten und zu schützen ist Verpflichtung aller staatlichen Gewalt.
(2) Das Deutsche Volk bekennt sich darum zu unverletzlichen und unveräußerlichen Menschenrechten als Grundlage jeder menschlichen Gemeinschaft, des Friedens und der Gerechtigkeit in der Welt. [. . .]

Artikel 2
(1) Jeder hat das Recht auf die freie Entfaltung seiner Persönlichkeit, soweit er nicht die Rechte anderer verletzt und nicht gegen die verfassungsmäßige Ordnung oder das Sittengesetz verstößt.
(2) Jeder hat das Recht auf Leben und körperliche Unversehrtheit. Die Freiheit der Person ist unverletzlich. In diese Rechte darf nur auf Grund eines Gesetzes eingegriffen werden.

Artikel 3
(1) Alle Menschen sind vor dem Gesetz gleich.
(2) Männer und Frauen sind gleichberechtigt. Der Staat fördert die tatsächliche Durchsetzung der Gleichberechtigung von Frauen und Männern und wirkt auf die Beseitigung bestehender Nachteile hin.
(3) Niemand darf wegen seines Geschlechtes, seiner Abstammung, seiner Rasse, seiner Sprache, seiner Heimat und Herkunft, seines Glaubens, seiner religiösen oder politischen Anschauungen benachteiligt oder bevorzugt werden. Niemand darf wegen seiner Behinderung benachteiligt werden.

- Wer spricht hier?
- Für wen gilt es?
- Wer ist mit *jeder* gemeint?
- Sind Kinder dabei? Und Frauen? Wieso?
- Jeder = alle Menschen?
- Was ist das Deutsche Volk? Wer gehört dazu?
- Was ist ein Volk?
- Sind Menschrechte nur die festgeschriebenen?
- Wie lautet das Sittengesetz?
- Wem wird die Verpflichtung der Präambel auferlegt?
- Was könnten die dazu tun?
- Was ist die vollziehende Gewalt?
- Wer könnte die Grundrechte antasten? Wer wären die Täter? Kann das verhindert werden?
- Wer könnte die Grundrechte verletzen? Wer wären die Täter? Kann das verhindert werden?

All dies können Sie hoffentlich beantworten.

Die Kunst, Bücher zu schreiben, ist noch nicht erfunden. Sie ist aber auf dem Punkt erfunden zu werden.
Novalis

5

Text als Mittel der Kommunikation

Neben Zweiersequenzen gibt es längere Sprechaktsequenzen.

Für bitten oder überreden zum Beispiel:

Grund angeben – Bitte äußern – begründen

Ich hab kein Geld. Kannst du mir was leihen? Ich brauche eine neue Druckerpatrone.

Geben Sie hier die Aktfolge an:

Kannst du mir was leihen? Ich brauche eine neue Druckerpatrone. Ich hab kein Geld.

Ich brauche eine neue Druckerpatrone. Ich hab kein Geld. Kannst du mir was leihen?

Ordnen Sie die formelhaften Ausdrücke den Sprechakten zu.

vielleicht so ein bisschen	ABSCHWÄCHEN
also gut. . .	AUFZÄHLEN
auf der einen Seite. . . auf	DIFFERENZIEREN
beispielsweise	EINWENDEN
einerseits. . . andererseits	ERKLÄREN
genauer gesagt	EXEMPLIFIZIEREN
genauer gesagt	EXPLIZIEREN
kurz gesagt	FORTSETZEN
mit anderen Worten	HINZUFÜGEN
na ja	KLÄREN
nebenbei bemerkt	KOMMENTIEREN
nebenbei gesagt	KONTRASTIEREN
nicht ganz so	PRÄZISIEREN
seh ich anders	ZURÜCKNEHMEN
und dann noch	
zu unterscheiden sind	
zum Beispiel	

Schauen Sie auf den jeweils zweiten Satz. Welcher Sprechakt wird damit ausgeführt?

Man wollte die Mineralölsteuer entsprechend erhöhen. Dagegen spreche das EU-Recht.

Nicht alles ist eine Frage des Geldes. Es ist außerdem eine Frage der Identifikation.

Nun ist der „Odenwälder Weihnachtsmarkt" zu besichtigen, und zwar donnerstags und freitags 4 bis 0 Uhr.

Alle Atomtests im Südpazifik seien ein Skandal, und zwar auch dann, wenn sie als letzte Versuchsreihe bezeichnet würden.

Ausgaben für Bildung, Forschung, Arbeitsmarkt und Umweltschutz würden vernachlässigt. Dagegen steige der Etat der Bundeswehr.

Damit rückten die Adler ans untere Mittelfeld heran. Dagegen kam der BSC Oppau beim ASV Fußgönheim über ein torloses Unentschieden nicht hinaus.

Das alles sei für das Ansehen des Unterhauses schädlich. Dagegen erklärten der Labour-Abgeordnete, gerade diese Haltung komme bei der Bevölkerung an.

Das führt man auf eine um Prozent vergrößerte Anbaufläche zurück, weil der Rübenertrag wegen der langen Trockenheit sank.

Der Ausbau sowie Vermarktung sollen weiter betrieben werden – und zwar industrieunabhängig.

Der Papst fordert in dem Brief nachdrücklich gleiche Rechte für Mann und Frau. „Und das heißt gleichen Lohn für gleiche Arbeit ."

Alle Institute sollten den Vorgaben der Notenbank folgen – aber schnell.

Auch flächenbereinigt, das heißt unter Berücksichtigung der vier SB-Warenhäuser, war ein Rückgang zu verzeichnen.

Der Reisebus wurde konfisziert, und zwar wegen ausstehender Forderungen an den auswärtigen Halter.

Schauen Sie auf den jeweils zweiten Satz. Welcher Sprechakt wird damit ausgeführt?

Der „zweite Arbeitsmarkt" dürfe kein „Schonraum", sondern müsse im Gegenteil „einen Anreiz" bieten.

Die Aufführung des Mannheimer Nationaltheaters und mehr noch das Regie führende Bühnenbild wirkten offensichtlich nachhaltig.

Man wollte damit zunächst den Underground beglücken und dann die glatte Welt des Pop aus den Angeln heben.

Polizei bittet in diesem Zusammenhang den Anrufer sowie andere Zeugen, sich zu melden.

Die Gruppe war am Donnerstag vor einer Woche in Ankara angekommen und dann mit dem Bus weiter gefahren.

Sie wollen Wissen in Nachholkursen vermitteln. Jedoch sei es den Hochschulen unmöglich, dies zu organisieren.

So seien die Ausgaben vor allem bei Krankenhauskosten und Heilmitteln stark angestiegen. Dagegen blieben sie in anderen Bereichen konstant.

Somit sollen die Bezüge schneller, gegen Ende der Karriere langsamer steigen. Zusätzlich sollen einmalige Leistungsprämien gedacht sein.

Somit werden Um- und Weiterschulung finanziert sowie die ostdeutsche Landwirtschaft gestützt.

Und nun war Rocky Horror auch wieder auf der Bühne, und zwar in einer neuen Produktion.

Der Krankenstand der Gesamtbelegschaft betrage immer noch 0,4 Prozent, wohingegen bei anderen Betrieben diese Quote wesentlich niedriger liege.

Der Motorroller ist – mehr noch als Mokick und Mofa – der Einstieg der Jugend ins motorisierte Leben.

Ungeachtet der Info-Offensive definiert sich Pro 7 weiterhin als Spielfilmsender.

Hier sehen Sie, wie häufig bestimmte Sprechakte in der Presse vorkommen. Dabei geht es natürlich um Verben, mit denen über Rede berichtet wird.
Ordnen Sie die Verben nach Sprechakttyp:

- **Assertiva**
- **Direktiva**
- **Kommissiva**
- **Expressiva**

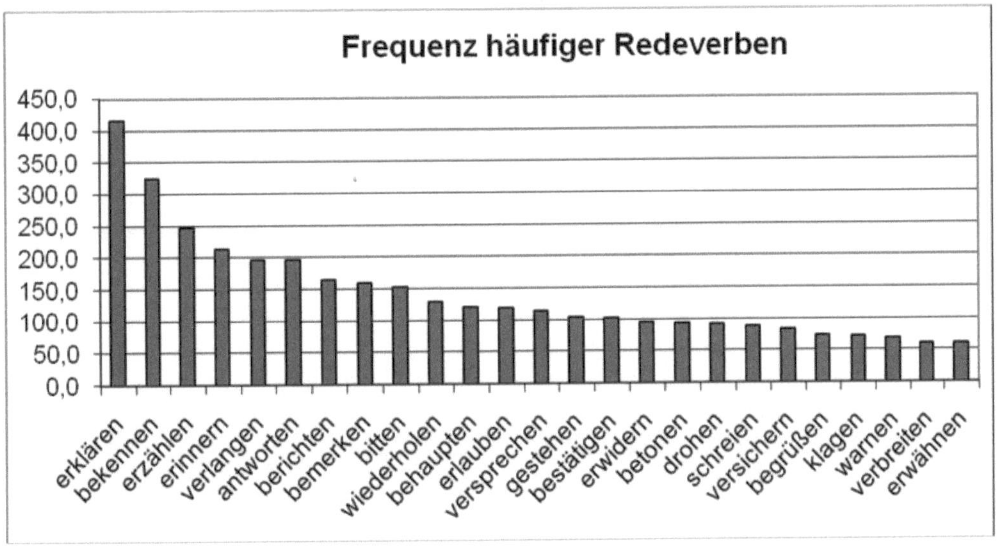

Je nach lexikalischer Besetzung spielen Ausdrucksformen nach „X ist" auf unterschiedliche Stereotypen an. Was soll mit diesen Sätzen gesagt sein?
Was vermuten Sie?

„Befehl ist Befehl", sagt ein Polizist. „Ich tue es aber nicht gerne."

Aber Schwur ist Schwur und alles verloren.

Als eine junge Frau ihm sagte, Butter sei Butter und er solle doch die nehmen . . .

Besser ist besser als schlechter.

Bilder sind Bilder.

Dienst ist Dienst, und Raki ist Raki.

Doch Mord ist Mord und muss auch als solcher bezeichnet werden.

Gesetz ist Gesetz.

Im Bundestag gilt „Gesagt ist gesagt".

Im Rahmen der Ausstellung 'Nein ist Nein' – gegen sexuelle Gewalt.

Und: „Heimat ist Heimat."

Grice und andere
Bei Grice bleiben die Maximen etwas ambivalent. Für viele klingt es so, als sei es ein Ratschlag oder gar so etwas wie eine Kantsche Maxime. Es ist aber etwas Selbstverständliches.

1. Maxim of Quantity/ Quantität
1. 1 Make your contribution as informative as required (for the current purposes of the exchange). Mache deinen Beitrag so informativ wie nötig.
1. 2 Do not make your contribution more informative than is required. Mache deinen Beitrag nicht informativer als nötig.

2. Maxim of Quality/ Qualität
2. 1 Do not say what you believe to be false. Sag nichts, was du für falsch hältst.
2. 2 Do not say that for which you lack adequate evidence. Sag nichts, wofür du keine gute Rechtfertigung hast.

3. Maxim of Relevance/ Relevanz
3. 1 Be relevant (i. e. , say things related to the current topic of the conversation). Sei relevant! Sag nur, was zum gegenwärtigen Thema gehört.

4. Maxim of Manner/ Art und Weise
4. 1 Avoid obscurity of expression. Vermeide unklare Ausdrucksweise.
4. 2 Avoid ambiguity. Vermeide Mehrdeutigkeit.
4. 3 Be brief (avoid unnecessary prolixity). Fasse dich kurz (ohne Umschweife).
4. 4 Be orderly. Sprich geordnet.

In ähnlichem Geist Levinson (2000).

Das Q-Prinzip (Levinson 2000: 76):
Q-principle
Speaker's maxim: Do not provide a statement that is informationally weaker than your owledge of the world allows, unless providing an informationally stronger statement would contravene the I-principle. Specifically, select the informationally strongest pragmatic alternate that is consistent with the facts.
Recipient's corollary: Take it that the speaker made the strongest statement consistent with what he knows, and therefore that: [. . .].

Das I-Prinzip (Levinson 2000: 114):
I-Principle
Speaker's maxim: the maxim of Minimization. „Say as little as necessary"; that is, produce the minimal linguistic information sufficient to achieve your communicational ends (bearing Q in mind).
Recipient's corollary: the Enrichment Rule. Amplify the informational content of the speaker's utterance, by finding the most specific interpretation, up to what you judge to be the speaker's m-intended [= meaning-intended] point, unless the speaker has broken the maxim of Minimization by using a marked or prolix expression.
Specifically:
a. Assume the richest temporal, causal and referential connections between described situations or events, consistent with what is taken for granted.
b. Assume that stereotypical relations obtain between referents or events, unless this is inconsistent with (a). [. . .]

Dies findet sich einschließlich Schreibfehler an vielen Stellen im Netz. Zum Beispiel http://www. grin. com/de/e-book/95483/brecht-bertolt-mann-ist-mann

Bert Brecht

Mann ist Mann
Inhaltsangabe
Galy Gay, ein irischer Packer will einen Fisch kaufen. Gleichzeitig plündert eine Abteilung von 4 Soldaten einen Tempel. Der Tempelbesitzer hatte aber, für solche Vorfälle gerüstet, Fallen aufgestellt. Die Soldaten verfangen sich in den Fallen, einen von ihnen müssen sie die Haare abschneiden, um ihn frei zu bekommen. Damit sie mit ihren Kumpanen nicht auffallen, lassen sie ihn in einer Kiste versteckt zurück, um ihn in der Nacht die Haare komplett abzuschneiden. Auf ihren Rückweg treffen sie aber auf einen sehr strengen Sergeanten, den „Blutigen Fünfer" der schon von der Plünderung gehört, die verbrecherische Abteilung sucht. Da sie nur zu dritt sind fallen sie auf – sie können sich zwar herausreden, aber sie müssen jetzt zu einem Appell, können also nicht bis zum Abend warten. Sie wollen sich nun einen vierten Mann suchen, und Galy der zufällig sie Straße herunterkommt lässt sich überreden. Er geht mit ihnen ein Geschäft ein und spielt den 4. Mann. Nach dem Apell wollen die drei nun ihren Kumpanen aus der Kiste holen, doch der Tempelwärter hat sie wegen starken Regens in den Tempel getragen und den Soldaten gefunden. Er liefert ihnen den Soldaten nicht aus, sondern will aus ihm Kapital schlagen indem er aus ihm einen Gott macht.
Die Soldaten sehen nun, dass sie Galy für länger brauchen, beschließen ihn „total umzumontieren wie ein Auto" (Mann ist Mann), damit er in die Rolle ihres ehemaligen Kumpels schlüpfen kann. Sie können Galy wieder mit einem Geschäft überreden, die eigene Persönlichkeit abzulegen und in die Rolle ihres Kumpels zu schlüpfen – Galy spielt sogar seiner eigenen Frau glaubhaft vor sie nicht zu kennen! Da aber unversehens die stationierte Armee in den Krieg ziehen muss, bleibt wenig Zeit den Packer in einen Soldaten zu verwandeln und die drei verwenden nun eine List: Der handelsgeile Galy soll bei einer Versteigerung eines Elefanten (Attrappe!) als Besitzer zeichnen. Während er nun den Besitzer spielt, nehmen Soldaten ihn wegen Verdachts auf Verkauf von Heeresgut fest. Nebenbei „entdeckt" die Käuferin Begbick, dass ihr Elefant nur eine Attrappe ist. Mehrfach angeklagt wird Galy nun zum Tode durch Erschießen verurteilt. Somit wird er gezwungen seine eigene Identität als Galy abzulegen, und flüchtet in die schon bekannte Rolle des von ihm gespielten Soldaten. Um ihn aber restlos von seiner Persönlichkeit zu befreien, „erschießen" ihn die Soldaten – als er wieder als Soldat erwacht, wird gerade „Galy" zu Grabe getragen und Galy muss ihm eine Grabrede halten!
Aber in dieser Nacht wird auch eine andere Persönlichkeit durchleuchtet: Der „Blutige Fünfer" total angetrunken, und lüstern auf die Witwe Begbick erzählt, dass ihm der Namen deswegen verliehen wurde, da er fünf wehrlosen Hinduisten sinnlos erschossen hatte. Da sie nun wissen, dass er ein menschlicher Dreckhaufen ist, weiters zielt er sehr schlecht, haben sie jegliche Achtung vor ihm verloren.
Die drei Kameraden verfrachten ihren Neuen jetzt in den Zug, wo er einschläft. Als er am nächsten Morgen erwacht, liegt die Begbick neben ihn. Die anderen reden ihm nun ein, dass er mit ihr geschlafen habe, und weiters erklären sie ihm, er sei eine Zeitlang verwirrt gewesen und habe geglaubt er sei ein anderer. Als sie ihm letztendlich „seinen" Pass zeigen glaubt er schon fast, dass er wirklich Jip ist. Als nun der frustrierte Fünfer erkennt, dass er durch seine Menschlichkeit und seine Gefühle seinen Namen verloren hat, entmannt er sich selber, um nicht wieder einmal in Verlegenheit zu kommen und um seinen Namen zu behalten! Galy ist, als er das sieht, nun restlos davon überzeugt, dass Namen und Persönlichkeiten sinnlos sind -> Mann ist Mann.
Als sie bei der Festung ankommen, die sie zerstören sollen, taucht der reelle Jip wieder auf – die drei kennen ihn aber nicht mehr, um nicht ihr Gesicht zu verlieren. Nur Galy erkennt die Not des Jip und schenkt ihm seinen alten Pass.
Im Kampf entwickelt sich der früher so friedliche und aufrichtige Galy zu der kriegsgeilen Kampfmaschine Jip, und vollendet somit seine Verwandlung vom Packer zum Soldaten.

Interpretation

Brecht zeigt, dass für ihn eine Vereinbarkeit von individueller Selbstbestimmung und entfremdeter Gesellschaft undenkbar ist: Verweigerung oder Anpassung sind die einzigen Verhaltensmöglichkeiten, wobei Anpassung im Zeichen des Kollektivs in zunehmenden Maß positiv ist. Der Denkansatz war sicher der Weltkrieg: Der einzelne erreichte eingreifende Wirkung nur als Repräsentant vieler. Mann ist Mann thematisiert den Verlust der Identität, und trägt mit den Stilmitteln der Groteske den alten Individualitätsbegriff zu Grabe. [. . .]
Das Stück zeigt, dass Krieg aus wirtschaftlichen Gründen geführt ist, und ein gesellschaftlich legalisiertes Verbrechen ist. [. . .] Wenn nun Brecht vorführt, dass ein Mensch „wie ein Auto ummontiert“ wird, so mag das zuerst als groteske Überpointierung klingen – aber es geht ja nicht nur um den Rollentausch Galys, sondern um die soziale Identität: Aus dem friedlichen Packer mit weichem Gemüt, wird eine blutrünstige Kampfmaschine.
Der Titel des Stücks „Mann ist Mann“ ist eine Setzung durch die scheinbar Besonderes zu Gleichem ummontiert wird. Galy ist als Problemlösung für die 3 Soldaten der ideale Mann – er ist zugleich gutmütig und schwerfällig. Seine Verhältnisse, die ihm zu wenig eigene Existenz gaben, ermöglichten es ihm nicht eine eigene Identität auszubilden; er hat nicht mehr zu verlieren als seinen Namen. Trotzdem bleibt er Realist – er kann nur durch ein Geschäft überredet werden. Seine Verwandlung beginnt in dem Augenblick als der Mann, der niemals Nein sagen konnte, plötzlich sich selbst seiner eigenen Frau verleugnet. Somit werden die drei Gefühlsingenieure bestätigt: „Ein Mann ist wie der andere .“

Galy handelt einfach nach dem Grundsatz „Geschäft ist Geschäft“ und als er als Namenloser agiert, ist dies bereits eine weitere Abwendung von seiner früheren Personalität. Durch die Anklage wegen Verhökern von Armeegutes, und die daraus resultierende Todesangst, wird die Vitalität Galys auf den Überlebenswillen reduziert. Galy trennt sich nun von seinem Ich und übernimmt die Rolle im Kollektiv. Die Mechanik des Umbaus der Persönlichkeit wird weiters durch die Witwe unterstrichen, die als Gegenleistung verlangt, dass ihre Kantine „Zug um Zug“ abgebaut wird. Das Gebäude der Persönlichkeit fällt somit parallel zur Kantine. Aber auch zwei andere Personen werden verwandelt: der Soldat Jip wird vom Mesner in einen Gott verwandelt, der „Blutige Fünfer“ verliert sich in eine unwiderstehliche Sinnlichkeit, wo er als Zivilist bei der Witwe die kollektive Identität, sowie seinen Namen verliert.
Der Verlust des Namens ist somit ein durchgängiges Motiv im Stück. Galy kann sich aber nicht sofort von seiner alten Persönlichkeit trennen – er bleibt vorerst „der Beide“. Seine Kumpane versuchen ihn nun zu verwirren, aber den entscheidenden Schritt machte erst der demaskierte „Blutige Fünfer“, der, um seinen Namen zu behalten und ja nicht mehr Zivilist zu werden, sich mit seiner Pistole entmannt. Galy merkt nun, dass seine Rückfälle gefährlich sind. Es gehört aber zu der Logik der Groteske, dass dieser Fall eigentlich das Gegenteil dessen lehrt, was Galy daraus gelernt hat. Denn Fairchild kämpft ja um seinen militärischen Namen, während Galy um seinen zivilen Namen kämpfte! In der Schlacht wandelt er sich komplett in eine Kampfmaschine und zwingt dem zurückkehrenden Jip seinen alten Namen auf.
Weitere Themen: Religion ist ein Geschäft mit der Dummheit, kapitalistische Kriege sind kolonialistische Eroberungszüge, Kleinbürger sind durch ihren Besitztrieb verführbar, der Zwang zur Verhaltenskonformität zwingt zur Vernichtung persönlicher Widersprüche.
Interessant ist die Figur Galys gezeichnet: Er, der als Anpasser erscheint, ist in Wirklichkeit kein Schwächling, sondern der stärkste der Personen, aber erst als er aufgehört hat eine Privatperson zu sein: Er wird erst in der Masse stark. Interessant ist, dass er durch die Montage keinen Schaden nimmt, er gewinnt.

Schauen Sie im Detail: Welche Deutungen würden Sie teilen? Welche eher nicht?

Meister Eckhart sprichet

Got ist ein niht, und got ist ein iht.

Daz lieht, daz got ist, daz vliuzet ûz und machet vinster allez lieht.

Der aber bî nihte von gote redet, der redet eigentlîche von im.

Er hât alliu dinc in im; er berüeret alliu dinc, und er blîbet unberüeret.

Got ist über alle namen.

Swaz iht ist, daz ist ouch niht.

dô er got sach, dô sach er alliu dinc als ein niht.

mit offenen ougen sach er niht, und daz niht was got.

Sant Augustînus sprichet: got ist wîse âne wisheit, guot âne güete, gewaltic âne gewalt.

Got, der âne namen ist – er enhât enkeinen namen -, ist unsprechelig.

Got ist 'über Namen' und unsprechelig.

Waz klârheit an götlîcher natûre sî, daz ist unsprechelich.

Nomen est innominabile, nomen indicibile et nomen ineffabile.

Waz man von gote sprichet, daz enist niht wâr, und waz man von im niht ensprichet, daz ist wâr.

Swaz man sprichet, daz got sî, des enist er niht; waz man von im niht ensprichet, daz ist er eigenlîcher, dan daz man sprichet, daz er sî.

Got enist guot noch bezzer noch allerbeste. Wer dâ spraeche, daz got guot waere, der taete im als unrehte, als ob er die sunnen swarz hieze.

er ist ein überwebende wesen und ein überwesend nihtheit.

Worin besteht jeweils die Paradoxie?

Kann man sagen, dass mit diesen Paradoxien doch etwas gesagt wird? Was im Einzelnen?

> Please forgive me,
> I can't stop lovin' you.
> Bryan Adams

Metaphern. Was liegt zugrunde? Was ist das Bild?

Grundgesetz
Schranken sind jedoch dort, wo jemand Rechte anderer verletzt oder wo jemand gegen die verfassungsmäßige Ordnung oder das Sittengesetz verstößt. Hier kann der Gesetzgeber das Grundrecht durch einfache Bundesgesetze einschränken.

Im Grunde seiner Seele schlummerte das Böse.

Welche Metaphorik: Wörter als. . . ? Sprache als. . . ?

Die Absicht: Mit als Kennzeichen dienenden Lauten dem Hörer seine Ideen kundtun.
Demnach sind es die Ideen des Sprechenden, als deren Kennzeichen die Wörter dienen wollen.
Beherrschst du Sumerisch?
Der Worte sind genug gewechselt.
Die Damen haben wiederholt das Wort ergriffen.
Er spricht nur gebrochen Deutsch.
Man möchte uns das Wort im Munde umdrehen.
Mehr Worte müssen wir nicht verlieren.
Sie haben ihr wiederholt das Wort abgeschnitten.
Was kann man alles in dieser Sprache ausdrücken?
Wir bedienen uns täglich der Sprache?
Wäge deine Worte!

Paul Celan
kleide die Worthöhlen aus
mit Pantherhäuten,
gib ihnen Vorhöfe, Kammern, Klappen

Gottfried Benn
Ein Wort – ein Glanz, ein Flug, ein Feuer,
ein Flammenwurf, ein Sternenstrich
und wieder Dunkel, ungeheuer,
im leeren Raum um Welt und Ich.

Was *gibt ihm Leben? – Im Gebrauch* lebt es.
Ludwig Wittgenstein

Wie macht man einen Text durchsichtiger?
Dieser Gedanke, der in „Texttheorie" anklingt, wird später ausgebreitet.

Sind Euphemismen Implikaturen?

Nicht immer ist das, was in einer Kontaktanzeige steht, wörtlich zu nehmen. Wir helfen Ihnen, den Code zu knacken:
Der „Mann im besten Alter" dürfte in den meisten Fällen bereits Rente beziehen.
Mit dem „Pfundskerl" können Sie prima übers Essen reden. Und über die letzte Diät auch.
Der „Genießer" trinkt ganz gerne mal (vielleicht auch einen über den Durst).

Oldtimer sucht Beifahrerin	Second hand, aber gut in Schuss sucht neue Fahrerin

Ein Weg, zu demonstrieren, wie das Verstehen funktioniert, sind sog. Räsonnements. Sie sind allerdings nur plausible Nachkonstruktionen für die beschreibende Darstellung.
Wir wollen so etwas vorführen am Beispiel einer Schlagzeile. Sie lesen:

Frau schlug den Raab.

1. Das Wort oder Lexem *Raab* kennen Sie nicht.
2. Es ist groß geschrieben.
3. Sie schließen, dass es sich um einen Eigennamen handelt.
4. Bei Eigennamen steht normalerweise kein definiter Artikel.
5. Der Artikel sagt also mehr.
6. Er betont die Unikalität.
7. Es geht um eine bekannte Persönlichkeit.
8. Irgendeine Frau hat ihn geschlagen.

Aber warum? So könnte man gespannt weiterlesen.

9. Sie wissen, welcher Raab gemeint ist.
10. Sie wissen, was der macht.
11. Ihnen fällt ein, wie seine Sendung heißt.
12. Sie wissen, warum sie so heißt, was da geschieht.

So kommen Sie auf eine andere Deutung. Der Artikel wird Sie nicht überraschen. Sie sind mit der Schlagzeile vorbereitet. Doch zu Ende ist die Sache damit nicht. Könnte sie ihn nicht in der Show geprügelt haben, weil er so blöd ist. Oder?

Wie verstehen wir Sparwitze?

Diesen Witz erklären will ich nicht. Witze erklären ist bekanntlich fad. Sie werden ihn sowieso verstehen.

- **Was braucht man, um so einen Witz zu verstehen?**
- **Was muss im Wissen aktiviert werden?**

Steht ein Manta vor der Uni.

1. In der Uni sollten kluge Leute sein.
2. Wer vor der Uni parkt, ist in der Uni.
3. Wenn ein Manta vor der Uni parkt, ist der Fahrer in der Uni.
4. Mantafahrer sind bissl doof.
5. Siehe 1.

> Implicature is a technical term in the pragmatics subfield of linguistics, coined by H. P. Grice, which refers to what is *suggested* in an utterance, even though neither expressed nor *strictly implied* (that is, entailed) by the utterance.
> Wikipedia

Und was heißt suggested?

Implikatur

> Von Grice geprägter Terminus; die Handlung (und das Ergebnis) des Erschließens einer gemeinten (aber nicht gesagten) Äußerungsbedeutung [. . .]
> Bublitz 2001, 247

Abgesehen davon, dass man Bedeutungen so nicht meint, wieder das Gesagte.

Konventionelle Implikatur

> Implikatur, die auf der konventionellen Bedeutung von Wörtern basiert, und daher nicht rekonstruierbar, streichbar und kontextvariabel ist [. . .]
> Meibauer 2008, 199

Konversationelle Implikatur

> Nach der Theorie von Grice pragmatische Schlussfolgerungen aus einer Äußerung, welche rekonstruierbar, kontextvariabel und streichbar sind.
> Meibauer 2008, 199

Weiß man nun, was eine Implikatur ist?

Was man alles nicht sagen muss.
Beispiel dafür sind Ellipsen. Sie sind seit je her ein Thema der Grammatik. Darum auch hier einige Beispiele, die in der Grammatik behandelt werden, aber über Implikaturen zu erklären sind (eine schöne Übersicht in Zifonun/Hoffmann/Strecker 1997, 410-443).
Bei Ellipsen denkt man sich immer, sie seien Kurzformen, sie seien zu sehen auf der Folie eines vollständigen Satzes. Daher auch eine übliche Umkehr der kommunikativen Verhältnisse, bei der die Ellipse als Tilgung gewertet wird.
Dabei ist dann keine Frage, wieso der Rezipient ergänzen konnte, was der Linguist ergänzen kann. Und schon gar nicht, welche Kriterien einen dabei leiten könnten.

Probieren Sie: Welche Implikaturen gäbe es?

> Alles flüssig geschrieben, so liest man leicht über Wichtiges hinweg. Meint, man hätte alles verstanden. Hat aber nicht.
> **Antworten**
> Hast du den Müll schon runtergebracht. – Hab ich.
> **Briefstil**
> Konnte nicht früher kommen. Lag krank im Bett. Musste aber trotzdem nach Berlin.
> **Titel**
> Alles super ausgeführt

In manchen Fällen hätte man ein Explikationsproblem, wenn man nicht den Kontext dazu hätte. Mindestens zwei Explikationen hier:

> Komm um drei nach Hause
> Komm du. . .
> Ich komme. . .
>
> > Komme um drei nach Hause
> > Ich komme. . .
> > Komm du. . .

Will man diese Beziehungen auf eine einfache
Formel bringen, so geht man fehl.
Ludwig Wittgenstein

6

Lokale Kohärenz: trigger und transitions

Im Laoßwißen wird laoßend der Zpielstand ond der Zpielverlaoß ßestgehalten. Das Laoßwißen ist veränderlich, läoßt ständig mit ond weiter. Natürlich ist aoch stehendes Wißen veränderlich, aber es ist persistenter, ist im Langzeitgedächtnis, während das Laoßwißen im Korzzeitgedächtnis ist.

Hier bitte ein paar sloganhafte Texte zum Verstehen.

Wie kann man die Intention des Partners denn herausbekommen? Nur durch Kommunikation und Verstehen. So ist die Intention also kein Kriterium, kein Maßstab für das Verstehen? Natürlich nicht.

Zur Beurteilung dessen, was wir überhaupt verstehen, gibt es kein vorgängiges allgemeines Kriterium, das zu bewerten gestattet, ob ein Verständnis gut oder schlecht, falsch oder richtig ist. Alles bleibt eigentlich in der Schwebe. Ein gutes - wenn auch nicht letztes - Kriterium des Verstehens ist, dass Sie mit einem Verständnis zufrieden sind, dass es für Sie passt, und vor allem, dass es keine weiteren Probleme aufwirft.

Zum guten Verstehen gehört auch zu sehen, was mit Fleiß nicht gesagt wurde.

Im Verstehen geht es darum, das Passende zu finden, nicht das Richtige.

Einem guten Versteher genügt ein einziges Wort.

Weinrich 1964: 212:

Ein Text ist offenbar eine Ganzheit, in der alles aufeinander bezogen ist. Die Sätze folgen in einer sinnvollen Ordnung so aufeinander, dass jeder verstandene Satz zum sinnvollen Verständnis des folgenden Satzes beiträgt. Andererseits wirkt der folgende Satz nun, wenn er seinerseits verstanden ist, wieder auf das Verständnis des vorhergehenden Satzes zurück.

Es ist bemerkenswert, dass in der gängigen Einführung Brinker/ Cölfen/ Pappert, 2014 das Verstehen nicht erörtert wird. Es gibt zwar ein Subkapitel mit dem Wort „Textverstehen" in der Überschrift. Man wird schwerlich sagen können, dass Textverstehen hier auch das Thema sei. Auf jeden Fall ist von der philosophischen oder hermeneutischen Tradition nicht die Rede. Warum wohl? Zu schwierig? Nicht bekannt? Als irrelevant erkannt? (aber Biere 1989)

Oft erdn fü Übegäne un semntiche ezihunen nr Sazpare vrgeühr. Da verürz die extelln Geebeheien imen. An ine Stele ds Tets knn dr Leer Enge vom erluf i Sin habn. Ds stht dnn shon ufgwärt paat. estmmt Forsetungmögicheiten snd dnn shon ast usgfilert.

Was weiß dieser Autor? Kreuzen Sie an. (Nicht, was er wirklich weiß, sondern welches Wissen er bräuchte, welches er zu haben beansprucht.)

Sicherlich haben Sie eine eigene Meinung dazu.

> W. Dresslers „Einführung in die Textlinguistik", die 1972 als erstes Lehrbuch textlinguistische Grundkenntnisse vermittelt hatte, konnte inzwischen durch Hinzuziehung eines weiteren Bearbeiters (Robert-Alain de Beaugrande) eine gründliche Überarbeitung und Erweiterung erfahren, die nunmehr auch den internationalen textlinguistischen Forschungsstand umfassender berücksichtigt, allerdings durch die Häufung spezieller Kenntnisse und Methoden den Charakter einer Einführung überschreitet. (Sowinski 1983, 43)

◊ Beaugrande und Dressler haben das Buch gemeinsam geschrieben.

◊ Wie viel Methoden eine Einführung bieten darf.

◊ Dass es hier um das erste Lehrbuch geht.

◊ Dass andere textlinguistische Einführungen keine Grundkenntnisse vermitteln.

> Kontiguitätsverhältnisse zwischen Wörtern können u. a. ontologisch, logisch oder kulturell begründet sein. Wir geben dazu einige Beispiele:
>
> - logisch (begrifflich) begründetes Kontiguitätsverhältnis
>   eine Niederlage: der Sieg; ein mühsamer Aufstieg: der Abstieg; ein Problem: die Lösung; eine Frage: die Antwort
> - ontologisch (naturgesetzlich) begründetes Kontiguitätsverhältnis
>   ein Blitz: der Donner; ein Mensch: das Gesicht; ein Elefant: der Rüssel; ein Kind: die Mutter
> - kulturell begründetes Kontiguitätsverhältnis
>   eine Straßenbahn: der Schaffner; eine Stadt: der Bahnhof; eine Kirche: der Turm; ein Haus: die Türen; ein Krankenhaus: der Chefarzt (Brinker 2010, 34)

Und dieser Autor? Für welches Wissen müsste er grade stehen? Kreuzen Sie an.

◊ Ontologisch und naturgesetzlich ist irgendwie das Gleiche.

◊ Was Logik ist.

◊ Dass semantische Relationen hier mitspielen.

◊ Dass jede Mutter ein Kind hat.

Wie weit wären Sie gekommen, wenn man Ihnen diesen Wirbeltext vorgesetzt hätte? Probieren Sie es.
Vergleichen Sie auf den nächsten Seiten. Wäre das die richtige Lösung?

Viele Textlinguisten haben ein Problem damit, Sinn und Bedeutung zu unterscheiden von Tatsachen, Sachverhalten, Ereignissen und der Welt. Sie scheinen dabei vorauszusetzen, die Sätze und Satzäußerungen, von denen sie reden, seien wahr. Partiell distanzierter ist schon hier formuliert: Schwarz-Friesel/ Consten 2015, 58 (übrigens auf der Seite danach ist dann doch von Sachverhalten die Rede). Diese Idee scheint sich einerseits zu nähren aus der Erzählforschung (erzählte Welt), andererseits aus kognitivistischen Theorien.
Ich möchte den Ausschnitt etwas kommentieren.

Mittels textueller Einheiten und Strukturen vollziehen wir Referenz auf unterschiedliche außersprachliche Sachverhalte.
Durch die Referenzialisierung bauen wir geistig eine bestimmte Vorstellung von den Sachverhalten, eine Konzeptualisierung, auf. Diese interne, durch die sprachlichen Informationen vermittelte Sachverhaltsrepräsentation ist das Textweltmodell (TWM) eines Textes.
Wir konzentrieren uns im Folgenden auf den Rezipienten und seine kognitive Aktivität beim Aufbau des mentalen Modells. Das TWM baut sich beim Lesen umfangreicher Texte im Kopf des Lesers sukzessiv auf und integriert textinterne und textexterne Informationen.
Das TWM stellt eine rein geistige Zwischenebene im Arbeitsgedächtnis (während oder kurz nach der Rezeption) bzw. im Langzeitgedächtnis (auch nach der Rezeption) dar, die durch die Informationseinheiten des Textes aufgebaut wird und Referenten als mentale Einheiten mit ihren Relationen und Aktivitäten sowie ihrer raumzeitlichen Verankerung speichert. Paraphrasieren wir den Terminus TWM aus der Leserperspektive, wird der Zusammenhang der involvierten Komponenten deutlich: Auf der Basis eines bestimmten Textes baut der Leser ein (geistiges) Modell von der im Text beschriebenen Welt auf.

Was ist eine Welt? Ist das hier nicht etwas großspurig?
In drei Sätzen eine Welt?
Außerdem scheint es ein bisschen doppelt gemoppelt (was didaktisch gedacht sein mag): Textwelt + Modell

Was ist ein Weltmodell? Irgendwas in den Köpfen? Da kommen wir nicht dran. Deshalb ist das alles linguistisch nicht zu falsifizieren. Also? Kommunikation und Verstehen sind verschwunden.

Welche Welt schafft ein Dada-Gedicht?
Ein Celan-Gedicht?

Was ist mit paradoxen Satzäußerungen?
Eine inkonsistente Welt?

Die Welt ist alles, was der Fall ist. Was nicht einmal der Fall sein kann, kann nie zur Welt gehören, auch nicht zu einer imaginierten. Das schaffen wir einfach nicht.

Wnn wir übr di infachn Zwir-Squnzn hinausghn, findn wir vrschidn tablirt Mustr für di Abfolg von Handlungn, di wir grundlgndn Txttypn wi dm Bschribn, dm rzähln und dm Argumntirn zuordnn könnn. Dis lmntarn Txtmustr rschinn als Baustin in viln untrschidlichn Txttypn.
Grd Fritz

Spielt Goethe hier mit der Mehrdeutigkeit?

Genießen macht gemein.

Johann Wolfgang von Goethe

Können Sie die Mehrdeutigkeit desambiguieren?

Das Zauberschloss

Es war einmal ein altes, altes Schloss. Es war unbewohnt. Ein Zauberer hatte es geschmiedet und gut befestigt. Auch einen goldenen Zauberschlüssel hatte er dazu angefertigt. Den warf er in einen Abgrund und dabei ist sein Bart abgegangen. So lag das Zauberschloss viele Jahre. Niemand konnte es betreten. Alle, die es öffnen wollten, um sein Geheimnis zu lösen, konnten es nicht, weil kein anderer Schlüssel passte.
Eines Tages kam ein Jäger, der einen Hirsch verfolgte, an den Abgrund und sah das Gold des Schlüssels blitzen. Er nahm ihn und wickelte ihn in den Bart des Zauberers, der daneben lag. Da zog ihn der Schlüssel unwiderstehlich hin zu dem Schloss. Er nahm es in die Hand. Und als er es aufschloss, löste es sich in Luft auf und verschwand.

Ginge das Spiel auch ohne Ambivalenz? Wird etwas aufgelöst?

Frage
Mein Großvater starb
an der Westfront;
mein Vater starb ...

So beginnt ein Gedicht von Volker von Törne. Schauen Sie nach der Fortsetzung.
(Hier: https://www.munzinger.de/search/klg/Volker+von+T%C3%B6rne/565.html)
Können Sie selbst so etwas mit einer vagen Präposition machen?

Wie wär das Folgende zu betonen? Den Witz kennen Sie schon.

Wenn man sie mag, mag man sie; wenn man Musik mag, mag man sie nicht.

Definitionen
Was heißt „konsequent"?
Heute so und morgen so.
Was heißt „inkonsequent"?
Heute so und morgen so.
Jüdischer Witz

> Wenn wir über die einfachen Zweier-Sequenzen hinausgehen, finden wir verschiedene etablierte Muster für die Abfolge von Handlungen, die wir grundlegenden Texttypen wie dem Beschreiben, dem Erzählen und dem Argumentieren zuordnen können. Diese elementaren Textmuster erscheinen als Bausteine in vielen unterschiedlichen Texttypen.
> Gerd Fritz

Heinz Ehrhardt: Meister des Ambiguitätenspiels.
Ein Spielchen wird in einer Predigt verwendet. (https://www.ekd.de/international/vortraege_predigten/36511.html)

Anhänglichkeit
Das Kind hängt an der Mutter,
der Bauer an dem Land,
der Protestant an Luther,
das Ölbild an der Wand.

Aber nur bis hierhin. Der Prediger hat gut daran getan hier aufzuhören.
Wie geht es weiter?

Versuchen Sie, selbst so etwas zu fabrizieren.
Beginnen Sie damit, ein schön differenziertes Verb zu suchen.
So etwas wie *aufegeh, angeben*.
Dazu mag ein Wörterbuch dienen.

Tipp: Hochfrequente Simplizia haben hoch differenzierte Ableitungen.
Und Präpositionen sind allemal gut geeignet. Hier etwas zur Anregung.

verfügt [...] über
über die Bühne [...] gehen
eine Diskussion [...] über die ...
weit über die Grenzen hinaus ...
weit über die Landesgrenzen hinaus ...
die Verhandlungen [...] über die ...
Freistil ... über 100 ... Rücken
über 100 m Brust
stürzte 20 Meter [...] über eine steile Böschung und
der über [...] zehn Jahre lang
über [...] zehn [...] Jahre
einen Scheck über 10 000 Mark|Euro ...
knapp über zehn Prozent
über Leben und Tod [zu] entscheiden
über und über
über [weite] Strecken
über die Runden zu|kommen
über einen Zeitraum von zehn Jahren
Temperaturen knapp über 20 Grad
Kopf [...] über [das] Wasser
gehen ... über die Lippen
Umweg über [...] zwei

Im Laufwissen wird laufend der Spielstand und der Spielverlauf festgehalten. Das Laufwissen ist veränderlich, läuft ständig mit und weiter. Natürlich ist auch stehendes Wissen veränderlich, aber es ist persistenter, ist im Langzeitgedächtnis, während das Laufwissen im Kurzzeitgedächtnis ist.

Mittlerweile wissen Sie natürlich, worum es geht. Sorry! War nicht bös gemeint. Nur Demonstration. Sie können aber selbst weiterspielen.
Überlegen Sie auch, wann dabei der Text kaputt geht.

Hier noch zwei c-Tests. Wie sind sie zu lösen?
Wie sind sie konstruiert?

Wo nun kaufen?

Liesel Lebsanft hat je_ _ _ ihr tradi_ _ _ _ _ _ _ _ _ _ _ _ _ Geschäft auf_ _ _ _ _ _ _. Die Le_ _ _ kaufen i_ Groß_ _ndel, i_ Super_ _ _kt. Nu_ für Beso_ _ _ _ _ _ _ _ _ _ _ laufen si_ in di_ Metzgerei. Da_ _ _ können wi_ nicht le_ _ _, dazu si_ _ die Unk_ _ _ _ _ zu gr_ _. Wenn al_ _, die jam_ _ _ _, wenn ei_ Laden vers_ _ _ _ _ _ _ _, vorher do_ _ gekauft hä_ _ _ _, gäb e_ keine Pro_ _ _ _ _. Aber de_ Rückgang de_ Umsatzes mu_ _ _ _ zu di_ _ _ Entschluss fü_ _ _ _.

Bedeutung als Gebrauch.

Die genet_ _ _ _ _ Auffassung de_ Bedeutung is_ verbunden mi_ der Gebrauch_ _ _ _ _ _ _ _ der Bedeu_ _ _ _. Zentraler Slo_ _ _ der Gebrauch_ _ _ _ _ _ _ _ _ ist:
Di_ Bedeutung ein_ _ Wortes is_ sein Gebr_ _ _ _ in de_ Sprache.
Die_ _ _ Slogan weh_ _ bestimmte Auffas_ _ _ _ _ _ ab. E_ richtet si_ _ gegen di_ Idee, _ _ gebe ei_ _ sprachfreie We_ _, die f_ Bedeutungen besti_ _ _ _ _ sei,
_ _ gebe ei_ Reich de_ Bedeutungen i_ Unabhängigkeit vo_ den Zeic_ _ _,
es gebe Bedeutungen als identifizierbare Gegenstände,
es gebe Bedeutungen ohne die Sprecher, die Zeichen verwenden.
Das alles sollten Sie vergessen, wenn Sie sich mit dieser Theorie befassen.

> Unter pragmatischer (sprechakttheoretischer) Perspektive erscheint der Text nicht mehr als grammatisch verknüpfte Satzfolge, sondern als (komplexe) sprachliche Handlung, mit der der Sprecher oder Schreiber eine bestimmte kommunikative Beziehung zum Hörer oder Leser herzustellen versucht. (Brinker 2010, , 15)

Diese Behauptung scheint zwar etwas überzogen, weil man schwerlich eine komplexe Handlung für jeden Text bestimmen kann. Aber es lohnt sich doch, jeden Text auf Teilhandlungen zu untersuchen.

Hier sollten Sie im Text komplexe Sprechakte ermitteln. Vielleicht auch Sprechaktsequenzen.
Dafür nur einige Beispiele. Erweitern Sie nach Notwendigkeit und Lust und Laune.

informieren → behaupten
begründen → behaupten
berichten → behaupten
kontrastieren → behaupten
einschränken → behaupten
explizieren → behaupten

Ein Vermieter kündigte seinem Mieter fristlos. Dieser hatte den Mietzins für Juli und November nicht bis zum 6. November bezahlt. Der Mietvertrag enthielt unter anderem folgende Formularklauseln: „Die Miete ist monatlich im Voraus, spätestens bis zum dritten eines jeden Monats zu entrichten. Der Mieter kann gegen eine Mietzinsforderung mit einer Forderung wegen Schadensersatzes aufgrund eines Mangels der Mietsache nur aufrechnen oder wegen einer solchen Forderung ein Zurückbehaltungsrecht ausüben, wenn er seine Absicht dem Wohnungsunternehmen mindestens einen Monat vor der Fälligkeit des Mietzinses schriftlich angezeigt hat. Im Übrigen ist die Aufrechnung gegen Mietzinsforderungen ausgeschlossen, soweit der Mieter nicht unbestrittene oder rechtskräftig festgestellte Forderungen geltend macht ."
Die Karlsruher Richter kamen in ihrem Beschluss zu dem Ergebnis, dass die Vorauszahlungsklausel für den Mietzins unwirksam ist, wenn der Mietvertrag gleichzeitig die oben zitierte Aufrechnungsklausel enthält. Die Kombination beider Klauseln führt zu einer unzulässigen Einschränkung des Minderungsrechts des Mieters.
Die unangemessene Benachteiligung des Mieters führt zur Unwirksamkeit der Vorauszahlungsklausel. Sie ist jedoch grundsätzlich nicht zu beanstanden, wenn die Aufrechnungsverbotsklausel im Mietvertrag fehlt.

Dies ist ein Skript, das einen Standardfall des Telefonierens darstellt.
Sehen Sie das auch so? Oder würden Sie etwas verbessern?
Gibt es zum Telefonieren mit dem Handy Unterschiede? Welche?

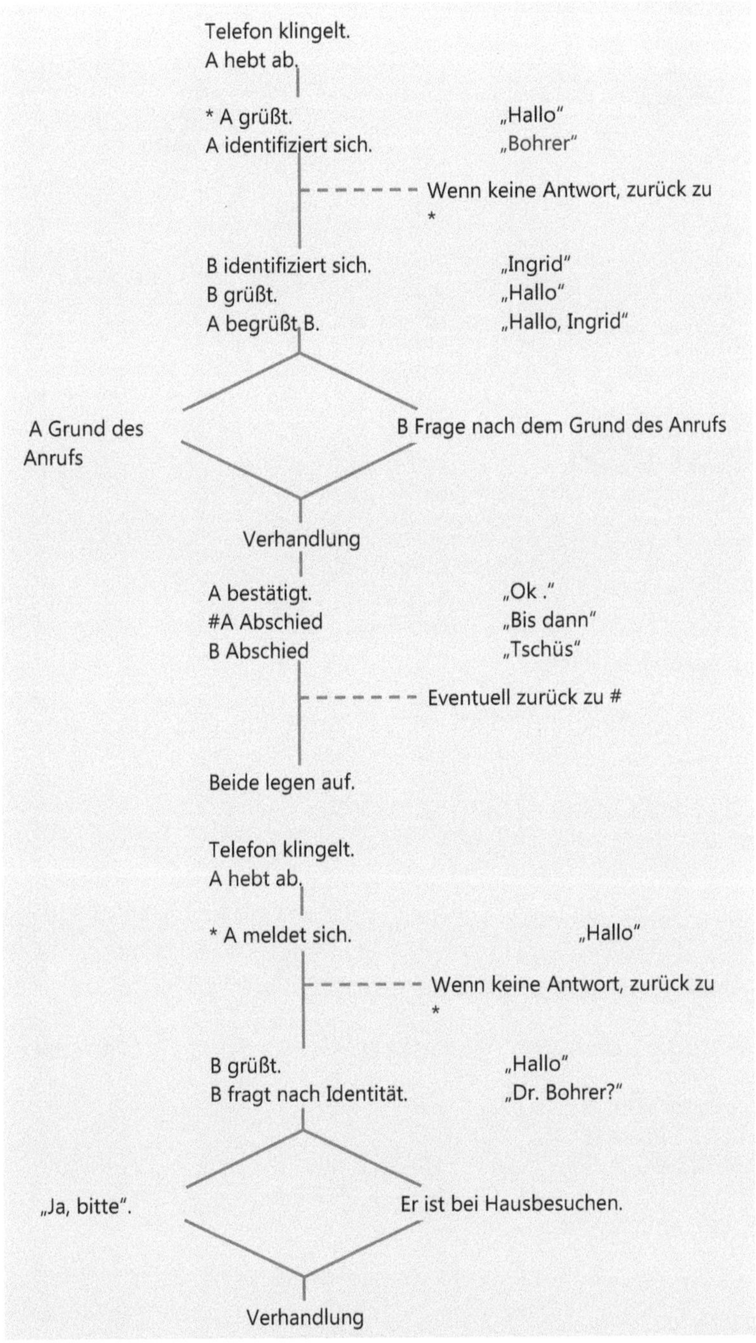

Eine nett materialisierte Kaufszene? Oder stimmt was nicht?

Und Kommunikation.

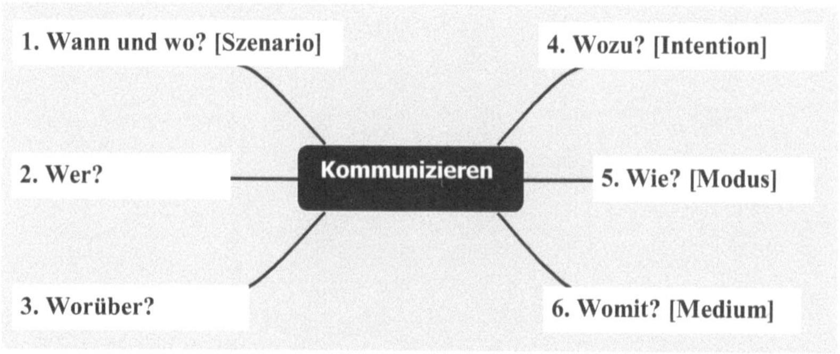

Die Gerichtsszene etwas ausführlicher.

B beschuldigt den A des F, A wird angeklagt, von D verteidigt und von E verurteilt.
A = Beklagter
B = Kläger
C = Ankläger
D = Verteidiger
E = Richter
F = Tat

Etwas weiter als ein bloße Szene wäre ein Szenario.

Texte sind inszeniert, gängige Szenarien gekennzeichnet durch Versatzstücke.

Dieser Ansatz wurde begründet von . . .
Es gab auch schon Vorgänger wie . . .
Dieser Ansatz wurde alsbald . . .
befördert durch . . .
widerlegt durch/ von . . .
erweitert auf . . .

Seiner Frau musste er gestehen: „Liebling, ich habe dich mit einer Anderen betrogen und muss zahlen. „

Was ist da los? Sind die beiden im Restaurant?

Gegen naive Annahmen von Desambiguierung kann etwas Taschenkunde, pardon Wortbildungslehre schützen.

Nach dem stehenden Wissen und den lexikalischen Eigenschaften der Komponenten passen sie oft in bestimmter Weise zusammen. Das heißt: Die Annahme einer bestimmten Bedeutung macht Sinn. Hierbei werden oft assoziative Relationen angesetzt oder Wortbildungsmuster.

Gegen naive Annahmen von Desambiguierung kann etwas Taschenkunde, pardon Wortbildungslehre wirklich schützen.

Nach dem stehenden Wissen und den lexikalischen Eigenschaften der Komponenten passen Wobi-Elemente oft in bestimmter Weise zusammen. Das heißt: Die Annahme einer bestimmten Bedeutung macht Sinn. Hierbei werden oft assoziative Relationen angesetzt oder Wortbildungsmuster.

Ort **Wo**: Brust-, Gesäß-, Hemd-, Hosen-, Innen-, Jacken-, Kittel-, Mantel-, Sattel-, Westen-, Trikot-
Material **Aus**: Leder-, Jute-, Leinen-, Plastik-Trage-, Stoff-
Inhalt **Was**: Akten-, Brief-, Geld-
Nutzer **Für**: Damen-, Kunden-, Herrenhand-
Nutzung **Wie zu tragen**: Hand-, Umhänge- Es klemmt schon etwas bei Klemm-.
Zweck **Wozu**: Einkaufs-, Reise-, Sport- Vielleicht auch: Pack-
Von Maul- und Plauder- will ich hier nicht reden.

Solche Muster sind nicht unbedingt trennscharf, lassen aber Analogien zu. Nach diesem Verfahren wird auch das Bestimmungswort gecheckt und in welchem Sinn beide Komponenten zusammenpassen.

So läuft die Deutung von *Schuhtasche* gut als Tasche, in die man Schuhe tut, *Schultasche* als Tasche, in die man Schulsachen tut und mit zur Schule nimmt. Bei *Stofftasche* legt das stehende Wissen nahe, dass es um eine Tasche aus Stoff geht.

Diese gängigen Beschreibungen sind eher kontextlos gedacht. Im Text nun kommt das Laufwissen ins Spiel.

So mag die Deutung von *Schultasche* ganz gut laufen, analog *Schuhtasche*. Nun aber hier:

> Taschen gibt es neuerdings in Form von Snickers. Solche hochmodischen Schuhtaschen haben natürlich ihren Preis.

Sie sehen, wie der Vorgängersatz, der ja noch im Laufwissen ist, die Deutung beeinflusst. Wichtig ist dabei, dass damit nicht unbedingt eine Deutung gecancelt wird (und schon gar nicht eine Bedeutung). Man mag zwar eine Deutung präferieren, sollte sich aber offen halten. Im ersten Beispiel stand der Deutungshinweis sozusagen aufgewärmt parat, im folgenden kommt er später. Die Deutung nach dem stehenden Wissen muss vielleicht revidiert werden.

> **Lohngelder geraubt**
>
> Rund 9000 Euro an Lohngeldern raubte ein Unbekannter in der Toräckerstraße in der Schwetzingerstadt.
>
> Eine 27 Jahre alte Angestellte eines Unternehmens hatte das Geld bei einer Bank am Kaiserring abgehoben und in eine Stofftasche gesteckt. Diese entriss ihr ein Mann, den die Polizei wie folgt beschreibt: etwa 20 Jahre alt, 1,70 groß, schlank, südländisches Aussehen. Der Mann habe schulterlanges, glattes, dunkles Haar und war bekleidet mit Jeans und einem roten Sweatshirt.

Einen Übergang sehen Sie hier:

> **Hannesgeorgenstadt.** Versteckt in böhmischen Knödeln hat ein 32-Jähriger 45 Gramm Crystal über die Grenze geschmuggelt. Der aus Thüringen stammende Mann reiste zu Fuß aus Tschechien ein, wie der Zoll am Freitag mitteilte. Ein positiver Drogenschnelltest hatte die Beamten dazu veranlasst, das Gepäck des 32-Jährigen am Montag genauer unter die Lupe zu nehmen. Die Schnüffelhunde hatten sich vorher schon für die dunkle Stofftasche interessiert.
>
> Heutzutage – so heißt es – schmuggelt man harte Drogen im Darm. Früher verwendete man doppelbödige Stofftaschen. Da ging mehr Stoff rein.

Ambivalent bleibt alles hier. Vielleicht wird die Fortsetzung das Ganze auflösen – vorübergehend.

> Drogen oder Stoff ist fast überall Schmuggelware. Geschmuggelt wird er im Darm, in den Autoreifen und in speziellen doppelbödigen Stofftaschen.

Hier bitte der Text aus „Linguistische Texttheorie" Seite 94, aber ohne Satzzeichen. Können Sie ohne Weiteres Satzzeichen einfügen? Versuchen Sie sich. An welchen Stellen gäbe es mehrere Möglichkeiten?

Sie stehen vor dem Affenhaus und gucken den Affen beim Spielen zu Sofie brüllt Guten Tag du Affe Papa zuckt zusammen Ein anderer Mann zuckt auch zusammen Zwei Frauen drehen sich zu Sofie um Vater zieht Sofie weg und sagt leise Affen begrüßt man nicht Sie können ja nicht antworten Sofie sagt Dann ist Herr Schneider auch ein Affe Vater sagt Na hör mal So etwas kannst du doch nicht sagen Aber Sofie bleibt dabei Der antwortet auch nicht wenn ich guten Tag sage Also ist er ein Affe Jetzt lacht Vater endlich Peter Härtling

Welche transitions würden Sie einfügen?

Die Mietpreise in München steigen weiter – aber immerhin langsamer als die Preise für Eigentumswohnungen. [_ _ _ _ _ _ _ _ _ _] Das ist die gute Nachricht in einer ganzen Serie betrüblicher Erkenntnisse. [_ _ _ _ _ _ _ _ _ _] In der kommenden Woche wird die Stadtbaurätin die neuesten Hiobsbotschaften den Stadträten verkünden. [_ _ _ _ _ _ _ _ _ _] Weil die Mieten in den Jahren 2013 und 2014 stärker gestiegen seien als die Preise im Allgemeinen, [_ _ _ _ _ _ _ _ _ _] nämlich um durchschnittlich drei Prozent, [_ _ _ _ _ _ _ _ _ _] würden die Mieten in München nicht nur gefühlt, [_ _ _ _ _ _ _ _ _ _] sondern auch tatsächlich immer teurer. [_ _ _ _ _ _ _ _ _ _] 30 000 Neu-Münchner sind demnach 2012 mehr hinzugekommen, [_ _ _ _ _ _ _ _ _ _] als München verlassen haben oder gestorben sind. [_ _ _ _ _ _ _ _ _ _] Dass zugleich 2012 zwar beachtliche, [_ _ _ _ _ _ _ _ _ _] aber nicht ausreichende 6500 Wohnungen neu gebaut worden seien, [_ _ _ _ _ _ _ _ _ _] führe zu der schwierigen Lage. [_ _ _ _ _ _ _ _ _ _]
Erhöht hat sich in München zuletzt auch die Quote derer, [_ _ _ _ _ _ _ _ _ _] die Eigentum selbst bewohnen. [_ _ _ _ _ _ _ _ _ _] Das tut nämlich inzwischen statt einem Fünftel ein knappes Viertel der Münchner, [_ _ _ _ _ _ _ _ _ _] ein für eine Großstadt durchaus beachtlicher Wert. [_ _ _ _ _ _ _ _ _ _] Auch deshalb, [_ _ _ _ _ _ _ _ _ _] weil die Analyse nun zeigt, [_ _ _ _ _ _ _ _ _ _] dass mancher Anleger Preise bis zum 30-fachen der Jahresnettokaltmiete für eigenen Wohnraum zahlt. [_ _ _ _ _ _ _ _ _ _]

Sie erinnern sich: Bei den transitions geht es um die semantischen Übergänge von dem einen Satz zum nächsten.
Etwa: anreihend, temporal, explikativ, adversativ, kausal, konzessiv, final.

Sie können sie auch spezifizieren (oder mit Umsicht neue erfinden?).

aber, also, anders gesagt, egal. . . ob, genauer, denn, geschweige denn, jedoch, mehr, trotzdem, und, und dann, und jetzt, und mehr, und noch, und weiter, und zwar, wieso, wodurch, wohl aber

Welcher Konnektor, welche Konnektoren würden in die Lücken passen?

Diese Systeme sehen Dach und Ziegel als Ganzes an. [_ _ _ _ _ _ _ _ _ _]: Systemteile für Lüftung (Lüfterstein, Dunstrohraufsatz), Belichtung (Fenster) Durchgänge und Sicherheit (Sicherheitsrost) sind integriert.

Kürzlich habe ich aus den Unterlagen ersehen, dass die Heimkosten im Laufe der Jahre erheblich gestiegen sind. [_ _ _ _ _ _ _ _ _ _] bekam meine Mutter nie eine Aufschlüsselung über die tatsächliche Entwicklung der Personal- und Sachkosten.

Für den Einsatz von Sanitätseinheiten, Lufttransportkapazitäten und sogar von ECR-Tornados der Bundeswehr in Bosnien reicht das bestehende UN-Blauhelm-Mandat nach Auffassung der Bundesregierung aus. [_ _ _ _ _ _ _ _ _ _] wird, sobald die präzise Anforderung des NATO-Hauptquartiers vorliegt und das Kabinett entschieden hat, die Zustimmung des Parlaments eingeholt werden.

An den Samstagen vom 10. Juni bis einschließlich 15. Juli müssen die Privatanlieferungen von Sperrabfällen im Müllheizkraftwerk Ludwigshafen aufgrund besonderer Baumaßnahmen sowie der Revision der Sperrabfallschere entfallen. [_ _ _ _ _ _ _ _ _ _] sind Privatanlieferungen von Sperrabfall noch am 3. Juni und dann erstmals wieder ab 22. Juli möglich.
Jede Siemens-Niederlassung arbeite, als sei sie eine eigenständige Firma. Folglich kaufe jeder Betrieb dort ein, wo es am billigsten sei.

Wegen technischer Probleme unserer Kooperationspartner mussten wir die Veranstaltungsreihe auf den November legen. [_ _ _ _ _ _ _ _ _ _] gibt es dieses Jahr kein Angebot für Gymnasiasten. 1996 streben wir aber wieder den traditionellen Termin, also eine Woche vor den Herbstferien, an.

Heiraten lohnt sich vielfach nicht mehr, wenn man dadurch Steuern sparen will. Steuerlich stehen Paare ohne Trauschein inzwischen oft besser da. [_ _ _ _ _ _ _ _ _ _] könnten Kinderbetreuungskosten nur von Unverheirateten geltend gemacht werden. Bei der Haushaltshilfe hätten Eheleute ebenso das Nachsehen. Sie könnten den hierfür vorgesehenen Steuerfreibetrag jährlich erst ab zwei Kindern unter zehn Jahren beantragen, bei Nichtverheirateten reiche dagegen ein Kind.

Mit einem Schock hat die UN-Ozonkonferenz in Wien begonnen. [_ _ _ _ _ _ _ _ _ _] das Ozonloch über der Antarktis erreichte in diesem Jahr einen neuen Rekordwert. Die schützende Ozonschicht über dem Südpol ging im November weiter zurück.

Die Jugendlichen sollten ungefiltert und unbeeinflusst ihre Einstellungen darstellen können. [_ _ _ _ _ _ _ _ _ _] habe ich sie in ihren inhaltlichen Aussagen eher noch bestärkt.

Fehler vermeiden

Die 5 größten BH-No-Gos

Der falsche BH ist nicht nur unbequem, sondern kann Sie sogar dick aussehen lassen. Wir decken die größten Fehler beim Unterwäsche-Kauf auf und helfen Ihnen, sie zu vermeiden …

Sophie Köllges Sophie Köllges 24. März 2015 14:47 Uhr

Viele Frauen kennen es – das Gefühl, nicht den richtigen BH zu tragen. Aber was machen wir bloß falsch? Den perfekten BH zu finden ist eine oft lebenslange Mission. Und eine durchaus ernst zu nehmende Herausforderung. Denn während der richtige Ihre Vorzüge perfekt in Szene setzt, kann der falsche BH Sie sogar dick aussehen lassen. Was also tun? Wir decken die fünf größten No-Gos auf und verraten Ihnen, wie Sie diese Fehler vermeiden.

Doutzen Kroes bei der Victoria's Secret Show 2014 © GettyImages Doutzen Kroes bei der Victoria's Secret Show 2014

1. Ihr BH ist zu klein
Wenn der BH zu klein ist, trägt er auf – und lässt Sie dick aussehen. Die Brust wird aus dem Körbchen heraus, nach hinten und an die Seiten gequetscht. Das unschöne Ergebnis: An den Seiten schneidet der BH ein und sorgt für Röllchen unterhalb der Achsel.

2. Sie tragen unnötigerweise einen Push-up
Bei geringerer Oberweite denken manche Frauen, ein Push-up-BH wäre die Rettung. Aber meist legt er nur eine dicke Schicht Stoff über Ihre Brust und trägt somit auf. Im Grunde brauchen ihn nur Frauen, bei denen der oberen Teil des BHs absteht. Wenn Sie sich ohne Push-up aber nicht wohlfühlen, wählen Sie lieber einen leichten BH, der den Busen dezent hebt.

3. Sie versuchen, Ihre Brüste mit einem Minimizer kleiner zu schummeln
Viele Frauen mit großer Oberweite halten Minimizer-BHs für die optimale Lösung – aber die meisten fühlen sich in ihnen überhaupt nicht wohl. Der Grund: Die Brüste werden platt an den Körper herangedrückt und auf eine größere Fläche verteilt. Von der Seite gesehen erscheinen sie dann zwar kleiner, aber ihre Besitzerin wirkt dicker. Ein gut sitzender BH mit Stützfunktion hebt die Brust hingegen von der Seite, sodass sie nicht in die Achsel geschoben wird.

4. Sie tragen seit Jahren dieselbe BH-Größe

Viele Frauen greifen Ihr Leben lang zur selben BH-Größe. Ein Fehler, denn Brustgrößen schwanken. Nicht nur Schwangerschaft, Stillen und Hormonschwankungen wirken sich auf die BH-Größe aus, sondern auch Gewichtsveränderungen, das Alter und oft schon allein der Monatszyklus. Messen Sie sich daher regelmäßig aus und überprüfen Sie den Sitz Ihrer alten BHs.

5. Ihr BH ist zu alt

Sie vertrauen seit zehn Jahren auf Ihren absoluten Lieblings-BH? Diese Treue wird womöglich nicht belohnt. Denn Körperschweiß kann das im BH enthaltene Elasthan zerstören. Ergebnis: Die Brüste werden zu wenig gestützt und hängen. Alle drei bis vier Monate sollten Sie daher die Qualität Ihres BHs kontrollieren. Schauen Sie sich ihr Profil im Spiegel an und prüfen Sie, in welche Richtung Ihre Brustwarzen im BH zeigen – zeigen Sie nach unten, brauchen Sie einen neuen.

Darauf sollten Sie beim Kauf achten

Unter einem schlecht sitzenden BH leidet nicht nur das Selbstbewusstsein, sondern auch die Gesundheit – was sich zum Beispiel in Kopf- und Nackenschmerzen ausdrückt. Daher sollten Sie Unterwäsche wählen, die Sie von Ihrer besten Seite zeigt und sich gleichzeitig gut anfühlt.

Der BH passt, wenn das Rückenteil des BHs auf einer Höhe mit den vorderen Bügeln sitzt und beim Tragen nicht nach oben rutscht, Bügel und Steg unter dem Busen nicht abstehen, sondern anliegen, der BH nirgendwo einschneidet und der Busen das Körbchen gut ausfüllt.

Suchen Sie aus diesem schönen Text alle Begründungen heraus.

Und nun: Aus der Schule geplaudert.

Die dialektische Erörterung	Lernziel: Abwägen unterschiedlicher Standpunkte
Allgemein bevorzugte Möglichkeit 1. Teil: Contra-Argumente These Contra-Argument Beispiel Contra-Argument Beispiel 2. Teil: Pro-Argumente These Pro-Argument Beispiel	Alternative Möglichkeit These Pro Argument – Contra Argument + Beispiele These Pro Argument – Contra Argument + Beispiele usw.

Wie würden Sie selbst für welche Alternative argumentieren? Denken Sie auch an normale Kommunikation.

Nur im Zusammenhang eines Satzes bedeuten
die Wörter etwas.
Frege 1884, §64

7

Globale Kohärenz: Das Thema . . .

Hier bekommen Sie Einiges zum alltagssprachlichen Gebrauch von *Thema*. Zuerst übliche Kookkurrenzen in einem wordle.

Das Folgende ist ein unbearbeiteter KWIC-Index zu "Thema reden". Welche wichtigen Gebrauchsformen könnten Sie entnehmen?

Es gehe darum, mit den Gästen über	Themen	zu reden, die über den Tellerrand
Wie also sollen w i r von diesem	Thema	reden? Das zweite: Wo gibt es eine
dem anstehenden Prozess? Das sei ein	Thema,	über das man nicht reden wolle, m
h überlegen, ob sie nur über weiche	Themen	reden will. „
lich konnten sie über dieses Tabu-	Thema	reden", schildert Fässler-Weibel.
llen eigentlich nicht mehr über das	Thema	Schwabl reden. Ruhe soll wieder in
ndlich mit ihren Kindern offen über	Themen	zu reden, die sonst unter den Küc
ren erst kurz vor ihrem Referat das	Thema	, über das sie reden müssen.
rten zusammen, um über das wichtige	Thema	Arbeit zu reden. Ziel der Veransta
tzt nicht ganz leicht, über schwere	Themen	zu reden. Fragen beantworten zu m
und Geburtshilfe, Gossau, zu diesem	Thema	reden.
wieder einmal miteinander zu reden,	Themen	zu berühren, für die man in der H
ß des Stadtparlaments zu bestimmten	Themen	reden kann, für ausreichend.

Die meisten Ansätze zu Erläuterungen und Gewinnung des Textthemas sind wenig operational und kaum intuitiv nachzuvollziehen. (Den Ansatz mit Kategorienfehler, nach dem es um Referenten und Referenz ginge, lasse ich außen vor).

Hier ein kleiner Überblick mit Definitionen und Kommentar.

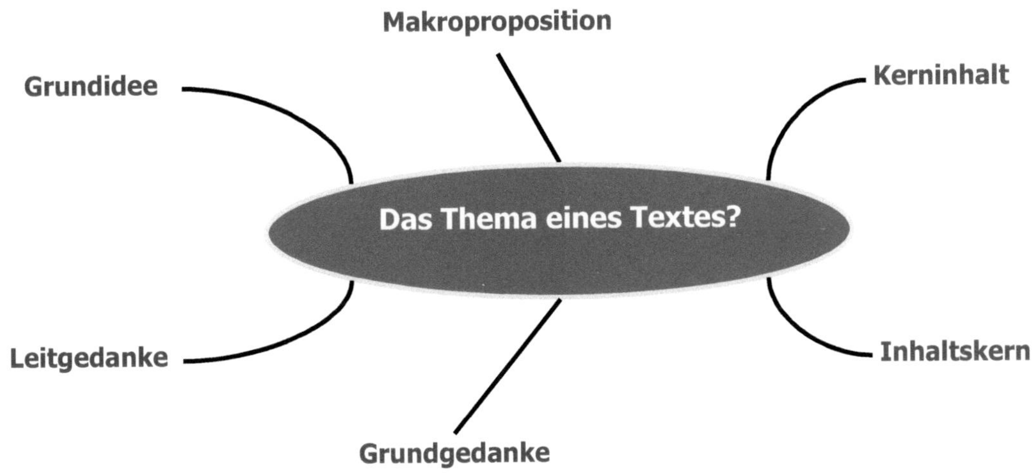

> Das Textthema (als Inhaltskern) ist entweder in einem bestimmten Textsegment (etwa in der Überschrift oder einem bestimmten Satz) realisiert, oder wir müssen es aus dem Textinhalt abstrahieren, und zwar durch das Verfahren der zusammenfassenden (verkürzenden) Paraphrase. (Brinker 2010, 49)

> [Der Themabegriff ...] kann also vereinfacht gefasst werden als Hauptgedanke bzw. wesentlicher Inhalt eines Textes, oder genauer: als „ein als Konstitutionsbasis für den Text fungierender Grund- oder Hauptgedanke, der die wesentlichen inhalts- und strukturbestimmenden Informationen des Gesamttextes in konzentrierter, abstrakter Form enthält. (Zusammengefasst nach Heinemann/ Heinemann 2002, 79)

> Jetzt scheint ein Thema nun nichts anderes zu sein als eine Makroproposition auf einem bestimmten Abstraktionsniveau. (Vater 1992, 93 nach Dressler/ Beaugrande)

Bemerkenswert ist die verbreitete Metaphorik: Ein Thema ist wie eine Frucht? Aber das Thema ist kein Inhalt. Und statt Kerninhalt wäre schon etwas besser andersrum: der Inhaltskern? Das sagt allerdings auch noch nichts Operationales.

Mit der Makroproposition bleibt die Frage, was eine Proposition ist und wie man sie formulieren könnte. Die übliche Gewinnung oder Herleitung ist rein intuitiv.
Und das bestimmte Niveau ist erst einmal auch metaphorisch und sollte auch wirklich bestimmt werden.
Noch weniger brauchbar sind die Formulierungen mit Gedanke. Ein Gedanke ist ja noch nicht sprachlich gefasst. Also: Wie gewinnt der Rezipient den Gedanken und wie wäre er zu formulieren?
Das wirft uns zurück auf die Ausgangsfrage.

Suchen Sie sich zwei Schlagzeilen aus und entwerfen Sie je einen Artikel dazu.

Wie man Deutschland mit unnötigen und für die Mehrheit gänzlich unverständlichen Anglizismen überzieht. . .
Zweifellos kommen wir voran, aber wir machen keine Fortschritte.
Der deutsche Pornofilm ist stark rückläufig.
Woher man weiß, wo Wirtschaft und Politik aufhören und die organisierte Kriminalität anfängt. . .

Was würden Sie hier erwarten?

5000 Nächte in der Oper
"Der Mund" (offen)
Die schöne Querulantin
Format und Bild
Großvater der Pille
Kollektiv der sozialistischen Arbeit
Macht Fasnacht noch einen Sinn?
Mode – Verführung und Notwendigkeit
Die demolierte Schönheit
ich anders sprechen lernen

Geben Sie dem Text eine Überschrift und formulieren Sie ihn so um, dass deutlich wird, worum es geht.

Kein Strom
Keine Arbeit . . . .

. . . .

Keine Arbeit
Kein Geld . . . .

. . . .

Kein Geld
Keine Nahrung . . . .

. . . .

Keine Nahrung
Kein Leben . . . .

. . . .

(Franz Xaver Kroetz)

Wieso ist der Kroetz-Text besser als die Umformulierung?

Schlüsselwort-Methode

Eine Grundidee der Themenbestimmung besteht darin, dass in einem Text über ein bestimmtes Thema dieselben themenrelevanten Wörter wiederholt vorkommen. (Stede 2008, 335)

Diese Idee verfolgt Stede bei der automatischen Generierung von Abstracts. Dabei ist natürlich ein Grundproblem: Wie ermittle ich die relevanten Wörter? Stede beschränkt sich dabei nicht auf Wiederholungen im Text. Er zieht Texte der gleichen Textsorte heran.

Das Verfahren zeigt eine gewisse Verwandtschaft mit einem schulisch üblichen Verfahren: der Schlüsselwortmethode. Hierbei ermittelt man in einem Text wichtige Wörter, die einem helfen den Sinn zu erschließen.

Unterstreichen Sie in diesem Text charakteristische Wörter. (Ignorieren Sie die Fehler.)
Suchen Sie anschließend drei mögliche Themenformulierungen.

In den letzten Jahren zeigen die Menschen und insbesondere die Kinder großes Interesse für Fremdsprachen. In der Schule ist Fremdsprache ein Hauptfach und man hat die Möglichkeit eine zweite Fremdsprache als Nebenfach zu wählen. Es gibt aber auch Leute, die Fremdsprachen lernen wollen, weil es ihnen sehr gut gefällt und weil es ihnen sehr nützlich in ihrer Arbeit sein kann. Leider ist es nicht so einfach eine neue Sprache und zwar eine Fremdsprache zu lernen, aber es gibt verschiedene Motivationen für jeden Menschen. Eine Fremdsprache ist sehr hilfreich, wenn man zum Beispiel als Dolmetscher arbeitet, oder durch seinen Beruf viel Kontakt mit Leuten aus verschiedenen Ländern hat. Es gibt Studenten, die vielleicht ein Studium im Ausland absolvieren möchten und Fremdsprache ist für sie eine Voraussetzung. Die meisten lernen Fremdsprachen als Hobby oder weil sie gerne im Ausland reisen und dadurch die Möglichkeit haben, andere Länder und deren Kulturen und Geschichte kennen zu lernen. Aber es gibt auch Leute, die Fremdsprachen studieren und wollen später als Lehrer arbeiten und Kinder Fremdsprachen lehren.

Leider gibt es eine Krise der privaten Sprachinstitute, die Konkurrenz ist zu groß. Es wird viel Werbung gemacht und man weiß einfach nicht, welches Sprachinstitut man besuchen sollte. Die meisten Menschen sind mit der Leitung der privaten Sprachinstitute nicht zufrieden. Es gibt Teilnehmer, die eine mangelhafte Leistung was die Prüfung anbetrifft, haben und geben die Schuld dafür den Lehrern oder den Sprachinstituten.

Einer der berühmtesten Paragraphen.

In der Abmagerungsmethode wurden aus der Zeitungsmeldung Funktionswörter entfernt.

> Demonstration Paragraph 218
> Abtreibungsparagraph 218 Polizeischätz Köln 1500 Frau
> demonstrier ersatzlos Streich Strafgesetzbuch forder
> Anlass Kundgeb zehn Jahr Bundesverfassungsgericht
> verfassungswidrig verwerf Fristenlösung Schwangerschaftsabbruch
> drei Monat Wunsch Frau Transparent „Ja Leben,
> Nein Abtreibung" demonstriert Köln parallel Kundgeb
> Paragraph 218 250 Mensch Schutz menschlich Leben.

„Aber was hilft es, wenn man alle Wörter nachgeschlagen hat, und doch die Struktur des Satzes nicht erkennt! Sinnwörter allein geben kein gesichertes Verständnis. Wer nur brockenweise Sinnwörter liest, müsste sich mit etwa folgendem Text abfinden" (Heringer 2001)

Zweifellos sind wir aufgrund der Isotopie dieser Sinnwörter-Versammlung dazu in der Lage, bestimmte Sinn-Bezüge herzustellen, doch ebenso zweifellos bleibt, dass wir ein „Gemeintes" nicht eindeutig ausmachen können.

Hier ist der Paragraph wohlgegliedert. Er ist gegliedert in . . . ?
- **Entwerfen Sie die Struktur.**

In komplexeren Paragraphen geht es mit a. oder aa. noch tiefer.
- **Recherchieren Sie, ob Sie im StGb sowas finden.**

§ 218
Schwangerschaftsabbruch

(1) Wer eine Schwangerschaft abbricht, wird mit Freiheitsstrafe bis zu drei Jahren oder mit Geldstrafe bestraft. Handlungen, deren Wirkung vor Abschluß der Einnistung des befruchteten Eies in der Gebärmutter eintritt, gelten nicht als Schwangerschaftsabbruch im Sinne dieses Gesetzes.

(2) In besonders schweren Fällen ist die Strafe Freiheitsstrafe von sechs Monaten bis zu fünf Jahren. Ein besonders schwerer Fall liegt in der Regel vor, wenn der Täter

1. gegen den Willen der Schwangeren handelt oder
2. leichtfertig die Gefahr des Todes oder einer schweren Gesundheitsschädigung der Schwangeren verursacht.

(3) Begeht die Schwangere die Tat, so ist die Strafe Freiheitsstrafe bis zu einem Jahr oder Geldstrafe.

(4) Der Versuch ist strafbar. Die Schwangere wird nicht wegen Versuchs bestraft.

Fischsuppe

Zuerst Frühlingszwiebel, Möhren putzen und zerkleinern; dies mit abgespülten Fischgräten, Zitronenschale, Petersilie, Lorbeer, Pfeffer und Salz in 1 l Wasser 30-40 Min. sieden lassen. Währenddessen die Hummerkrabben schälen und entdarmen. Danach Fenchel oder Sellerie in Scheiben schneiden; Fisch abgießen, in Stücke schneiden. Fenchel kurz im Öl andünsten, mit 1 l passiertem Fischfond auffüllen. 10 Min. garen, dann Chilischote, Safran, Fisch und Hummerkrabben zugeben, weitere 7 Min. gar ziehen lassen. Mit Salz abschmecken. Anschließend Hummerkrabben herausnehmen und in dicke Scheiben schneiden. Suppe in vorgewärmte Teller füllen. Garnieren Sie mit den Hummerkrabben-Scheiben.

Gliedern Sie den Text mit Absätzen.

Bitte, bitte nicht nach folgendem Rezept kochen. Aber wenn Sie alles geordnet haben, dann könnten Sie es durchaus versuchen. Lecker!

Ein leckeres Geburtstagsgeschenk: Linzer Torte

Alles zu einem geschmeidigen Teig verkneten
Aus dem restlichen Teig Streifen ausradeln
Butter in Stücke schneiden
Das Gitter mit Eigelb bestreichen
Den Kuchen bei 200 Grad etwa 30 Minuten backen
Den Teigboden mit Marmelade bestreichen
Den ganzen Teig zu einer Kugel formen
Die Teigkugel 30 bis 40 Minuten im Kühlschrank ruhen lassen
Eine Springform mit Butter oder Margarine ausfetten
Mandeln mit heißem Wasser übergießen, abziehen und zerkleinern
Mehl und Backpulver vermischen
Mit 2/3 des Teiges die Springform auslegen
Teigstreifen gitterförmig über den mit Marmelade bestrichenen Boden legen
Zucker, 1 Ei, Gewürze, Butter und Mandeln hinzufügen
Zutaten übersichtlich bereitstellen

Rechts eine Serie von Kochhandlungen. Was kommt danach heraus?
„Wie ich _ _ _ _ zubereite"

1. Pflaumen entsteinen ↓
2. Armagnac auf 60°C erwärmen ↓
3. über die Pflaumen gießen ↓
4. 3 Tage ziehen lassen ↓
5. durch ein Sieb gießen ↓
6. starken Tee zubereiten ↓
7. etwas einkochen lassen ↓
8. mit Agavendicksaft süßen ↓
9. mit Stärke abbinden ↓
10. geschlagene Sahne unterziehen

Rezept

für Schweinebraten vom Rost

Zutaten

1000g Schweinefleisch

eine Zwiebel, eine Tomate, 3 Eßlöffel Dosenmilch

1 Teelöffel Speisestärke oder saure Sahne

Braten salzen und pfeffern, auf den Rost legen und in den Ofen schieben und bei kräftiger Mittelhitze anbraten.

Wenn der Bratensaft bräunt, mit heißem Wasser auffüllen. Grobgeschnittene Zwiebeln und Tomaten 15 Minuten vor Ende der Bratzeit in die Pfanne geben.

Dann die Soße mit kalt in Sahne verrührter Speisestärke binden und abschmecken.

Als Beilage Kartoffelklöße, Teigwaren, Gemüse oder Salate.

Ein gutes Gelingen wünscht Ihnen

Keine Feier ohne MEYER

Zutaten

Wie ist dieses ältere Werbeblatt aufgebaut?

- **Welche Teile?**
- **Welche Abfolge?**
- **Von wann könnte es stammen?**

Nehmen Sie sich den Blamensir-Text („Linguistische Texttheorie“ Seite 107) vor. Schreiben Sie ihn um:

- **auf Hochdeutsch**
- **mit modernen Zutaten**

Hier spricht ein Altmeister der Referenztheorie (Peter Thomas Geach, Reference and Generality. Ithaca/ London 1962).
Könnten Sie die Punkte aus dem Inhaltsverzeichnis übersetzen und als Themen formulieren.

Two: Subject and Predicate

17 "Subject" and "predicate" in this work are always linguistic terms. Provisional explanation of these terms. 22

18 It is convenient to say that an expression is a *predicable* when it can be attached to a subject, a *predicate* only when it actually is so attached. 23

19 In predicating we are not necessarily making an assertion or statement. Advantages and disadvantages of the term "proposition". 24

20 Names can be recognized from their use in acts of naming. 25

xiv

Das ist auch lehrreich für textlinguistische Referenztheorien.

Nun etwas Linguistisches. Könnten Sie mit den Autoren-Namen was anfangen? Versuchen Sie eine Strukturbeschreibung.

Inhaltsverzeichnis.

Seite

Einleitung.

Die Entwicklung der germanistischen Wissenschaft im letzten Viertel des neunzehnten Jahrhunderts, von Theodor Siebs I

Specieller Teil.

A. Sprache und Metrik.

Allgemeine Sprachwissenschaft, von Hermann Hirt 3
Gotisch, von Richard Loewe 26
Deutsche Grammatik:
Althochdeutsch, von Georg Holz 37
(Mittelhochdeutsch, s. Nachtrag.)
Neuhochdeutsche Schriftsprache, von Willy Scheel . . . 45
Niederdeutsch, von Wilhelm Seelmann 60
Mundarten, von Richard Loewe 75
Englische Grammatik:
Altenglisch, von Ferdinand Dieter 89
Mittelenglisch, von demselben 99
Historische Grammatik, Sprachgeschichte, von demselben . . 110
Neuenglische Grammatik, von John Koch 126
kandinavische Sprachen

Diese beiden Inhaltsverzeichnisse haben je was Besonderes. Was ist es?

Inhaltsverzeichnis.

Seite

Abschiedsgruß beim Abgange mehrerer Schülerinnen an eine andere Schule (Gedicht 33
Allerlei Künstler (Spiel 85
Am Weihnachtsabend (Gedicht) . . 185
An Kaisers Geburtstag (Gedicht) . 1
Auf dem Berge (Gedicht) 73
Aus einer Schreibtafel ein Bild herzustellen (Handarbeit) 158

Beim Einzug einer Stiefmutter (Gedicht) 133
Benutze deine Zeit! (Erzählung) . 43
Bernhardiner- oder Einsiedlerkrebs 122

Der Großmutt
(Gedicht)
Der Ibis (Bes
Der Löwenzahn
Der Papiermü
Der Schlangen
Der übermütig
Der Weihnach

Die Bachstelze
Die ersten St
Die Handwerk
Die Kressen (
Die Robinsoni
Die Spinnen (

Gebete auf alle Tage.

I. Morgen- und Abendgebete.
1. Morgengebet 53
2. Morgengebet (wenn man nur wenig Zeit hat) 63
3. Morgengebet (den kleinen Kindern von der Mutter vorzubeten) 63
1. Abendgebet 64
2. Abendgebet (wenn man sehr ermüdet ist) 70
3. Abendgebet (den kleinen Kindern von der Mutter vorzubeten) 71

II. Kurze Gebetlein bei den täglichen Verrichtungen 73

III. Tägliche Gebete zur heil. Mutter Anna.

Für eine Personenbeschreibung wird sprachdidaktisch diese Gliederung vorgeschlagen.

Äußere Gestalt Figur: schlank, muskulös, übergewichtig, athletisch Hände: klein, normal, groß Beine: kurz, normal, lang, X-Beine, O-Beine Kopf: Haare, Kopfform, Stirn, Augen, Nase, Ohren, Mund, Zähne	**Gesamtbeschreibung** Größe Statur Alter Kleidung
Wichtigste Lebensumstände Wie heißt die Person? Wo lebt sie? Welche Nationalität hat sie? Welchen Beruf übt sie aus?	**Gesicht** Form Haare usw. **Wichtige Eigenschaften** Hobbys Charakter

Hätten Sie andere Ideen?

- **Aspekte**
- **Anordnung**

Kann man den Charakter beschreiben?

Rekonstruktionen von Urmenschen sind beliebt. Da hat der Künstler ziemlich freie Hand und zeigt auch etwas von sich selbst.

Verfertigen Sie hierzu eine Personenbeschreibung nach obigem Muster.

Vergessen Sie den Charakter nicht!

Einen alternativen Charakter hat die französische Künstlerin Elisabeth Daynès für den homo habilis angefertigt.
In: Spektrum der Wissenschaft (März 2015)

Personenbeschreibungen haben diverse Funktionen. Solche hier kennen Sie bestimmt aus Western. Sie müssen natürlich richtig präzise sein.
Gliedern Sie die description. Für den Gesuchten wäre es ein Leichtes, Merkmale zu verändern? Für welche gilt das? Für welche nicht?

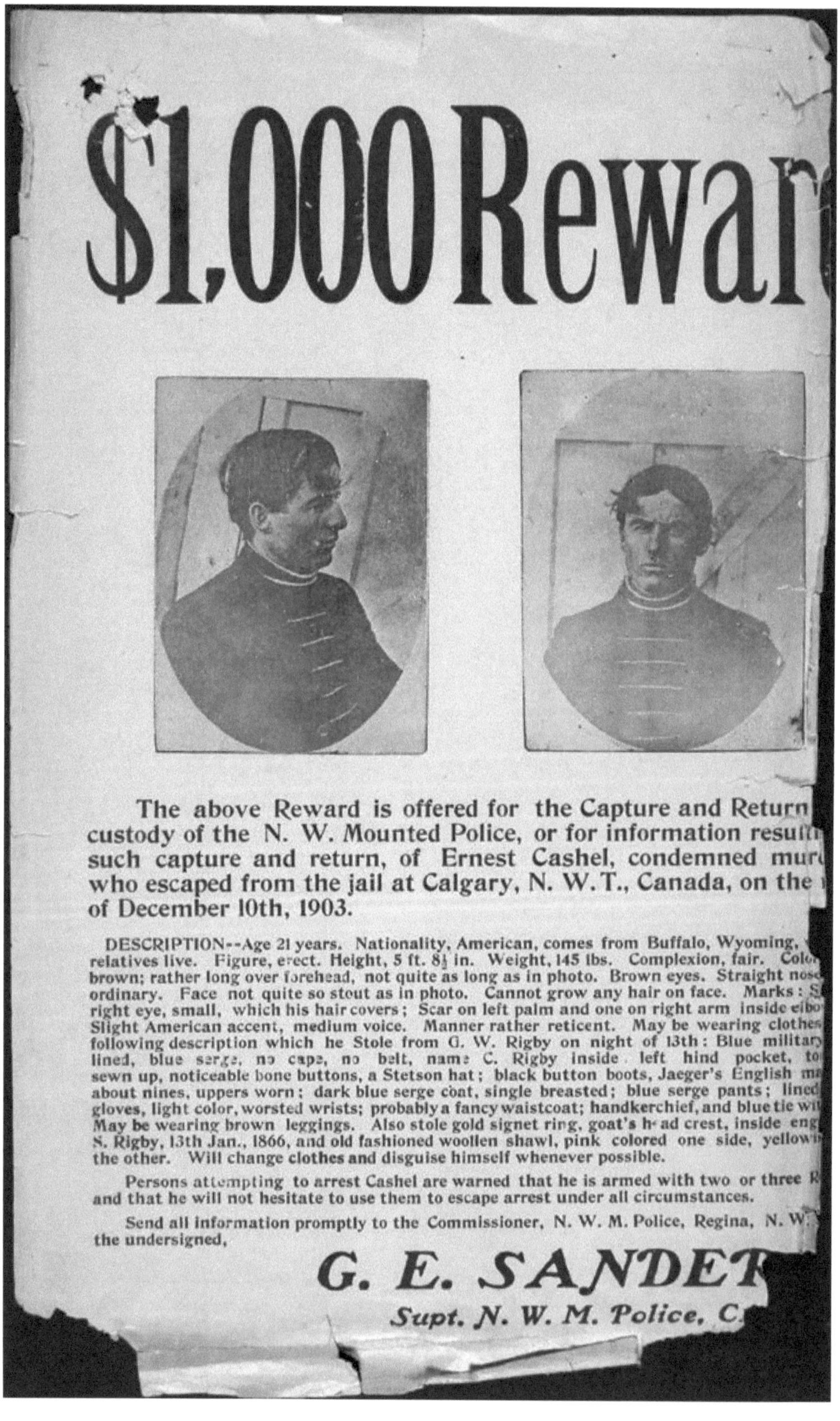

$1,000 Rewar

The above Reward is offered for the Capture and Return
custody of the N. W. Mounted Police, or for information resu
such capture and return, of Ernest Cashel, condemned mur
who escaped from the jail at Calgary, N. W. T., Canada, on the
of December 10th, 1903.

DESCRIPTION--Age 21 years. Nationality, American, comes from Buffalo, Wyoming,
relatives live. Figure, erect. Height, 5 ft. 8½ in. Weight, 145 lbs. Complexion, fair. Colo
brown; rather long over forehead, not quite as long as in photo. Brown eyes. Straight nos
ordinary. Face not quite so stout as in photo. Cannot grow any hair on face. Marks : S
right eye, small, which his hair covers ; Scar on left palm and one on right arm inside elbo
Slight American accent, medium voice. Manner rather reticent. May be wearing clothes
following description which he Stole from G. W. Rigby on night of 13th : Blue militar
lined, blue serge, no cape, no belt, name C. Rigby inside left hind pocket, to
sewn up, noticeable bone buttons, a Stetson hat ; black button boots, Jaeger's English m
about nines, uppers worn ; dark blue serge coat, single breasted ; blue serge pants ; lined
gloves, light color, worsted wrists; probably a fancy waistcoat; handkerchief, and blue tie wi
May be wearing brown leggings. Also stole gold signet ring, goat's head crest, inside eng
S. Rigby, 13th Jan., 1866, and old fashioned woollen shawl, pink colored one side, yellow
the other. Will change clothes and disguise himself whenever possible.

Persons attempting to arrest Cashel are warned that he is armed with two or three R
and that he will not hesitate to use them to escape arrest under all circumstances.

Send all information promptly to the Commissioner, N. W. M. Police, Regina, N. W.
the undersigned,

G. E. SANDE

Supt. N. W. M. Police, C.

Hier bekommen Sie ein paar Märchentitel. Können Sie häufige Motive den Titeln zuordnen?

Titel	Motive
Schneeweißchen und Rosenrot	Armer Knabe heiratet Königstochter
Der Gevatter Tod	Ausgesetzte Kinder
Der gestiefelte Kater	Bedrohung durch wilde Tiere
Die Sterntaler	Bestrafung hochmütiger junger Frauen
Die zwölf Brüder, Die sieben Raben	Geschwister erlösen sich
Dornröschen, Frau Holle	Missgünstige Geschwister
Hänsel und Gretel	Missgünstige Stiefmutter
König Drosselbart, Rotkäppchen	Reicher Prinz heiratet armes Mädchen
Der Wolf und die sieben Geißlein	Schlafende Schöne
Schneewittchen	
Brüderchen und Schwesterchen	
Aschenputtel	

Erst aus dem Kopf. Dann recherchieren.

Diese Homepage erfordert Scrollen (wie mittlerweile aus Platzgründen sehr viele). Auffällig ist der unbenutzte weiße Screenteil. Haben Sie eine Idee, wozu das gut ist?
Sie sehen oben die Navi-Zeile des Browsers. Dann aber zwei Navi-Zeilen der taz (mit logo): Eine Weiß auf Schwarz, darunter eine Weiß auf Rot.

Haben Sie eine Idee, wie beide funktional unterschieden sind?

Solche Seiten sind oft animiert: Diverse Themen poppen nacheinander auf und vor allem wahllos Werbung aufpoppend und wischend, auf seriösen Zeitungen allerdings an eigener, gleicher Position und nicht über dem Eigentlichen, was mir zum Anschauen und Lesen zur Verfügung gestellt wird.

Versuchen Sie sich. Geben Sie eine Skizze des Aufbaus dieses Ausschnitts:

- **Typen von Elementen**
- **Anteile der Elemente**
- **Arrangement**
- **Verlinkung und Arten der Verlinkung**
- **und so weiter.**

Schreiben Sie ein klassisches Kochrezept für dieses Gericht hier.
Zuerst ein attraktiver Name.

Noch mehr Mehrchenmotive: Links eine Art Ablauf von Motiven, rechts die Motive können Sie bestimmten Märchen zuordnen.

Entfernung
Verbot
Verstoß
Nachforschung
Denunziation
Hinterhalt
Mitwisserschaft
Schädigung (oder Versäumnis)
Vermittlung
Zustimmung des Helden
Aufbruch des Helden
Prüfung des Helden durch den Spender
Reaktion des Helden
Lieferung des Zauberinstruments
Ortswechsel des Helden
Kampf zwischen dem Helden und seinem Gegenspieler
Der gezeichnete Held
Sieg über den Gegenspieler
Abwendung des Unglücks oder Versagen wie am Beginn
Rückkehr des Helden
Seine Verfolgung
Der Held rettet sich
Der Held kehrt unerkannt nach Hause zurück
Ansprüche des falschen Helden
Dem Helden wird eine schwere Aufgabe auferlegt
Ausführung der Aufgabe
Anerkennung des Helden
Entlarvung des falschen Helden oder des Gegenspielers
Verwandlung des Helden
Bestrafung des Gegenspielers
Hochzeit des Helden

Armer Knabe heiratet Königstochter
Ausgesetzte Kinder
Bedrohung durch wilde Tiere
Bestrafung hochmütiger junger Frauen
Geschwister erlösen sich
Missgünstige Geschwister
Missgünstige Stiefmutter
Reicher Prinz heiratet armes Mädchen
Schlafende Schöne
Umgang mit Verzweiflung
Waisenkinder

Das Sichtbare vergeht, doch das Unsichtbare bleibt ewig.

Korinther 4,18

8

Modulare und elektronische Texte

Absätze werden gekennzeichnet durch Alineas (aber nicht alle Alineas kennzeichnen Absätze).
In Korrekturen auf Papier verlangt man einen Absatz mit dem Zeichen: ⌐

- **Bilden Sie sinnvolle Absätze mit dem Korrekturzeichen. Etwa so wie gezeigt.**

Welche Vorschläge hat die Regierung von Ministerpräsident Alexis Tsipras gemacht? Wie sieht der Zeitplan für eine Einigung aus? Und welche Grundsatzfragen sind noch offen? Die wichtigsten Fragen und Antworten im Überblick: Welche Angebote hat Griechenland vorgelegt? Auf zwölf Seiten erläutert die Regierung in Athen weitere Steuererhöhungen und Ausgaben-Kürzungen. Die Maßnahmen sollen in den kommenden eineinhalb Jahren fünf Milliarden Euro einbringen und umfassen folgende Bereiche: Der Primärüberschuss -- also der Haushaltssaldo ohne Schuldendienst -- soll 2015 bei einem Prozent des Bruttoinlandsprodukts (BIP) liegen. Athen ist laut Regierungskreisen bereit, die Mehrwertsteuer im Bereich Tourismus (Hotels, Tavernen und Cafés) zu erhöhen. Auch in anderen Bereichen ist die griechische Regierung nun offenbar bereit für Steuererhöhungen. Unternehmen sollen ab 2016 höhere Abgaben zahlen, der Steuersatz soll von 26 auf 29 Prozent ansteigen. Außerdem ist eine Sonderabgabe von zwölf Prozent auf Unternehmen mit Gewinnen über 500. 000 Euro geplant. Ein großer Streitpunkt zwischen Griechenland und den Geldgebern ist das Rentensystem. Hier ist die Regierung in Athen nun offenbar bereit, Mechanismen der Frühverrentung ab Anfang 2016 abzuschaffen. Die griechische Regierung bekennt sich zu weiteren Privatisierungen etwa von Häfen oder Flughäfen. Eine Privatisierung des Stromnetzbetreibers Admie und staatlicher Anteile am Telefonie-Betreiber OTE schließt die Regierung aus. Die Regierung will die Rüstungsausgaben zudem um 200 Millionen Euro zusammenstreichen. Die griechische Regierung sagt auch Maßnahmen im Kampf gegen die Korruption und die Abschaffung gewisser Monopole zu. Welche Streitpunkte sind noch offen? Die neuen Vorschläge Athens seien noch zu unspezifisch, sagte die Chefin des Internationalen Währungsfonds (IWF), Christine Lagarde. Zudem gibt es zwei Themen zwischen den Verhandlungspartnern, über die die Geldgeber bisher nicht offen sprechen wollen: die Frage einer Umschuldung und die Option auf ein drittes Hilfspaket. Wie sieht der Zeitplan für eine Einigung aus? Kommissionspräsident Juncker: "Ich bin überzeugt davon, dass wir diese Woche eine Einigung finden müssen". (Spiegel online 23/6/2015)

- **Nun geben Sie Ihren Absätzen Überschriften.**

Können Sie für das Arbeitszeugnis eine guten Textbaustein entwerfen?

[Frau] [. . .] war ein zuverlässiger und vertrauenswürdiger Mitarbeiter [. . .], die sich auch in ihr bisher fremde Arbeitsgebiete bereitwillig und zügig einarbeitete. Frau [. . .] arbeitete selbstständig, war belastbar und behielt bei erhöhtem Arbeitsaufkommen stets die Übersicht. ihr übertragene Aufgaben erledigte er stets mit größter Sorgfalt und Genauigkeit. Die erzielten Arbeitsergebnisse waren stets zu unserer vollsten Zufriedenheit.

Im Umgang mit anderen war er aufmerksam und liebenswürdig. Sein Verhalten gegenüber Vorgesetzten, Kunden und Mitarbeitern, war stets einwandfrei.
Wir bedauern den Verlust von Herrn Max Mustermann, der unser Unternehmen auf eigenen Wunsch verlässt, und bedanken uns bei ihm/ihr für die stets sehr gute und produktive Zusammenarbeit. Für seinen weiteren Weg wünschen wir ihm alles Gute.

Hier sind Versatzstücke für ein Zeugnis. Es geht offenbar um Sozialverhalten. Für welche Note würden die Items jeweils passen? (1 bis 5)

__ akzeptierte Verhalten und Aussehen von anderen ohne Einschränkungen
__ berücksichtigte auch von seiner eigene Meinung abweichende Interessen
__ bot anderen von sich aus Hilfe an
__ brachte in Wort und Tat zum Ausdruck, dass er andere in besonderer Weise annahm
__ erfüllte Dienste für die Gemeinschaft jederzeit vorausschauend und zuverlässig
__ erledigte übertragene Aufgaben als Gruppen bzw. Klassensprecher eigenverantwortlich
__ führte übernommene Aufgaben umfassend und verlässlich aus
__ half Schwächeren unaufgefordert und eigenverantwortlich
__ hielt sich jederzeit einsichtig an vereinbarte Regeln oder Absprachen
__ kümmerte sich eigenständig darum, dass erkrankte Mitschüler Materialien erhalten
__ setzte sich aktiv dafür ein, dass andere in die Gemeinschaft aufgenommen wurden
__ trat verantwortlich für aufgestellte Vereinbarungen ein
__ unterstützte Mitschüler in ihrem Lernen durch aktive Hilfe
__ zeigte sich in seinen Reaktionen als berechenbarer und besonders zuverlässiger Partner
__ zeigte, dass ihm die Meinung anderer wichtig war
__ übernahm von sich aus bereitwillig Aufgaben und Dienste

Laute und Buchstaben kennen und in Wörtern verwenden

- **Wählen Sie Prädikate aus für die Note "befriedigend".**

□	bildete	Reime sicher/ in vielfältigen Situationen/ kaum/ selten
□	gliederte	Wörter in Sprechsilben präzise/ teilweise
□	ordnete	den Lauten entsprechende Buchstaben sicher/ teilweise/ nicht immer zu
□	setzte	Laute in Buchstabenfolgen sicher/ korrekt/ fehlerhaft um
□	unterschied	alle/ die meisten/ wenige Laute voneinander
□	orientierte	sich sicher/ nicht immer/ noch kaum auf der Anlauttabelle
□	arbeitete	selbstständig/ nur unter Anleitung mit der Anlauttabelle
□	erfasste	alle/ noch nicht alle/ ähnliche Buchstaben kaum
□	ließ	einige/ wenige/ viele Buchstaben beim Verschriften aus
□	vertauschte	die Reihenfolge von Buchstaben
□	berücksichtigte	Wort- und Satzgrenzen teilweise/ genau/ sicher
□	setzte	Buchstaben korrekt/ teilweise/ genau in die vorgegebene Lineatur
□	kontrollierte	eigene Stifthaltung selten/ trotz Hinweis kaum

Die Idee der Modularisierung ist verbunden mit dem Objektorientierten Programmieren. Objektorientiertes Programmieren war ein Durchbruch in der Programmiertechnik. Im Gegensatz zu Programmen, die vom Beginn her eine Gesamtstruktur entwerfen, werden in diesem Ansatz Computerprogramme systematisch in logische Teilblöcke aufgespalten, die Module genannt werden. Module können als selbständige Programmteile an verschiedenen Stellen eines Programms und in verschiedenen Programmen eingesetzt werden.
Modulare Programmierung kann größere Softwareprojekte kontrollierbar und übersichtlich halten. Die Module können einzeln geplant, programmiert und getestet werden. Rekurrente Module müssen nur einmal programmiert und können wiederverwendet werden.

Die Auszeichnungssprache XML hat modulare Elemente. Mit ihr wird die Struktur eines Texts flexibel dargestellt. Jedes in der Textdarstellung erscheinende Element wird kategorisiert und strukturell verankert. Unterordnung ist durch TAB-Einrückung gekennzeichnet, Kategorien werden in Spitzklammern benannt. Offen bleibt die Erscheinungsform dieser Struktur.
Im Beispiel könnten Sie die silbische Zerlegung in anderer Schrift, anderer Größe darstellen als das Lemma.
Die Unterordnung könnte durch Einrückung, Alinea, Nummerierung, Positionierung in der Fläche und so weiter dargestellt werden.

Fertigen Sie eine übliche Papierversion nach dieser XML-Darstellung.

```
<eintrag id=„15“ a-dtype=„id int“>
    <stich>abbauen</stich>
    <silben>
        <slb>a{. }b</slb>
        <slb>bau</slb>
        <slb>en</slb>
    </silben>
    <flex>baust ab, baute ab, hat abgebaut</flex>
    <ober id=„1“ a-dtype=„id int“>
        <pval>transitiv</pval>
        <wortart>Verb</wortart>
        <unter id=„1“ a-dtype=„id int“>
            <def>in Einzelteile zerlegen</def>
            <bsp>ein Gerüst/ein Zelt abbauen</bsp>
            <bsp>Traubenzucker abbauen</bsp>
        </unter>
        <unter id=„2“ a-dtype=„id int“>
            <def>Bodenschätze gewinnen</def>
            <bsp>Kohle abbauen</bsp>
        </unter>
        <unter id=„3“ a-dtype=„id int“>
            <def>verringern</def>
        </unter>
    </ober>
    <ober id=„2“ a-dtype=„id int“>
        <pval>intransitiv</pval>
        <wortart>Verb</wortart>
        <def>seine körperlichen und geistigen Fähigkeiten (im Alter)
verlieren</def>
        <bsp>Seit ihrem 60. Geburtstag hat sie stark abgebaut. </bsp>
    </ober>
</eintrag>
```

Modus ponens

Für alle x gilt: Wenn P(x) dann Q(x)
P(x)
Also: Q(x)

Wenn jemand eine Freundin von Volker ist, dann ist er weiblich.
Eike ist eine Freundin von Volker.
Also ist Eike weiblich.

Modus tollens

Für alle x gilt: Wenn P(x) dann Q(x)
nicht-P(x)
Also: nicht-Q(x)

Wenn du den Rasen mähst, bekommst du 5 Euro.
Du mähst den Rasen nicht.
Du bekommst keine 5 Euro.

Vorsicht! Dieser Schluss läuft nicht rein logisch.

In welchem Sinn kann man hierin Textbausteine sehen?

Wenn Du einmal traurig bist,
und das Lachen ganz vergisst,
schau in dieses Album rein:
Dann wirst Du wieder fröhlich sein!

Rosen, Tulpen, Nelken,
alle Blumen welken,
welken tut nur eine nicht,
und die heißt. . .

In der Not
gehen tausend Freunde auf ein Lot.

Edel sei der Mensch,
hilfreich und gut.

Möge dich der Teufel meiden,
Er bringt Unglück nur und Leiden.

Dieses Modulchen wurde hier zweigeteilt. Aber in der PDF sehen Sie es korrekt.
Würden Sie etwas verbessern? Ergänzen Sie um andere Fälle.

Autorname(n)	Vorname(n)	Publikationsjahr	Titel	Untertitel
Fabricius-Hansen	Cathrine	(2011):	Was wird verknüpft, mit welchen Mitteln – und wozu?	Zur Mehrdimensionalität der Satzverknüpfung.

Für die Integration von Text und Bild gab es auch ungewöhnliche Lösungen.

Das folgende Rätsel-Prinzip kennen Sie: Es ist ein Rebus. Versuchen Sie ihr Glück!

Quelle: Namen der Herausgeber	Funktion	Titel	Untertitel	Erscheinungsort	Verlag optional	Seiten von. . . bis
In: Breindl, Eva/ Ferraresi, Gisella/ Volodina, Anna	(Hgg.):	Satzverknüpfungen.	Zur Interaktion von Form, Bedeutung und Diskursfunktion.	Berlin/ New York:	De Gruyter,	15-40

Und hier noch ein richtig knackiger Rebus. (Das Wort ist übrigens lateinisch und bedeutet „mittels der Dinge".)

Also bitte.

(Sorry. Da muss ich vom Layout her wieder ein bisschen schummeln. Aber: Lesbarkeit über alles!)

Hier zum Abgleich mit meiner Darstellung in „Linguistische Texttheorie" Seite 120 die Originalseite aus „Spektrum ." So könnten Sie auch überprüfen, wie weit mir die schematische Darstellung gelungen ist.

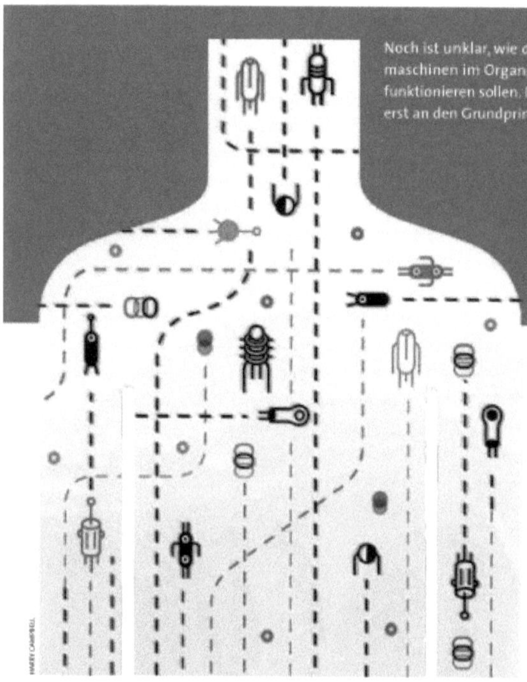

Noch ist unklar, wie die hilfreichen Miniaturmaschinen im Organismus aussehen und funktionieren sollen. Die Wissenschaftler tüfteln erst an den Grundprinzipien.

MEHR WISSEN BEI **Spektrum.de**

Unser Online-Dossier zum Thema »Nanotechnologie« finden Sie unter

www.spektrum.de/t/nanotechnologie

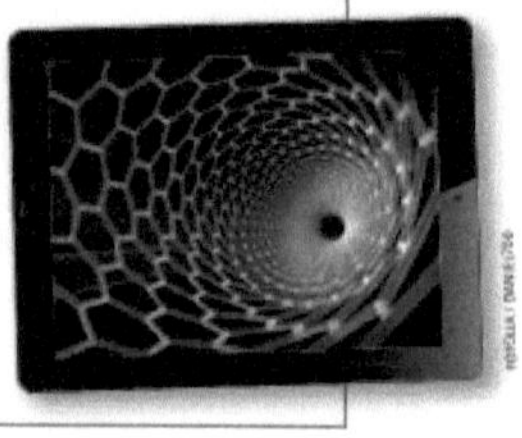

be, außerdem können die Mikromotoren aus der wenigen Glukose im Blut nicht genug Leistung schöpfen. Daher setzen viele Forscher bereits auf andere natürlich vorkommende Stoffe; so etwa bei Anwendungen im Magen auf die Säure dort, oder auf Wasser, das überall im Körper reichlich vorhanden ist.

Eine noch größere Herausforderung dürfte aber werden, den motorisierten Nanofähren zu vermitteln, wohin sie überhaupt steuern sollen. Solange noch nicht klar ist, wie ihnen das autonom gelingen könnte, wäre eine mögliche Behelfslösung immerhin: Die Minitransporter laden nur dann ihre Fracht ab, wenn sie sich zufällig in genau der richtigen Umgebung wiederfinden.

Diesen Trick versuchen Forscher Nanomaschinen aus künstlich hergestellter DNA beizubringen. Dazu gestalten sie Teile des Erbgutmoleküls so, dass die elektrostatischen Kräfte den Strang auf eine bestimmte Weise zusammenfalten. Beispielsweise könnte die DNA eine Art Käfig bilden, der seinen Inhalt erst dann freigibt, wenn er auf das richtige Umfeld trifft. Das könnte ein Protein sein, das bei einer Erkrankung entsteht, oder die relativ saure Umgebung im Inneren eines Tumors.

Die Chemieprofessorin Yamuna Krishnan von der University of Chicago stellt sich noch viel komplexere Bausteine aus DNA vor, die sich kombinieren und für verschiedene Aufgaben einsetzen lassen – von der Bildgebung bis hin zur Herzustellung weiterer Nanobots. Doch künstliche DNA ist etwa 100-mal teurer als andere Stoffe, auf die Pharmagesellschaften setzen, um Medikamente zu transportieren. Der Preis hält die Firmen noch davon ab, so Krishnan, in jene Art der Forschung zu investieren.

All diese Ansätze sind zwar weit entfernt von den Sciencefiction-Geschichten, in denen miniaturisierte Roboter quer durch unsere Körper reisen. Allerdings scheint es, als hätte die Nanomedizin allmählich die ersten Werkzeuge zur Verfügung, um solche Ideen zumindest ein Stück näherrücken zu lassen.

DER AUTOR

Larry Greenemeier ist Redakteur bei »Scientific American«.

Dieser Artikel im Internet: www.spektrum.de/artikel/1340321

WWW.SPEKTRUM.DE 31

Und da wir schon bei Spektrum sind: Hier eine tolle Grafik aus der gleichen Nummer.

Tun Sie bitte zweierlei:
1. Beschreiben Sie den Flow und Aufbau der Grafik.
2. Geben Sie in Worten wieder, was die Grafik zeigt.

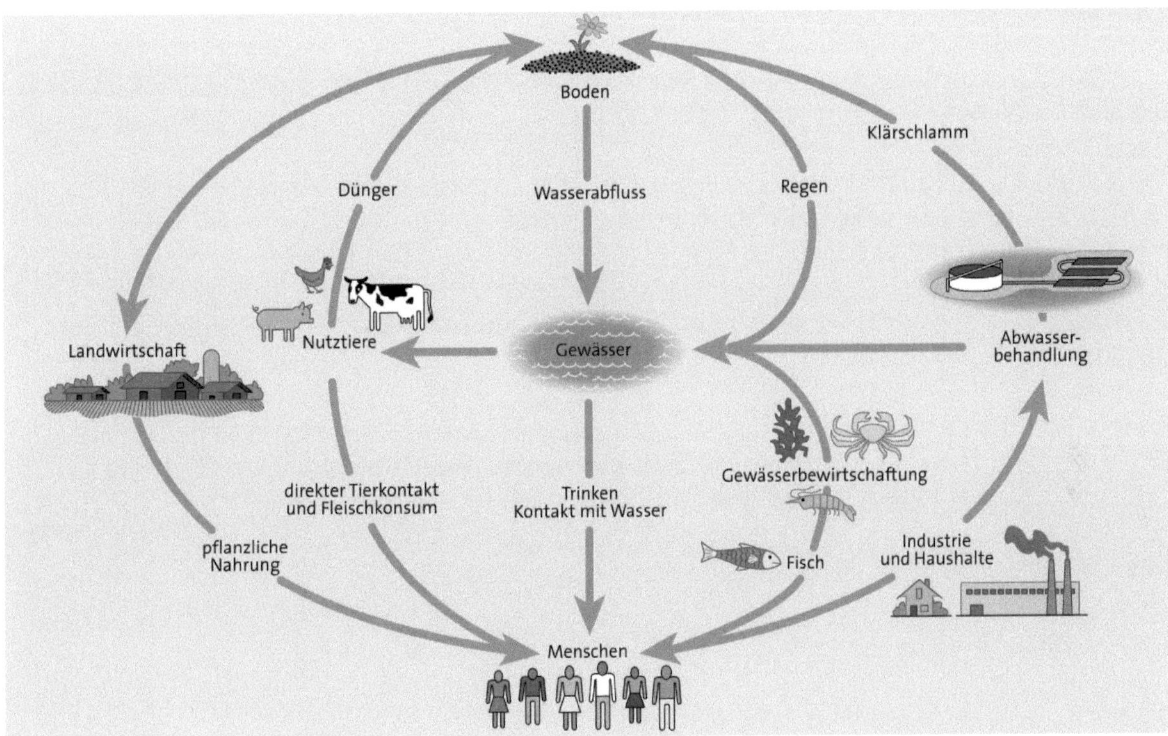

Farben sind bedeutsam für das Layout. Hier Beispiele dafür, was ihnen allgemein zugeschrieben wird.

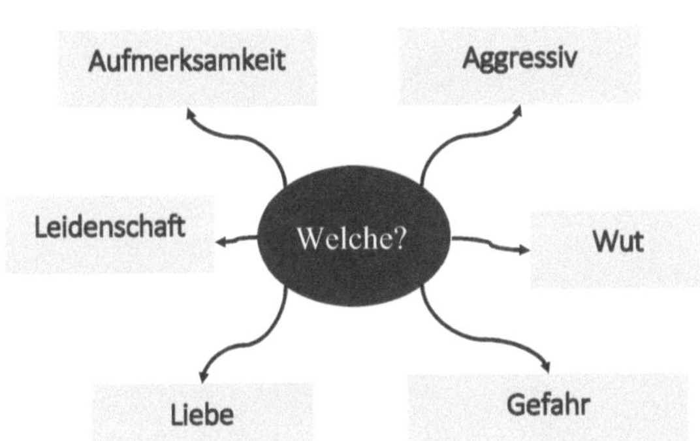

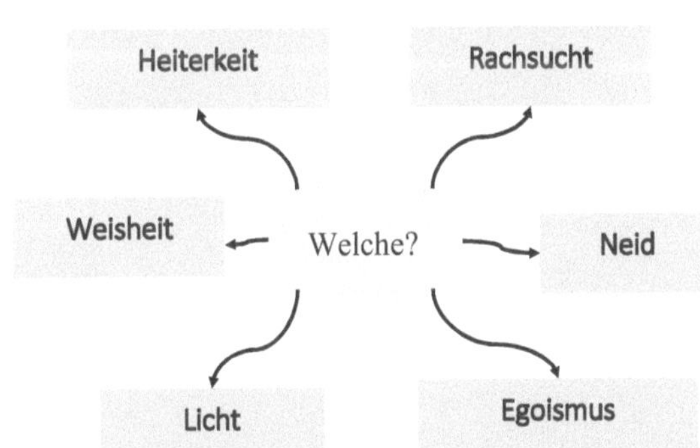

Interkulturell sieht das oft anders aus.
Sieh Heringer (2012): Interkulturelle Kompetenz, 149.

In Blogs findet sich immer Diskussionsmaterial. Das Schöne ist, dass jeder zu Wort kommt?

Wie wird hier argumentiert? Finden Sie in dem kurzen Ausschnitt problematische Argumentation?

Im Netz sorgt die zwangsweise Verhüllung nackter Haut für Empörung. Unter dem Hashtag #hotpantsverbot meldete sich unter anderem Anne Wizorek zu Wort, die 2013 mit #aufschrei sexistische Alltagserfahrungen öffentlich gemacht hatte.
„#hotpantsverbot zielt bei durchschnittlichen 30° allein auf Mädchenkleidung ab. So viel zu gesellschaftlichen Werten...", schreibt die Aktivistin. Andere Twitter-Nutzer regen sich über die Sichtweise auf, die hinter dem Verbot stehe.

Anstatt ein Kleidungsstück zu verbieten, sollten Eltern ihren Jungs beibringen, dass der weibliche Körper kein Sexobjekt ist. #hotpantsverbot
Effy (@autoaggression) 6. Juli 2015

Dass dem Verbot eine latent sexistische Sichtweise zugrunde liegt, ist eine Einschätzung, die auch Nutzerin Antonia teilt.

Andere Kommentatoren drehen diesen Gedanken noch weiter. Sie ärgern sich über das victim blaming, also darüber, dass die Schülerinnen mit ihrer frei gewählten Kleidung erst Opfer sexistischer Blicke werden und dann auch noch für eventuelle Folgen verantwortlich gemacht werden.
Aus Spiegel online 8/ 7/ 2015

Viel netter geht es meist in youtube her.

Welche Sprechakte herrschen hier vor?

Enrico Caruso – Ombra mai fu / cleaned by Maldoror
Thanks, Maldoror ! You did a fantastic cleaning !!!!
Thank you, Caruso, for showing us what is possible within ourselves, if we are brave enough to look.
This is a revelation – you have done an amazing job ! Thank-you
Intramontabile
His one and only recorded trill! I've forgotten the date. Was this his last recording?
Fantastic -- My first listening was on an old HMV 12″ record – long gone – must have been 16 years of age. I played it many times. No one else could sing it like Caruso. Thank you xx.
. . . . unreal. . . after listening to this 44 years as a scratchy version
I am not one for claiming all that was in the past was better than it is now but if that's not the greatest singing ever recorded then I have no ears.
Amazing singing. He had one of the most solid, reliable voices ever heard, from the lowest to the highest notes.
Én is köszönöm szépen.

Wie würden Sie diese Icons vielleicht verwenden?

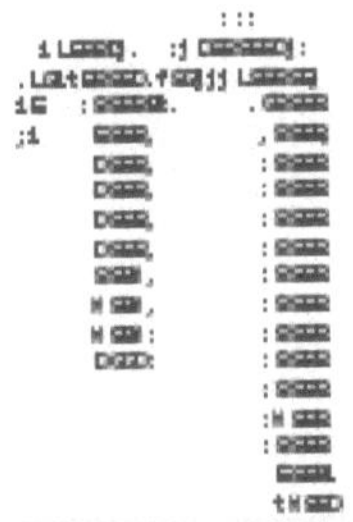

Rasen betreten erlaubt	Niemals!	Da fehlt etwas	Vorsicht: Lautsprecher
Mit sauberen Füßen	GNU	Keine Strahlung	Musik an!
Ohne Schuhe, bitte	Naturkunst	Zur Auswahl	Strahlengefahr

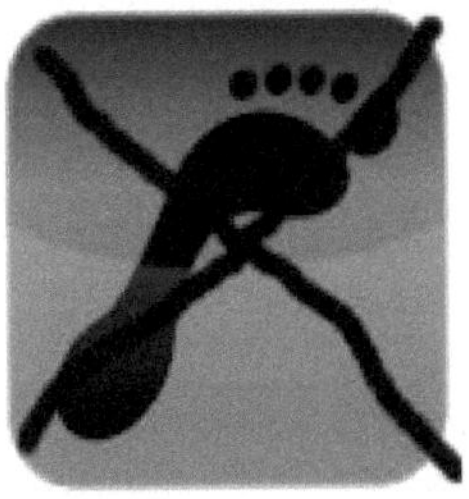

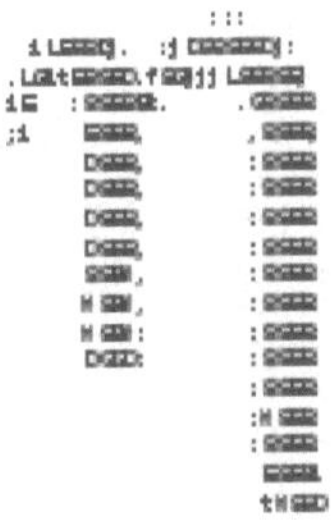

Rasen betreten erlaubt	Niemals!	Home	Vorsicht: Lautsprecher
Mit sauberen Füßen	Ein Kreuz!	Keine Musik, bitte.	Musik an!
Ohne Schuhe, bitte	Naturkunst	Monument	Konkrete Dichtung

Farbpalette betreten	Bahnübergang	Connected etwas	Vorsicht: Lautsprecher
Sitzkissen erlaubt	Autos kreuzen	Lärm! Schützen!	Musik an!
Mit sauberen Füßen	Gestrichen	Keine Strahlung	Ok.

Wie ist diese online-Seite gegliedert?

- **Horizontal**
- **Spalten**
- **Blöcke**
- **Rubriken**
- **Titel**

Süddeutsche Zeitung

MÜNCHNER NEUESTE NACHRICHTEN AUS POLITIK, KULTUR, WIRTSCHAFT UND SPORT

Das Streiflicht

Welcome, Ma'am

NSA hörte Frankreichs Präsidenten ab

Offenbar spähte der US-Geheimdienst die gesamte Staatsspitze in Paris über viele Jahre hinweg aus

Die von Wikileaks veröffentlichten Dokumente stammen vermutlich aus dem innersten der Behörde

Jetzt streiten Athens Gläubiger

EU-Kommission und IWF sind uneins über griechisches Sparziel

Ungarn kündigt EU-Asylpolitik auf

Al-Jazeera-Reporter erhebt Vorwürfe

Ran an den Speck

Experten wollen keine Höchstmenge für Fett mehr empfehlen

Bayern weitet Schleierfahndung aus

HEUTE

Die Seite Drei 3

Meinung 4

Panorama 10

Wirtschaft 26

Sport 27

Lösung im Kita-Streit

Schlichter empfehlen höhere Einkommen für Erzieher und Sozialarbeiter – Tarifparteien signalisieren Zustimmung

DAS WETTER

24° 7°

Hier zwei modulare Details. Wie sind die aufgebaut?

Was Navigation bedeuten kann und welche Ansprüche sie stellen mag, zeige ich an einem x-beliebigen Beispiel. Hier die Eröffnungsseite der SZ.

Ganz oben die Navi des Browsers, darin die erste Seite der SZ. Sie sehen rechts, dass das Ganze schon nicht auf den nicht ganz kleinen Bildschirm passt. Scrollen ist angesagt.
Die unter Zeile, die Häuschen-Zeile der SZ ist ein Pulldown-Menü. Wählen Sie einen Punkt aus, bekommen Sie sowas:

Wenn ich es Ihnen präsentieren will, habe ich natürlich ein Spezialproblem: Ich mache einen Screenshot und bearbeite ihn. Das sieht bei mir dann so aus:

Die führende Navigation hat nun das Grafikprogramm mit seinen Werkzeugen. Dis Süddeutsche-Links sind natürlich tot.

All dies zeige ich hier nicht, um Sie zu belehren. Sie können das vielleicht besser als ich.
Es geht um eine Demonstration, was wir da lernen, was wir gelernt haben.

We look at the language and we look at the world
and we look back and forth.
Paul Ziff, Semantic Analysis

9

Textsorten oder Texttypen

Kein Mensch kann sagen, wie viele Textsorten es gibt, vor allem dann, wenn man noch Spezifizierungen zulässt.
An diesen hier könnten Sie Ihre Kriterien und die von Textlinguisten erproben. Schaffen Sie eine Ordnung?

Abhandlung
Abmahnung
Abschiedsbrief
Adressbuch
AGB
Agenda
Aktennotiz
Almanach
Amtsbrief
Anklageschrift
Ankündigung
Anmeldeformular
Anmerkung
Anthologie
Anwesenheitsliste
Anzeige
Aphorismus
Artikel
Arztrezept
Attest
Aufsatz
Auftrag
Aussage
Autobiographie
Ballade
Banküberweisung
Bedienungsanleitung
Beglaubigung
Beipackzettel
Bericht
Bescheinigung
Besinnungsaufsatz
Bestellung
Betrachtung
Betriebsvereinbarung
Beurteilung
Beweis
Bewerbungsschreiben
Bibliographie
Biographie
Brief
Buchbesprechung
Cassetten-Label
Couplet
Curriculum
curriculum vitae
Daten
Datenblatt
Dementi
Dialog
Dienstplan
Directory
Dissertation
Doktorarbeit
Dokumentation
Drama
E-mail
Eid
Eidesformel
Einkaufszettel
Einladung
Elegie
Entschuldigung
Entschuldigungsschreiben
Epilog
Erklärung
Erläuterung
Erzählung
Essay
Fachbuch
Fahrtenbuch
Fax
Fernschreiben
Fernsehkritik
Fernsehprogramm
Filmkritik
Flugblatt
Funkspruch
Fußnote
Gebot
Gedicht
Gerichtsprotokoll
Geschichte
Geschäftsbrief
Gesetzeserläuterung
Gesetzestext
Gleichnis
Gliederung
Glossar
Glosse
Glückwunsch
Gutachten
Handbuch
Hilfstext
Hymne
Hymnus
Impression
Impressum
Index
Inhaltsverzeichnis
Interview
Kalender
Karte
Karteikarte
Katalog
Katechismus
Klappentext
Kochrezept
Kommentar
Kompendium
Konzertkritik
Konzertprogramm
Kunstlied
Kurzgeschichte
Kurzkommentar
Kurzmitteilung
Landschaftsbild
Laudatio
Lebenslauf
Legende
Lehrbuch
Leichenrede
Leitartikel
Leserbrief
Lexikon
Libretto
Liebesbrief
Lied
Limerick
Liste
Literaturverzeichnis
Lobrede
Mahnschreiben
Mahnung
Meldung
Memorandum
Mitteilung
Monolog
Montageanleitung
Märchen
Nachruf
Nachwort
Nekrolog

Note
Notiz
Novelle
Ode
Offenbarungseid
Pamphlet
Parabel
Parteiprogramm
Personen-
Personenbeschreibung
Plakat
Polizeiprotokoll
Porträt
Post-Skriptum
Postkarte
Privatbrief
Projektbericht
Prolog
Propaganda
Protestsong
Protokoll
Präambel
Psalm
Quittung
Rechnung
Rede
Referat
Register
Reisebericht
Rezension
Rezept
Roman
Rundfunksendung
Rätsel
Sachbuch
Sachregister
Satire
Satzung
Schlager
Schrifttumsnachweis
Schulaufsatz
Seminarbescheinigung
Sitzungsprotokoll
Sketch
Skript
Song
Speisekarte
Sportreportage
Stapel-Datei
Statement
Steckbrief
Stellungnahme
Stenogramm
Steuererklärung
Strafmandat
Streik-Aufruf
Streit
Synopse
Tagebuch
Tagesordnung
Telefonat
Telefonbuch
Telegramm
Telex
Testament
Textaufgabe
Theater-Szene
Theaterkritik
Theaterzettel
These
Thesenpapier
Strafanzeige
Strafmandat
Tischvorlage
Todesanzeige
Traktat
Trauungszeremonie
Urkunde
Verhör
Verhörprotokoll
Verlustanzeige
Vertrag
Verweis
Verzeichnis
Verzichterklärung
Volkslied
Vorladung
Vorlesung
Vorlesungsmitschrift
Vorlesungsverzeichnis
Vortrag
Vorwort
Werbetext
Widerruf
Witz
Wortliste
Wörterbuch
Zahlungserinnerung
Zeitungen
Zeugnis
Zitat

Zeugnis

Das Lob herrlicher Geistesgaben und eines unaufhaltsamen Fleißes verdient der edle Jüngling Jacob Grimm. Er befleißigte sich so eifrig der schönen Künste und der Wissenschaften, dasz er nicht nur seine natürlichen Geistesvorzüge bewies, sondern auch seinen Eifer und eine lobenswerte Begierde ihn zu nähren und durch eigene Sorgfalt zu vervollkommnen und auszubilden zeigte.
Mit vorzüglichen Talenten von der Natur begabt gab sein Fleiß und sein sittliches Betragen seinen Mitschülern ein Muster.

Und damit Sie gleich sehen, dass es mit der Aufzählung nicht getan ist, hier noch ein Beispiel dafür, dass es auch drinnen ganz anders aussehen kann und historisch ausgesehen hat.

Was ist hier anders, als sie es gewohnt sind?

Ergänzend nun die restlichen Briefkomposita.

- **Welche Rubriken müsste man da noch aufmachen?**
- **Mit welchem Recht könnte man welche ausschließen?**

Ablassbrief
Adelsbrief
Aktionärsbrief
Apostelbrief
Assekuranzbrief
Ausforderungsbrief
Begleitbrief
Belobbrief
Brandbrief
Bündnisbrief
Danksagungsbrief
Ehrenbrief
Ehrenbürgerbrief
Eintragbrief
Eisenherzbrief
Empfangsbrief
Entlassungsbrief
Entschuldigungsbrief
Ergebungsbrief
Erpresserbrief
Ersttagsbrief
Facharbeiterbrief
Familienbrief
Fehdebrief
Femebrief
Fernlehrbrief
Formbrief
Freibrief
Freiheitsbrief
Freundesbrief
Gegenbrief
Geldbrief
Gesellenbrief
Gevatterbrief
Glückwunschbrief
Gnadenbrief
Handbrief
Handelsbrief
Hauptbrief
Heldenbrief
Herdenbrief
Hirtenbrief
Hypothekenpfandbrief
Inlandsbrief
Jubelbrief
Jugendbrief
Kaiserbrief
Kaperbrief
Kaufbrief
Kaufmannsbrief
Korintherbrief
Kreditbrief
Künstlerbrief
Landesehrenbrief
Landwirtschaftsbrief
Legatenbrief
Lehenbrief
Lehrbrief
Liebesbrief
Literaturbrief
Lügenbrief
Mädchenbrief
Majestätsbrief
Meisterbrief
Morgenbrief
Mühlknappenbrief
Nadelbrief
Naturbrief
Neujahrsbrief
Originalbrief
Pachtbrief
Patenbrief
Polizeibrief
Privatbrief
Quarantänebrief
Rechtsbrief
Rentnerbrief
Rohrpostbrief
Römerbrief
Schäferbrief
Schatzbrief
Scheidebrief
Schenkbrief
Schicksalsbrief
Schmuckbrief
Schreckbrief
Schreibebrief
Schuldbrief
Schutzbrief
Seelenadelbrief
Serienbrief
Solidaritätsbrief
Sorgenbrief
Sozialpfandbrief
Staatsbrief
Staatspfandbrief
Steckbrief
Sterbebrief
Stiftbrief
Stiftungsbrief
Streichholzbrief
Studienbrief
Taschenbuchbrief
Theaterbrief
Trauerscheidbrief
Unglücksbrief
Vollmachtbrief
Warnungsbrief
Wechselbrief
Weihnachtsbrief
Werbebrief
Zirkelbrief

Mit der vollständigen Sandig-Matrix können Sie weiter probieren, welche Textsorte in jeder Reihe bestimmt ist.

Der Einfachheit halber gebe ich die Textsorten vor:

> Arztrezept, Brief, Diskussion, Familiengespräch, Gebrauchsanleitung, Gesetzestext, Inserat, Interview, Kochrezept, Mitschrift, Nachrichten, Reklame, Telefongespräch, Telegramm, Traueranzeige, Vorlesung, Wetterbericht, Zeitungsbericht

	konventioneller Textaufbau	Thema festgelegt	symmetrische Komm.	monologisch	nur Sprachliches	restringierter Tempusgebrauch	spontan	vorbereitet	öffentlich
Interview	-	+	-	-	+	+	±	+	±
Brief	-	±	±	±	±	+	±	+	±
	-	±	±	-	±	+	±	+	±
	-	+	-	+	-	-	-	+	-
	+	+	-	+	-	-	-	-	-
	+	+	-	+	-	-	-	+	±
	+	+	-	+	-	-	-	+	-
	+	+	±	+	±	±	-	+	-
	-	+	-	+	±	±	±	-	±
	-	+	+	+	±	-	-	+	-
	-	±	-	±	±	±	±	±	±
	+	+	-	+	-	±	-	±	±
	-	-	-	+	-	-	-	+	-
	-	+	-	+	-	-	-	+	-
	-	+	±	+	-	±	-	+	±
	-	+	-	+	±	-	-	-	±
	-	+	+	-	-	+	±	+	±
	-	-	+	-	±	+	+	+	±

Hier bitte etwas zur Frage der Autorintention. Die Berufung auf den Autorwillen oder seine Intention hat eine alte Tradition. Wunderbar blumig bei Plato:

> Sokrates: Denn dieses Schlimme hat doch die Schrift, Phaidros, und ist darin ganz eigentlich der Malerei ähnlich; denn auch diese stellt ihre Produkte hin als lebend, wenn man sie aber etwas fragt, so schweigen sie gar ehrwürdig still. Ebenso die Schriften. Du könntest glauben, sie sprächen, als verständen sie etwas, fragst du sie aber lernbegierig über das Gesagte, so enthalten sie doch nur ein und dasselbe stets. Ist sie aber einmal geschrieben, so schweift überall jede Rede gleichermaßen unter denen umher, die sie verstehen, und unter denen, für die sie nicht gehört, und versteht nicht, zu wem sie reden soll, und zu wem nicht. Und wird sie beleidigt oder unverdientermaßen beschimpft, so bedarf sie immer ihres Vaters Hilfe; denn selbst ist sie weder sich zu schützen noch zu helfen imstande.
>
> (Platon: Phaidros)

Nachteil: Man gewinnt den Autorwillen nur aus dem Text – und aus sich selbst.

Etwas detaillierter zu Brinkers Definitionen der Textfunktionen (Brinker/Cölfen/Pappert 2014, 106). Die Kritik ist nur exemplarisch vorgeführt, kann aber ausgedehnt werden. Bei der Informationsfunktion geht es hierum:

Der Emittent gibt dem Rezipienten zu verstehen, dass er ihm ein Wissen vermitteln, ihn über etwas **informieren** will.
Ich (der Emittent) informiere dich (den Rezipienten) über den Sachverhalt X (Textinhalt).

Was bezweckt man mit solchen Klammern? Ist ihr Inhalt explikativ oder alternativ gedacht? Übrigens: Natürlich wird nicht **über** den Textinhalt gesprochen. Das wäre Linguistenjob.

Mal wieder haben wir es mit dem Sachverhalt zu tun, so als ginge es einfach um die Welt. Schon der Anschluss an Searle ist problematisch. Bei Searle hieß es für diese Spezies, die direction of fit, die Anpassungsrichtung, gehe von Wort zu Welt. Also: Die Worte müssen zur Welt passen? Dem liegt der fundamentalistische Wahrheitsbegriff zugrunde, den bei Weitem nicht alle teilen. Wie hätten wir denn die Welt, auf dass wir vergleichen könnten? Demgegenüber würde ich einen kommunikativen Wahrheitsbegriff vorziehen, nach dem es um Behauptungen und ihre Rechtfertigung geht.
Der Ausweg über den Textinhalt führt vor verrammelte Türen. Es wird nicht über den Textinhalt gesprochen, es wird etwas gesagt, nicht über etwas etwas gesagt.
Verblüffend ist dann, dass auch Bewertungen hierunter fallen sollen. Das ist doch eher idiosynkratisch Brinker. Wenn man Bewertungen schon unterbringen will, dann doch eher wie üblich bei den appellativen, meinungs- und verhaltensbeeinflussenden.

Der Emittent gibt dem Rezipienten zu verstehen, dass der Text eine **neue Realität schafft**, dass die (erfolgreiche) Äußerung des Textes die Einführung eines bestimmten Faktums bedeutet.
Ich (der Emittent) bewirke hiermit, dass X als Y gilt.

Ob es der Text ist, der das tut? Eher der Sprecher.
Warum *erfolgreiche* in Klammern? Wenn sie nicht erfolgreich ist, schafft sie nichts.
bedeutet ist hier zumindest fahrlässig verwendet.
Warum die Variation von *schafft* und *Einführung*. Oder ist es keine? Sollte etwas Anderes gemeint sein?
Oder sollte gar gemeint sein, der Rezipient müsse sie verstehen. Gerade das ist hier aber ganz egal. Solche Akte schaffen Tatsachen.
Was sollen X und Y hier sein?

Nach der Brinker-Typologie gehören informative Texte und werbende Texte in zwei verschiedene Kategorien.
Was meinen Sie: Hat ALDI mit der Überschrift Unrecht. Oder ist das rein euphemistisch?
Die Werbebroschüre offeriert viele Produkte mit Beschreibungen und Preisangaben. Außerdem gibt es ein Kochrezept.
Es ist ein Fall von werben → informieren. Die innere Struktur von Akten allein zeigt, dass Textsorten so nicht zu ordnen sind.

Welche Sprechakte finden Sie in diesem Text? Unterstreichen und benennen Sie.

Merkblatt für die Wahl der Gemeinderäte
in Waghäusel am 22. Oktober 2016
Wichtige Hinweise für die Stimmabgabe
Bitte vor der Stimmabgabe sorgfältig lesen!

Wie viele Stimmen haben Sie?
Zu wählen sind

- 26 Gemeinderäte, und zwar
- 12 Vertreter für den Wohnbezirk Kirrlach
- 2 Vertreter für den Wohnbezirk Waghäusel
- 12 Vertreter für den Wohnbezirk Wiesental

Deshalb haben Sie 26 Stimmen.
Wem können Sie Ihre Stimmen geben?

- Sie können nur Bewerbern, die in einem der Stimmzettel aufgeführt sind, Stimmen geben.
- Sie können Bewerbern aus verschiedenen Stimmzetteln Stimmen geben.
- Sie können Bewerbern eine, zwei oder drei Stimmen geben.
- Sie können für jeden Wohnbezirk nur so vielen Bewerbern Stimmen geben, wie für den Wohnbezirk jeweils Vertreter zu wählen sind (siehe oben).

Wie geben Sie Ihre Stimmen ab?
Sie können

- entweder einen der Stimmzettel ohne Kennzeichnung abgeben; dann erhält jeder in diesem Stimmzettel aufgeführte Bewerber eine Stimme – höchstens jedoch so viele Bewerber in der Reihenfolge von oben, wie jeweils Vertreter für den Wohnbezirk zu wählen sind; dasselbe gilt, wenn Sie den Stimmzettel im ganzen kennzeichnen;
- oder auf einem oder mehreren Stimmzetteln die Bewerber, denen Sie Stimmen geben wollen, ausdrücklich als gewählt kennzeichnen.

Bitte beachten Sie dabei folgendes:
Wollen Sie Bewerbern aus dem Stimmzettel, den Sie für Ihre Stimmabgabe verwenden, Stimmen geben, so setzen Sie in das Kästchen hinter dem vorgedruckten Namen jeweils

- ein Kreuz, wenn Sie dem Bewerber eine Stimme geben wollen, oder
- die Zahl 2 oder die Zahl 3, wenn Sie ihm zwei oder drei Stimmen geben wollen.

Möglich ist auch eine Kennzeichnung auf sonst eindeutige Weise.

In diesem Text sind die Funktionswörter weggelassen. Sie werden gewiss die Textsorte erkennen.

Carl Zuckmayer
Der Hauptmann Köpenick
Erster Akt
Erste Szene
Personen: Adolf Wormser, Sohn Willy, Zuschneider Wabschke, Hauptmann Schlettow, Wilhelm Voigt
geschlossenem Vorhang erschallt, marschierenden Militärkapelle gespielt, Armeemarsch Nr. 9 – mächtig anschwellend, allmählich Taktschritt der abziehenden Truppe verklingend. Ferne Militärmusik begleitet ganze Szene. Inzwischen Vorhang gehoben: Bühne zeigt Innere A. WORMSERS Uniformladen Potsdam. Vordergrund Ladentisch Raum Bedienung Kunden.

So ein Formular kennen Sie. Füllen Sie es mal probeweise aus. Aber bitte nicht knacken oder hacken.

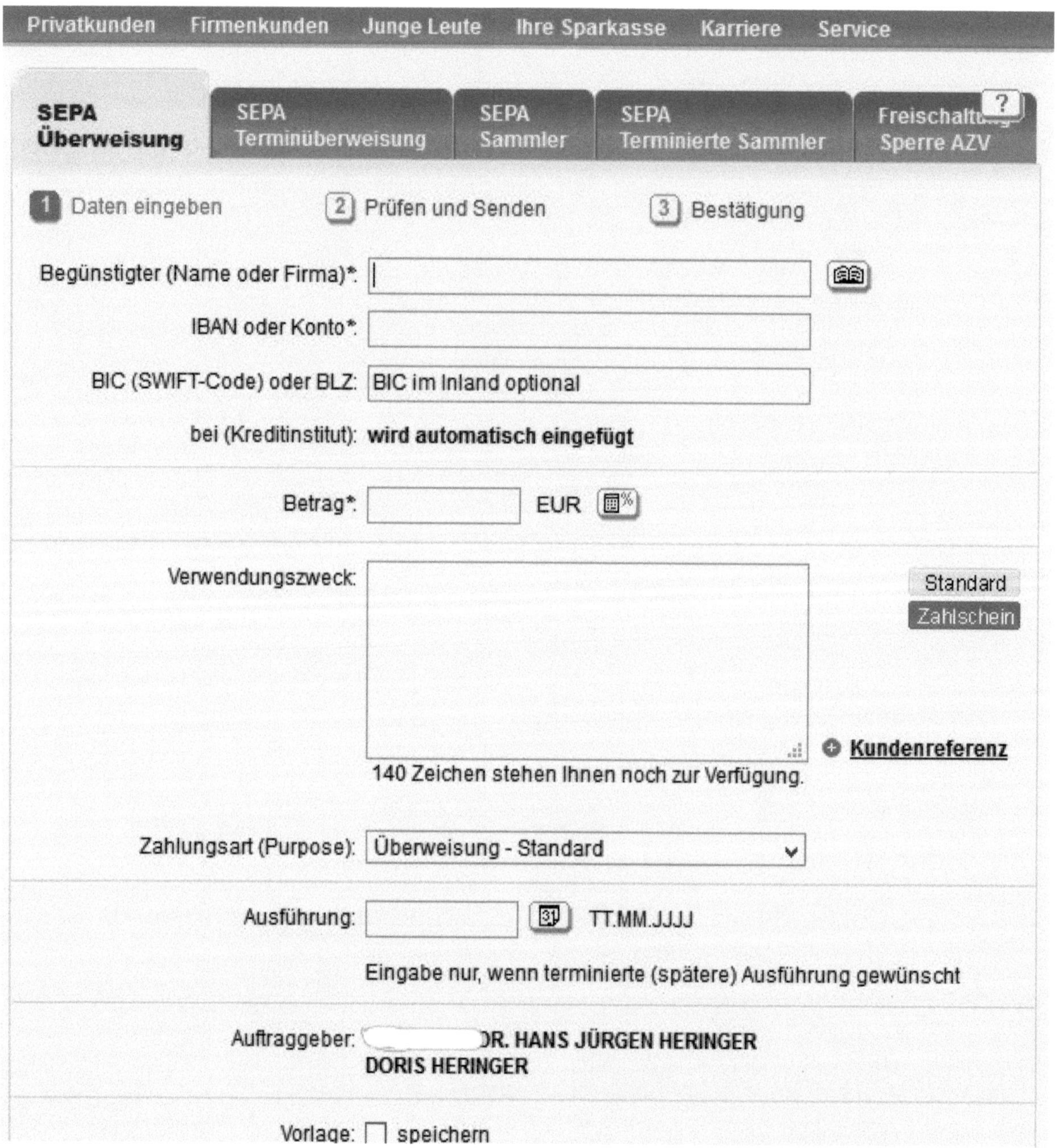
Privatkunden Firmenkunden Junge Leute Ihre Sparkasse Karriere Service

SEPA Überweisung | SEPA Terminüberweisung | SEPA Sammler | SEPA Terminierte Sammler | Freischaltung Sperre AZV

1 Daten eingeben 2 Prüfen und Senden 3 Bestätigung

Begünstigter (Name oder Firma)*:

IBAN oder Konto*:

BIC (SWIFT-Code) oder BLZ: BIC im Inland optional

bei (Kreditinstitut): **wird automatisch eingefügt**

Betrag*: EUR

Verwendungszweck: Standard Zahlschein

Kundenreferenz

140 Zeichen stehen Ihnen noch zur Verfügung.

Zahlungsart (Purpose): Überweisung - Standard

Ausführung: TT.MM.JJJJ

Eingabe nur, wenn terminierte (spätere) Ausführung gewünscht

Auftraggeber: DR. HANS JÜRGEN HERINGER
DORIS HERINGER

Vorlage: speichern

Eigentlich kann man am Vokabular ganz gut die Textsorte erkennen. In den beiden linken Spalten habe ich Einiges fett gesetzt, was typisch erscheint.
Bei den rechten drei Vokabularien wurden schon frequente Wörter ausgewählt. Die Korpora sind natürlich viel umfangreicher. Umkringeln Sie, was Ihnen besonders typisch erscheint.

Gesprochene Sprache	SMS	Thomas Mann	Kitschroman	Parlamentsdebatte
die	ich	vermochte	Doktor	Millionen
der	du	unterscheiden	endlich	sollen
und	**hi**	würdig	heiraten	Land
das	deine	stieß	lange	möchte
ich	ferien	öfters	wollen	Bonn
ja	schon	ursprünglich	Bett	gesagt
in	**hallo**	sterben	hätte	wissen
sie	hab	versetzte	lachte	Ihnen
ist	auch	Abend	nickte	deutsche
nicht	mich	Überlieferung	müssen	Jahr
zu	jetzt	trotzdem	lächelte	Teil
es	ist	sprachen	Zimmer	bisher
dass	in	unterdessen	Hand	könnte
den	hast	vermag	gut	sagt
wir	wieder	äußerst	Stimme	also
auch	mit	verstehen	Mädchen	Bürger
ab	dir	wenigstens	Mann	Entwicklung
von	wir	sieht	blickte	sowie
aber	und	solcher	wollte	Sozialismus
ein	**hdl**	voll	etwas	wurden
also	meine	stark	dir	Wort
eine	**ne**	wahr	Barbara	würde
so	am	spricht	Cordula	Weg
mit	zum	sollen	bei	seien
man	sms	vielmehr	Herr	Europa
auf	dich	wegen	Gräfin	sollten
haben	noch	später	alles	Regierung
hat	bis	viele	Kopf	Euro
sich	**handy**	stehen	würde	Prozent
noch	war	seien	Schwester	sagte
im	mal	wurden	werden	deshalb
dann	das	trug	dich	politischen
sind	im	warum	bin	Einheit
dem	ein	tief	konnte	Partei
wie	training	tat	Komtess	Westen

Gesprochene Sprache	SMS	Thomas Mann	Kitsch	Debatte
wenn	nicht	unser	meine	Abgeordneten
jetzt	gerade	sprechen	Gesicht	Politik
er	gute	selber	ihn	GRÜNEN
für	ja	solchen	immer	Polen
is	mir	zugleich	fragte	Ost-Berlin
an	auf	unserer	Schloss	Staaten
ne	**lg**	sonst	sehr	unserer
herr	aber	welcher	Augen	Zeit
kann	zu	weniger	ihm	weil
wird	ninchen	zusammen	sagte	Deutschen
als	**hdgdl**		Frau	zwischen
nich	die		Aurel	Frage
was	habe		auch	Damen
sehr	der		dann	Deutschland
diese	sie		Dr.	Berlin
			Graf	Herren
			Norma	Frau
			Adelheid	müssen
			Bernhard	FDP
			Martha	meine
			mit	Herr
			Ulrike	Bundesrepublik
				Menschen
				SPD
				CDU/CSU
				Beifall

Worum handelt es sich hier? Mit der Kenntnis des Formulars können Sie gewiss übersetzen. (Blindenschrift brauchen Sie dazu nicht -;))

Als Wissenschaftler, besonders als Naturwissenschaftler oder Psychologe, vielleicht auch als empirisch arbeitender Linguist, muss man das folgende Formular kennen.

Übersetzen Sie.

Original research articles are typically structured in this basic order:

- Introduction – Why was the study undertaken? What was the research question, the tested hypothesis or the purpose of the research?
- Methods – When, where, and how was the study done? What materials were used or who was included in the study groups (patients, etc.)?
- Results – What answer was found to the research question; what did the study find? Was the tested hypothesis true?
- and
- Discussion – What might the answer imply and why does it matter? How does it fit in with what other researchers have found? What are the perspectives for future research?

IMRAD is an acronym for introduction, methods, results, and discussion. The IMRAD structure is the most prominent norm for the structure of a scientific journal article of the original research type.

Wie schwer eine Textsorte über Sprechakttypen zu erfassen ist, zeigen Traueranzeigen. Schon der Terminus spricht ja: Eine Anzeige, der Tod wird angezeigt. Trauer, wird ausgedrückt, nicht angezeigt.

Wir trauern um
meinen guten Mann
unseren treusorgenden Vater
meinen lieben Opi

†

> Expressiv: Ausdruck der Trauer
> Direktiv (?): Loben

Professor Dr. Rudi Muster

> Informativ: Wer gestorben ist

verstarb am 13. 2.

Möge Gott ihn alsbald aufnehmen.

> Direktiv: Wunsch an Gott
> Informativ: Leser bekommt, den Wunsch mitgeteilt

Dr. Katharina Muster
Eleonore und Peter Beispiel
Fritz Beispiel

> Informativ: Wer die Trauernden sind

Die Beerdigung findet am 17. 2. um 14 Uhr am Ostfriedhof statt.

> Informativ: Wo die Beerdigung stattfindet
> Direktiv: Aufforderung zu kommen?

Von Blumenspenden bitten wir abzusehen.
Geldspenden für „Kinder in Not" Konto 000 BLZ 111.

> Direktiv: Was zu tun und zu lassen ist

Hoffentlich glauben Sie nicht, Textsorten seien universale Muster. Wie anders sie in anderen Ländern und Kulturen aussehen können, sehen Sie hier. Ermitteln Sie Unterschiede.

"Mamma il tuo esempio di onestà, laboriosità, altruismo e grande amore per la famiglia, resterà sempre con noi".
E' MANCATA
AURORA CRAVERO ved. SASSO di anni **68**
Lo annunciano:
i figli: GIANLUCA con la moglie STEFANIA
SILVIA con il marito PATRICK
i nipoti: NICOLO', MATILDE, ALESSANDRO e GIACOMO
il fratello GIANNI
i cognati: CARLA e TERESIO
consuoceri, amici e parenti tutti.
Non fiori ma eventuali offerte da devolvere all'A.I.L. (Associazione Italiana Leucemie).
I Funerali avranno luogo in CINZANO - GIOVEDI' 25 GIUGNO alle ore 16, partendo dall'Ospedale "S. Croce" di Cuneo alle ore 15 per la Parrocchia di Santa Paola.
Il S. Rosario sarà recitato Mercoledì sera alle ore 21 nella Parrocchia di Cinzano.
Dopo le Esequie la cara AURORA sarà tumulata nella tomba di famiglia nel Cimitero di POLLENZO.
Impresa funebre LUSSO & RACCA Piazza Caduti per la Libertà, 3 BRA - Tel. 0172.412716 - 412831

Sehen Sie, was alles so möglich ist als Abschiedsformel. Vielleicht finden Sie noch mehr.
Versuchen Sie eine Art stilistischer Ordnung herzustellen. Recherchieren Sie dazu, welche Stile man für gewöhnlich unterscheidet.

Also, dann schöne Weihnachten aus dem Asta
Ansonsten einen lieben Kuss und alles Gute
Bis dahin verbleiben wir herzlichst ...
Bis nächste Woche, sommerliche Grüße,
Denn man tau
Fröhliche Weihnachten und ein Prosit Neujahr wünscht Euch ...
Grüße aus'm Herz von dat Ruhrgebiet!
In Erwartung Ihrer Teilnahme grüßt Sie
In der Hoffnung auf Unterstützung unseres Anliegens verbleibe ich mit freundlichen Grüßen
In der Hoffnung, auf ein Demokratieverständnis zu stoßen
Liebe Grüße!
Mit allen Nettigkeiten,
Mit bestem Dank für Ihre Unterstützung und freundlichem Gruß
Mit bestem Dank und lieben Grüßen
Mit besten Wünschen für's neue Jahr grüßt Euch
Mit freundlichen Grüßen
Mit freundlichen und ebenso roten Grüßen
Mit friedlichen Grüßen
Mit herzlichen Grüßen
Mit kollegialen Grüßen
Mit lieben Grüßen
Mit roten Grüßen
Mit schönen Adventsgrüßen
Mit solidarischen Grüßen
Mit solidarischen Grüßen und den besten Wünschen für die Ferien
Mit solidarischen Grüßen, ganz herzallerliebst
Mit solidarischen und kämpferischen Grüßen
Mit sonnigen Grüßen,
Mit sozialistischen Grüßen
Mit trotzdem freundlichen, roten Grüßen
Mit vielen Grüßen
Mit zornigen, aber hoffnungsvollen Grüßen
Mit ökologischen Grüßen
Tschüss
Viel Spaß beim Lesen und Diskutieren!
Viel Spaß in der O-Woche wünscht Euch
Viele Grüße von Maria!!!
Vielen Dank für Eure Mitarbeit ...

Aus: Lütten-Gödecke/ Zillig, Werner (Hgg.) (1994): „Mit freundlichen Grüßen". Münster Seite 232

Charakterisieren Sie die folgenden Anreden und Schlussformeln nach Stilmerkmalen.
(Die Pärchen müssen nicht zusammenpassen.
Sie können aber auch passende Pärchen bilden.)

Kennzeichnen Sie auch die Beziehung von Schreiber und Adressat: hs = Schreiber steht höher
ha = Adressat steht höher
g = beide sind gleich gestellt.

Anreden	Schlussformeln
Sehr geehrter Herr Falk	Herzliche Grüße
Sehr geehrte, liebe Frau Falk	Ade
Sehr verehrte Frau Falk	Herzlichst
Sehr verehrte, liebe Frau Falk	Gruß
Sehr verehrte gnädige Frau	Es grüßt dich
Hallo	Alles Liebe
Hi	Es grüßt Sie
Guten Tag, Herr Falk	Deine Oma
Hochzuverehrender Herr Rat	In inniger Liebe
Hochgeehrte Frau Rat	Ihr sehr ergebener
Sehr geehrte Damen und Herren	Dein Max
Sehr geehrte Frau Dr. Ina Rat	Tschüss
Liebste	Eure Reni und Euer Pit
Liebster Professor	Küsschen
Liebe Carola	Ihre Ina und Max Moll
Liebe Frau Rothe	Mit freundlichen Grüßen
Ihr Lieben	Gruß und Kuss
Sehr geehrter Herr Landrat	Von Herzen Dein
Sehr geehrte Frau Rektorin	Mit den besten Grüßen

Ordnen Sie die Sätze Modulen zu, die für Kochrezepte typisch sind.
Stellen Sie eine Navigationsleiste her, von der aus man die Module ansteuern könnte.
So ähnlich wie hier:

Soupe udon de poisson d'avril #foodart #inspired -

Cook'N Color
01/04/15 21:12

Il y a pas longtemps, ma copine Allystar m'a fait découvrir Bento days, du "food art" trop cute comme j'aime!! Et en se baladant forcément, sans copier, ça donne envie de faire les mêmes choses, mais surtout une soupe m'a fait baver. J'ai bien écrit que...

Poisson d'Avril Soupe udon Poisson Soupe Udon

Fischsuppe 10 Min. garen, dann Chilischote, Safran, Fisch und Hummerkrabben zugeben.
Anschließend Hummerkrabben herausnehmen und in dicke Scheiben schneiden.
Danach Fenchel oder Sellerie in Scheiben schneiden; Fisch abgießen, in Stücke schneiden.
Dies mit abgespülten Fischgräten, Zitronenschale, Petersilie, Lorbeer, Pfeffer und Salz in 1 l Wasser 30 bis 40 Min. sieden lassen.
Fenchel kurz im Öl andünsten, mit 1 l passiertem Fischfond auffüllen.
Garnieren Sie mit den Hummerkrabben Scheiben.
Mit Salz abschmecken.
Suppe in vorgewärmte Teller füllen.
Weitere 7 Min. gar ziehen lassen.
Währenddessen die Hummerkrabben schälen und entdarmen.
Zuerst Frühlingszwiebel, Möhren putzen und zerkleinern.

Die Erlebniserzählung ist die häufigste Aufsatzform der Sekundarstufe I.

Empfohlen und gelehrt wird der Aufbau nach dem Dreischritt. Ansonsten geht die Formalisierung nicht sehr weit. Dem Erzähler wird genügend Freiraum gelassen.

Einleitung

Orientierung:
- Wann fand das statt?
- Wo fand das statt?
- Wer war beteiligt?
- Was passierte?

Hauptteil

Geschehen wird im Detail erzählt:
- Reihenfolge,
- bis zu einem Höhepunkt.

Schluss

Ausklang
- Abrundung
- Anregung

Zutaten

Checken:
- Wird genau erzählt?
- Wird im Präteritum erzählt?
- Bereichern weitere Personen das Geschehen?
- Ist für Spannung gesorgt? (Aktuelles Präsens)
- Kommt wörtliche Rede vor?
- Treffende Ausdrücke?
- Gibt es einen Höhepunkt?
- Ist die Erzählung gut abgeschlossen?

Die nächste Aufsatzform ist die Erörterung. Sie wird bis in die Sekundarstufe II gepflegt. Hier gebe ich erst mal die Zutaten.

Ihre Aufgabe: Ordnen sie typische Versatzstücke einem passenden Modul zu.

Als Erstes. . .	. . . verdient nähere Betrachtung.
An dieser Stelle sollte man nicht vergessen, dass .. .	Es ist keineswegs sicher, . . .
Darüber hinaus möchte ich betonen, dass . . .	Es ist wahrscheinlich anzunehmen, dass . . .
Demgegenüber . . .	Es muss erwähnt werden, dass . . .
Dies beweist, wie . . .	Es sollte klargestellt werden, dass . . .
Dies kann zwar zutreffen, aber . . .	Gleich zu Anfang sollte klargestellt werden, dass. .
. . . steht in völligem Widerspruch zu	Ich möchte die folgenden Punkte berühren: . . .
Ein Beispiel zur Bestätigung meiner These ist . . .	Letztendlich lässt sich festhalten, dass . . .
Ein großes Problem in diesem Zusammenhang ist . . .	Wir müssen X in Betracht ziehen
Ein weiterer Grund besteht darin, dass . . .	Zu bezweifeln ist . . .
Ein wichtiger Aspekt von X ist . . .	Zusammenfassend können wir schlussfolgern, dass. . .
Es ergibt sich die Frage, w . . .	Zusammenfassend stelle ich fest: . . .
Es ist fraglich, ob . . .	

Menschliche Sprachen sind nicht kombinatorisch konstruiert. Wenn Phoneme kombinatorisch zu Wörtern arrangiert würden, würde das Ergebnis natürlich jedes menschliche Gedächtnis übersteigen. So einen Wortschatz könnte sich kein Mensch merken. Das dürfte aber nicht der einzige Grund sein, warum menschliche Sprachen so nicht gebaut sind. Sie kennen das: Sich eine Zahl aus 10 Ziffern merken oder sie von einer anderen zu unterscheiden erfordert einen immensen Konzentrationsaufwand. Ein Wort aus 10 Buchstaben macht kaum Probleme. Das hängt vor allem damit zusammen, dass in menschlichen Sprachen weitgehende Einschränkungen bezüglich der Kombinatorik existieren.
Dies hat zur Folge, dass entsprechende Strukturen wiederkehren, manche recht häufig, andere seltener.

> A language user has available to him or her a large number of semi-preconstructed phrases that constitute single choices, even though they might appear to be analysable into segments. To some extent this may reflect the recurrence of similar situations in human affairs; it may illustrate a natural tendency to economy of effort.
> (Sinclair 1991, 110)

Solche rekurrenten Segmente kann man als n-tupel (= n-Gramme) von Wörtern gewinnen und nach Frequenz ordnen. Korrektes Englisch, aber zum Beispiel im Netz nicht zu finden:

> zestful and righteous belligerence

Dagegen sehr häufig und mehr als tausend mal so häufig:

> for the first time

Für Lerner ist wohl erst mal das letzte interessant.

Als Beispiel nun zu n-Grammen aus dem Werk von Thomas Mann. Sehr frequent, aber nicht gerade typisch für Thomas Mann, sondern einfach Deutsch:

> es handelt sich um
> bis zu einem gewissen

Für Kenner aber schon ziemlich typisch die folgenden Einmalfunde.
Für das erste gibt es (23/7/2015) keinen Netzfund, das zweite führt direkt zu Thomas Mann:

> überwaltenden Tönen der Turmglocke
> Zärtlichkeit meines eigenen Herzens

Was *Ton* betrifft, sind attributive Adjektive häufig, wenn auch nicht das seltene *überwaltend*.

> in den höchsten Tönen [. . .] gelobt
> in den höchsten Tönen lobt
> den Ton [. . .] angeben
> gehört es zum guten [. . .] Ton
> eher ein Mann der leisen Töne ist. . .
> der leisen [. . .] nachdenklichen [. . .] Töne
> den richtigen Ton [. . .] getroffen
> wieder versöhnlichere Töne angeschlagen

Aber dann erstaunlich bei Thomas Mann:

> überwirklichen Getroffenheit dieser Porträt-Phantasie

Die Pointe: Das scheint von Gerhart Hauptmann zu sein. Vielleicht etwas Intertextuelles. Ein Zitat? Eine Anspielung? Oder Plagiierung?
Man kann solche Folgen sogar verallgemeinern zu wiederkehrenden Strukturen, sog. Chunks. Chunks gehören nicht individuell zu bestimmten Texten und insofern sollte man auch nicht sagen, sie seien intertextuell.
Aber wenn sie extrem infrequent sind? Wo liegt da die Grenze?
Schon die Verwendung eines Trigramms kann so infrequent sein, dass sie typisch und sogar idiosynkratisch sein könnte.

Mit Chunks kann man typische Verwendungsweisen eine Wortes eruieren und darstellen. Das Chunking basiert darauf, dass man in einem großen Korpus Strukturen ermittelt, die auf der textuellen Nähe basieren, meist die unmittelbare Umgebung oder Kookkurrenzen. Kontrastierend kann man die Verwendung zeigen, hier *Parodie* und *Anspielung*.

eine gelungene [. . .] Parodie auf die
eine unverschämt witzige und gelungene Parodie ein Cocktail
Attacks! wie eine unfreiwillige Parodie auf Independence Day
Feuerwerk. . . Pointen Gags und Parodien
als [. . .] Parodie [auf die. . .] angelegt
ist
als [. . .] Parodie [. . .] gemeint sein
eine witzige [. . .] Parodie auf. . .
Satire Spott und Parodie
Witz Parodie Satire. . . Humor
der Parodie [und der. . .] Travestie

sagte ... in Anspielung auf ... Äußerungen von | des ...
meinte ... in | unter Anspielung auf die ... Äußerungen
Zwar steckt [er] voller [pädagogischer] Anspielungen doch auf die
voller [...] erotischer Anspielungen
als [...] ironische Anspielung auf die
literarischen Zitaten [und] Anspielungen
versteckten Zitaten und Anspielungen

Eine andere Strukturierung des texte infini beruht darauf, dass es thematische Strukturen gibt. Man kann sie Diskurse nennen und mit einem Stichwort benennen, etwa der Atom-Diskurs, der Gastarbeiter-Diskurs. Zu einem Diskurs gehören Texte, die sich mit einem Gegenstand, Thema, Wissenskomplex oder Konzept befassen und untereinander semantische Beziehungen aufweisen. Sie sind oft geprägt durch explizite oder implizite Verweisungen und nehmen so aufeinander Bezug, bilden einen intertextuellen Zusammenhang. Auch solche Diskurse sind geprägt durch ein gewisses Vokabular und milde Chunks. Beides mag im Verlauf sich wandeln wie eben alles in der Sprache.

Intertextuell interessant ist, dass sogar Anaphern ihr Antezedens im Diskurs finden können.

Dies ist der Anfang eines Gedichts von Paul Celan:

Ich trink Wein aus zwei Gläsern
und zackere an
der Königszäsur
wie **Jener**
am Pindar,

Gott gibt die Stimmgabel ab ....

Das Verweiswort habe ich fett gedruckt.

- **Wohin verweist es?**
- **Welche Hinweise könnten Sie verwenden, um das intertextuelle Antezedens zu finden?**

Eine Erörterung ist ein argumentativer Text. (Hier argumentieren Schwarz-Friesel/ Jürgens 2014, 12)

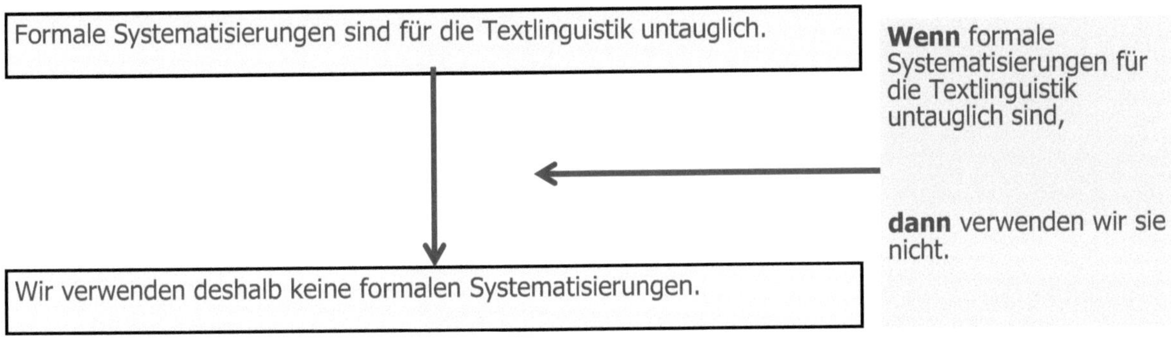

Für diese Aufsatzart werden didaktisch zwei mögliche Strukturierungen angeboten.

Schrittweise kontrastierender Aufbau.

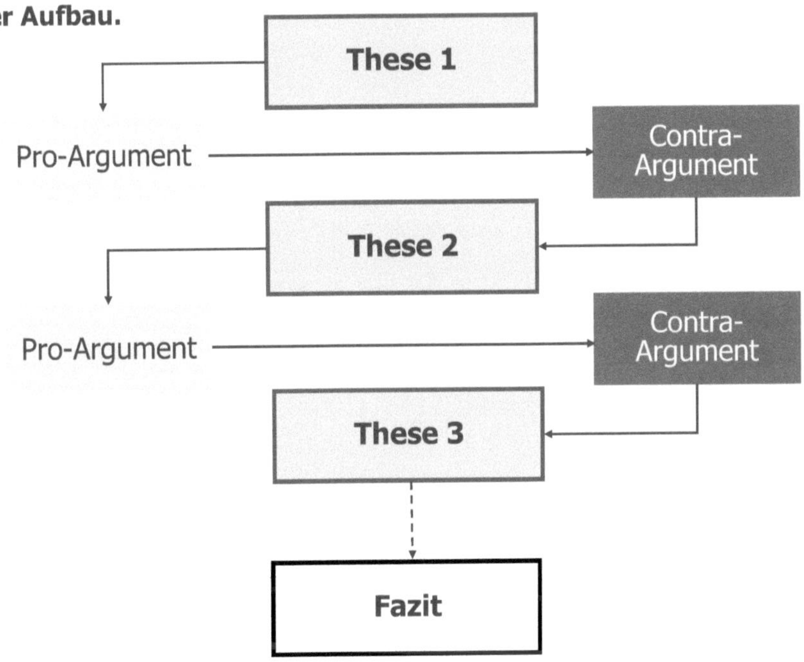

Sequenziell kontrastierender Aufbau.

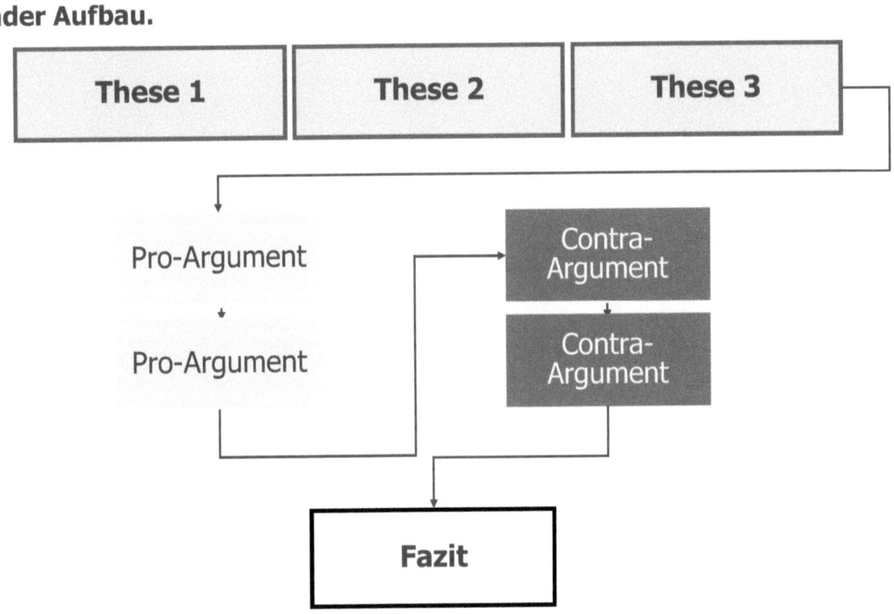

nos esse quasi nanos gigantum umeris insidentes [?]
Wir sitzen auf den Schultern von Riesen.
Bernardus Carnotensis = Bernard de Chartres

10

Intertextualität

Reiner intertextuell – wir erkennen das leicht – sind multilinguale Texte, so die Zitation der Quelle in der Bibelübersetzung oder die deutende Integration eines mittelhochdeutschen Textes.

P 42v ꟷI· IN PRINCIPIO ERAT UERBUM ET RE :
P 43r ER allen uuóroltkreftın · ıoh eńgılo gıſcéftın ./
ſo rúmo ouh ſo ın áhton · mán nı mag gıdráhton ./
Er·ſé ıoh hímıl uurtı · ıoh eŕda ouh ſo hértı ·
ouh uuíht ın thıu gıfúarıt · thaz ſıụ̀ éllu thrıu rúarıt ./
So uuaſ íó uuórt uuonantı · er állen zıtın uuóroltı
thaz uuír nu ſehen óffan · thaz uuaſ thanne uńgıſcafan Et uerbū erat
F 22r ER alleru ánagıftı · theru dŕuhtıneſ gıſcéftı ./ aput dm̄
ſo uuéſ ız mıt gılúſtı · ın theru drúhtıneſ brúſtı · Et dſ erat uerbū
Iz uuaſ mıt drúhtıne ſar · nı bráſt ımoſ ío thar
ıoh ıſt ouh drúhtın ubarál · uuanta ér ız fon hérzen gıbar
Then ánagın nı fúarıt · ouh éntı nı bırúarıt ./
ıoh quam fon hímıle óbana · uuaz mág ıh ſagen thánana

ehe
die ehe ist
du bist min ich bin din
die durch sitte und gesetz
des solt du gewis sin
anerkannte vereinigung
bist beslozzen
von mann und frau
in minem herzen
zur dauernden gemeinschaft
verlorn ist das sluzzelin
aller lebensverhältnisse
du muost immer drinne sin.
D. P. Meier-Lenz

Der Ausweis der Intertextualität ist das Zitieren mit Quelltextverweis und Kennzeichnung von S mit und in Anführungszeichen. Probleme hiermit sind in „Linguistische Texttheorie" aufgeführt. Natürlich gibt es noch andere, etwa dass Anführungszeichen an der falschen Stelle stehen und gar nicht S eingrenzen.
Anführungszeichen sind nicht immer eindeutig und sie haben mehrere Verwendungen. Da kann auch schon mal was schiefgehen.

Hier finden Sie reichlich Material für die Verwendung von Anführungszeichen http://juvalamu. com/qmarks/.

I saw this bizzare sign at the watch repair center of a local department store:

Orders ready in SEVEN „7“ -- days.

As if misused quotes weren't bad enough, they had to write the seven twice and add the dash for no apparent reason!!

A day here, a day there, before you know it a „week“ has gone by.

Seen on a van this morning:

Casa Bonita. Taking care of your „beautiful house“

Yeah, they must have seen my house lately.

Maybe, just maybe, they put „beautiful house“ in quotation marks because it's the translation of Casa Bonita. But maybe not.

Sign on friend's front door:

Doorbell „out of order .“ Please „knock“ or „rattle“ letterbox.

Is your friend wondering why nobody comes to visit anymore?

To pay my monthly phone bill, I rip off the bottom of the bill, thoughtfully marked:

„Send“

and keep the top half, marked:

„Keep“

What do you mean you shut off my service? I already „sent“ the bill.

Maybe so, but did you „keep“ the money?

The sign by the deposit drawer outside my bank says:

Please „Do Not“ deposit cash.

I wonder if this is why my checks always bounce?

If you deposit cash anyway I'm sure your account will be „credited. „

An ad for a Disney movie screening and stage show at the El Capitan Theater in Hollywood mentioned that the show would feature:

the“mighty“ Wurlitzer pipe organ

Is it me, or do those quotes around „mighty“ serve to unwittingly malign the status and performance of their own vintage organ? Thank you, Disney. Perhaps old Walt himself once described that organ as „mighty“ and since then they've always had to refer to it that way.

Versuchen Sie sich selbst mit witzigen Kommentaren.

I saw this at a craft fair that was set up to raise money for the Kosovar refugees. The sign read:

All proceeds will go to „Kosovo"

On one of our comment cards, a customer wrote the following:

Laura and Joann are always so very professional and courteous „human being" type people.

Sign outside a gas station/mini-mart in Bloomington, IN:

„MILK" $1. 99

Saw this one on a freeway in Houston:

ROAD „WORK" AHEAD

The menu from The Tavern restaurant in Charlottesville, Virginia, informs patrons that:

All pancakes are served with „whipped" butter.

Sign at a newly remodeled grocery store:

If you need help finding something, one of our „friendly" associates will be happy to help you.

Sticker on the side of a diving board:

Check depth before „you" dive.

My company sent this email:

Last night we were announced as „The Winner" of the 1999 Champions Program sponsored by the local Women's Political Caucus. The award's purpose is „Honoring Workplaces that Work for Women ." Big thanks go to ABC department director, who did „all the work" and her staff.

Seen on a sign outside of a grocery store:

„fresh" fruit

I found the following quotation marks in a card shop in Marylebone Station in London:

Only „2" children allowed in the shop at any time.

Here's one that got my stomach churning. Seen in a grocery flyer in Charlotte, NC, the bold proclamation:

„Save Big" on „Fresh Meats"!!

SALE CIGAR'S 19 BRAND'S

BUY ONE GET ONE „FREE"

Sign outside a restaurant in Fort Meyers, Florida:

The „Fish" Monger

Sign in the produce department of a grocery store:

Please ring „bell" for service.

There's a sign in my office that says:

DOOR IS LOCKED!

„PLEASE KNOCK"

A brochure for an Estee Lauder self tanning product claims that:

in about an hour, your skin will turn a natural, healthy looking „tan. „

A hand-lettered sign in the window of The Hofbrau on Telegraph Avenue in Oakland, CA advertises:

„pork" burritos.

On the cover of the folder in which the schedules are kept at work, one of the managers wrote:

„Switches must be approved. „

Sign in restaurant in Jacksboro, TN lists the vegetables of the day:

Corn, fried potatoes, „peas" and green beans.

Seen on a bowling alley lounge door:

No One Under Age „21" Permitted

A local clinic advertised in the paper as follows:

„Prostate Screenings"

Saw this sign in a liquor store in suburban NJ years ago when I was a kid:

„New House" „For Sale"

Off a packet of English crisps (potato chips to you):

Seabrooks „crinkle cut" crisps – they're „more" than a „snack"!

Überprüfen Sie, wie gut die Erklärungen sind.
Bilden oder suchen Sie ein Beispiel für jedes Idiom.

Von dir lasse ich mir doch keinen Bären aufbinden.
   Redewendung aus der Jägersprache.
Ich fresse einen Besen, wenn das wahr ist.
   Natürlich wäre das eine schwierige Handlung und appetitlich wäre es auch nicht.
Das ist nicht mein Bier!
   Bier ist in dieser Wendung eine Volksetymologie zu Birne.
Das wird in die Binsen gehen.
   Die Redewendung kommt aus der Jägersprache: Die Wildente rettet sich in die Binsen.
mit jemandem unter einer Decke stecken
   Nach altem Eherecht sprangen die Eheleute unter Zeugen ins Bett und ...
jemandem einen Denkzettel verpassen
   Schon im Alten Testament wurden Bibelsprüche auf Pergamentstreifen geschrieben, die als Denkzettel aufgerollt in einem Kästchen mitgenommen wurden.
auf etwas erpicht sein
   Ursprünglich auf die Pechrute beim Vogelfang bezogen. Also festsitzen auf etwas.
in schlechtem Geruch stehen
   Geruch entstand aus Geruf. (Ähnlich auch Gerücht)
am Hungertuch nagen
   Nach alter Sitte fertigte man in der Fastenzeit ein Hungertuch.
Der Kelch ist an jemandem vorübergegangen.
   Redewendung nach der Bibel Matthäus 26, 39.
Das weiß der Kuckuck!
   Dem Kuckuck nachgesagt, er könne die Zukunft voraussagen.
sein Licht unter den Scheffel stellen
   Redewendung aus der Bibel Matthäus 5, 15.
bei mir ist's Matthäi am letzten
   Redewendung aus der evangelischen Kirchensprache
jemandem Paroli bieten
   Paroli ist ein italienischer Ausdruck für das französische Pharaospiel.
Konnte nicht über meinen Schatten springen
   Der Schatten Symbol der menschlichen Seele, kann sich nicht vom Körper zu lösen.
etwas aufs Tapet bringen
   Tapet war ursprünglich Wandteppich, später grüner Bezug der Sitzungstische.
sich verfranzen
   Franz wurden im Ersten Weltkrieg Flugzeugbeobachter genannt. Ja dann ...
ein Wolf im Schafspelz
   Redewendung nach der Bibel Matthäus 7, 15

Manche mögen Anführungszeichen über alles. Andere mögen sie eher nicht.

Wir alle kennen die Möglichkeiten, wie das Fenster in andere Texte getrübt werden kann. Es trübt sich vielleicht schon, wenn kein Redeverb da ist. Aber mehr schon in der indirekten Rede, in der der Quelltext ja umformuliert und sozusagen integriert wird in den Grundtext, wenngleich eine Quelle angegeben wird.

Zwar denken wir oft, es gebe klare Regeln für Umformulierungen zum Indirekten und das lernen wir auch in der Schule. Die Realität sieht aber leider oft anders aus.

Noch trüber wird das Fenster bei Reformulierungen:

> Schon in der Bibel heißt es: Wer aber unschuldig ist, der werfe den ersten Stein.

Man kann leicht nachprüfen, dass es so nicht geschrieben steht. Aber in dieser Sprache wurde das Wort Gottes auch sowieso nicht formuliert!

Nun noch eine weitere Trübung:

> Ich treffe im Regen einen Freund. Er will mich aufmuntern und sagt: „Morgen wird das Wetter besser. „

Woher weiß er das? Er hat vielleicht einen Wetterbericht wie diesen gelesen:

> Am Samstag wird ein Hoch über dem Atlantik uns erreichen.

Und er hat sich das zu eigen gemacht und sogar eine eigene Formulierung geboten. Damit hört das Anführungsspiel aber nicht auf. Der Autor des Wetterberichts hat sich das Ganze ja nicht aus den Fingern gesaugt. Er hat einen oder mehrere Texte reformuliert. Was er dazugetan hat, wissen wir nicht. So gehen auch Lexikographen vor, wie in „Linguistische Texttheorie" dargestellt.

Da gelangen Texte zu Objektivität und sedimentieren zur Wahrheit. Wir sind Zeugen (oder Opfer) von Weltkonstruktion. Da bekommt das Wort Anführung einen anderen Sinn. Wir sind es, die angeführt werden.

Hier lohnt sich eine kurze Reflexion über Wahrheit und Welt. Wenn wir selbst etwas sehen, wenn wir selbst bei einem Ereignis dabei sind, dann wissen wir, dass es das gibt, dass es passiert ist. Wenn wir so etwas erzählt bekommen, also nur (?) einen Text haben, dann können wir nur glauben, was uns erzählt wird. Wo waren wir aber wirklich dabei? Das allermeiste haben wir aus Erzählungen und Berichten, aus Texten eben. (Die vorgängige Welt mancher Textlinguisten ist in diesem Sinn nur eine naive Annahme, auf jeden Fall kein irgendwie geartetes Kriterium für die Anwendung auf Texte). Ist also Wahrheit (und Welt) nur subjektiver Glaube? Nein, entscheidend ist, dass genügend viele das glauben. Wenn Sie den Holocaust leugnen, dann gehören Sie einfach nicht mehr dazu.

Das Hörensagen hat eine grundlegende Funktion für die Vergangenheit. Denn sie hat keine unabhängige Existenz. Die Vergangenheit wird ständig neu geschaffen in unseren gemeinsamen Erzählungen und Berichten. Es gibt zwar nicht täglich große Veränderungen und erst recht nicht für alle. Aber über die Jahrhunderte ändert sich doch sehr viel. Wer sagt, das sei das Weltbild jener Zeit, das hätten die Menschen damals geglaubt, der distanziert sich zwar, aber leider nicht von sich selbst.

Ein Ratschlag

Vorsicht mit Darstellungen der Entwicklung anhand von Zitaten. Sie sind meist selektiv und im Sinne des Zitierers. Sie enden oft in Geschichtsklitterung.

Geflügelte Worte gelten öfter als Gemeingut: Sie werden kaum mit Anführungszeichen versehen und sicher oft auch fehlzitiert. Die Quelle ist vielen gar nicht bekannt. In Sammlungen wird sie aber meist genannt. Ein Beispiel hierfür ist aus Goethes Egmont:

> Freudvoll
> Und leidvoll,
> Gedankenvoll sein; langen und bangen
> in schwebender Pein,
> himmelhoch jauchzend, zum Tode betrübt;
> glücklich allein
> ist die Seele, die liebt.

Daraus haben es in Geflügelten Diskurs geschafft „hangen und bangen" und „zu Tode betrübt". Ein Netzfund, eher zufällig für die vielen Verwendungen.

> Hier bieten Sie auf das Buch Dolly großer Tag von Enid Blyton
> Schneider-Buch
> Schulabenteuer auf der Burg
> Die fünfte Klasse auf Burg Möwenfels soll eine Schulfeier allein bestreiten. Eine großartige Aufgabe! Die Mädchen sind begeistert. Dolly schreibt ein Theaterstück. Mit Hangen und Bangen liest sie es der Klasse vor. Und dann folgen arbeitsreiche, sorgenvolle Wochen.

Duden hat natürlich Recht, wenn er den Spruch in landläufiger Form aufführte, denn so gehört er auch zur deutschen Sprache und hat seine eigene Verwendung.
Was die mit der Goethischen zu tun hat, wäre zu eruieren.
Ein anderes Beispiel:

Ist der Ruf erst ruiniert,
Lebt es sich ganz ungeniert.

Hier sind Quelle wie Wortlaut ein Problem. Nach Büchmann wird als Quelle oft Wilhelm Busch oder Bert Brecht angeführt. Tatsächlich sei es aber Werner Kroll und laute:

Ist der Ruf erst ruiniert,
Lebste nachher ungeniert.

Übernommene Sentenzen müssen im Text auch passen. Oft sind sie vielleicht rätselhaft:
Was will uns jemand sagen mit der Sentenz *panta rhei*?

- □ Die Welt ist ständig im Fluss.
- □ Alles ist veränderlich.

Und was jemand mit: *oppure si muove*?

- □ Wir müssen zu unseren Erkenntnissen stehen.
- □ Ich kann auch Italienisch.

In einem Buch lesen Sie:

Danach hat X ein Buch geschrieben über „die Leiden des jungen Werther".

Recherchieren Sie den Titel, wenn Sie wissen wollen, womit hier gespielt ist.

Erkennen Sie die Anspielungen? Recherchieren Sie die Urquellen.

Mondgedicht

. . , -

Fertig ist das Mondgedicht

Robert Gernhardt

http://www.ceryx.de/literatur/gernhardt_robert.htm

Wilhelm Busch

Die Teilung

Es hat einmal, so wird gesagt,
Der Löwe mit dem Wolf gejagt.
Da haben sie vereint erlegt
Ein Wildschwein, stark und gut gepflegt.

Doch als es ans Verteilen ging,
Dünkt das dem Wolf ein misslich Ding.

Das Busch-Gedicht hat etwas zu tun mit dem Löwenanteil.
Können Sie recherchieren, wie *Löwenanteil* verwendet wird und was daran eigenartig ist? Kuckma hier Seite 40.
Ist der Löwenanteil groß oder klein? Ist es gut, wenn man ihn bekommt?

Auf was oder auf wen spielen hier die Autoren an?

Vorwort
All dies sind auch Gründe dafür, dass Sie kein systematisches Buch bekommen. Sie bekommen eher – würde ich sagen, wenn ich nicht Scheu hätte, als Trittbrettfahrer eines Berühmten zu erscheinen – ein Album, eine Art Reisealbum, das auch durch die Lebensreise des Verfassers mitbestimmt ist.

Stehen vier Kühe auf der Weide.
Sagt die eine: „Muh"
Sagt die zweite: „Muh Muh"
Sagt die dritte: „Muh Muh Muh"
Sagt die vierte: „Ihr habt wohl auch nur das eine im Kopf, was?"

Die Bibel ist die tollste Quelle für das Intertextuelle.

> Hillary Clinton has been under fire for some photographs that have surfaced of her partying the night away in a Colombian nightclub with friends. Hillary was really getting down, dancing with her hands in the air. She had ditched her conservative look and really let her hair down. She ditched her typical two-piece business suit for a casual black dress and was photographed enjoying a beer. The Secretary of State was obviously enjoying herself, but many in the media are quick to cast stones and say that there was something wrong with Hillary enjoying a night on the town.
> (http://commonsenseconspiracy. com/2012/04/hillary-clinton-parties-at-colombian-nightclub-who-casts-the-first-stone/)

> Sheen resembles a startled gosling that's just crawled out of Charles Bukowski's left nostril or a haunted scarecrow from a Stephen King story. His smile looks like the broken zip from hell. Does this pass for „better" in Hollywood these days?
> I thought: „I should feel sympathy for him" (let (s)he who casts the first stone, etc). Despite being a multimillionaire, Sheen is clearly a sick idiot, who views sex and celebrity as an extreme sport.

Wohin gehört das?

- **Wie lautet die Redensart auf Deutsch?**
- **Wie wird sie verwendet?**

Noch etwas zum Raten und Formulieren.

In den Texten von U2 haben Kenner viele Anspielungen auf die Bibel gefunden.

Die Quellen habe ich hier verwürfelt.

A city should be shining on a hill	2. Buch der Könige 9:33
A new heart is what I need/Oh God, make it bleed	Lukas 10:18
A place that has to be believed to be seen	An die Philipper 2:9-10
After the flood all the colours came out	Matthäus 16:19
Between the horses of love and lust we are trampled underfoot	Johannes 4:16
But you tore a hole in space like a dark star falls from grace	Johannes 14:2
Every knee not ready to bend	Psalm 55:8
Gave me the keys to his kingdom coming	Johannes 14: 4-6
God is love	Lukas 12:4
He said 'I have many mansions/And there are many rooms to see'	1. Korinther 13:13
He'll be your shelter from the storm	1. Korinther 13:1
Home - I can't say where it is, but I know I'm going	Matthäus 15:21-27
I am not afraid of anything in this world	Lukas 9:24-25
I can stand up for hope, faith, love	Ruth 1:16
I have spoken with the tongue of angels	Johannes 3:3
I would believe if I was able/I'm waiting on the crumbs from your table	Epheser 4:14
If I wanna live I gotta die to myself someday	1. Thessaloniker 5:2
If you walk away walk away I will follow	An die Kolosser 2:10
I'm born again and again and again...	2. Korinther 12:7
In a little while, I won't be blown by every breeze...	Psalm 23
Like a thief in the night	Genesis 4:10
Only in you I'm complete	Jesaiah 25:4
See the thorn twist in your side	Matthäus 5:14
Yea though I walk through the valley of the shadow/Yet I will fear no evil	Hezekiel 36:26
You know his blood still cries from the ground	Johannes 11:40
You were my shelter and my shade	Genesis 9:12-13

Überprüfen Sie, wie weit Sie die Ansichten teilen.
(Ich habe es Ihnen allerdings nicht so ganz schwer gemacht.
Fangen Sie links oben an und nutzen Sie als Quelle unten rechts.)

- **Ist es eine Anspielung?**
- **Ist es eher Allgemeingut geworden?**
- **Wie ist die Anspielung formuliert?**
- **Wie eng ist die Anspielung?**

Und wenn wir schon bei Märchen und Anspielungen sind: Der folgende Text ist ein Transkript eines Liedtextes. Entscheidende Stellen sind hervorgehoben.

- **Wie ist das gemacht?**
- **Transkribieren Sie den Text in Normalsprache.**
- **Ist das eine Anspielung.**

Willy Astor
Rauchermärchen
Es war einmal vor vielen, vielen Jahren, in einem fernen, fernen Land, man nannte es jenseits von Attika. An einem schönen Sommermorgen beschloß Johannes, ein Meister des Roulettes, seine Freunde durften auch JOHANN PLAYER sagen, einen Ausflug in die Wüste zu machen.
Johann Player, ein überaus vornehmer Mann, war eine englische Adelsgröße aus dem Hause KINGSIZE, so eine Art LORD.
An diesem Morgen war der LORD EXTRA früh aufgestanden sattelte sein Lastentier und ritt los. Er war schon zwei Stunden unterwegs, da passierte es. Weil es ihm zu langsam ging, peitschte er auf sein Lastentier ein und forderte MERITT. Und plötzlich, sein CAMEL fiel TEERmaßen über einen Stein und der LORD in hohem Bogen in den glühenden STUYWESAND.
Das CAMEL war so erschöpft und zu keinem weiteren Schritt mehr im Stande. Hatte es doch schon bei der letzten ERNTE 23 Kilo abgenommen. Der LORD aber stand jetzt nicht nur dumm da, er stand DAVIDOFF. Doch er dachte sich: "Hilf dir selbst, DUNNHILLft dir Gott".
Und er machte sich auf den Weg. Zu seinem Glück dauerte es nicht lange, bis er auf eine fruchtige GAULOISE traf. Am großen Erfrischungswasserloch bemerkte er ein wunderschönes Mädchen, Tochter eines dampfenden ROTHäNDLErs. Sofort verliebte er sich in sie und sagte: "Ich HB dich lieb". Der Gedanke die Frau eines LORDs zu sein gefiel ihr. Es war richtig MARLBOROmantisch. Am Anfang wollte sie nur schmusen aber R6. Doch es blieb ihr keine andeREVAL. Und er dachte sich: "Was mach ich jetzt, wenn mein LUCKY STRIKEt".
Und so hatten sie bald zwei Kinder. Die hörten auf die Namen NIKO und TINA. Alle lebten glücklich bis ans Ende ihrer Tage und WINDSOR nicht gestorben sind, dann rauchen Sie noch heute.

Versuchen Sie selbst mal so etwas mit einem Märchen.

Ist das eigentlich schon eine Parodie?

San Francisco (dpa) – Himmelhoch jauchzend, zu Tode betrübt: Twitter hat Anleger am Dienstagabend (Ortszeit) mit besser als erwartet ausgefallenen Quartalszahlen entzückt – doch dann folgte der Schock in Form von schwachem Nutzerwachstum und trübem Geschäftsausblick.

Redensarten können heikel werden.

Was passt hier schlecht?
Von daher ist es schon fast erstaunlich, dass von einstmals mehr als 5000 Teilnehmern immerhin noch 37 Benutzer übrig geblieben sind, für die das Kapitel am Ende dieses Monats nun auch definitiv zu Ende ist. Auch den Mimen flicht die Nachwelt keine Kränze.

Nachruf auf Gert Voss
„Dem Mimen flicht die Nachtwelt keine Kränze", sagt Schiller. Ein Dichter in seiner Klause hat halt manchmal doch keine Ahnung vom Theater. Voss brauchte den bestimmten Artikel, mit dem man in Wien die Schauspieler adelt, nicht. Er war nicht „der Voss", er war Voss, das genügte. Er war der unsympathischste Richard III. , den man sich denken konnte, keine Spur von Laurence Oliviers Liebenswürdigkeit, die Sigrid Löffler damals, 1987, zu Recht bei ihm vermisste. Wer Peymanns Inszenierung öfter sah, ahnte: Diese Aasigkeit war Absicht, dieser Richard war einer jener Lumpen, die in der Karriere wie bei den Frauen einfach mit purer Bösartigkeit und Terror punkten, weil das mehr Suggestivität entfaltet, als „Frauenversteher" zu sein.
Das gibt allerhand zu denken.

Leserbrief von Ingrid Fischbach, MdB zum WAZ Artikel „Bürokratiemonster wütet weiter" vom 23. 11. 2011
„Wohl dem, der frei von Schuld und Fehle", hat schon Friedrich Schiller im Jahre 1797 gewusst, bei der Umsetzung des Bildungspaketes an Herner Schulen wissen es alle Beteiligte ebenfalls ganz genau: „Super-GAU", „Bürokratiemonster" und „Chaos", mit Superlativen wird an dieser Stelle nicht gespart. Und wer soll schuld sein an der Misere? Ganz klar, natürlich der Bund.
Eher rätselhaft.

Adjektive können als Attribute vor dem Substantiv (die lustigen Kinder) stehen oder prädikativ (die Kinder sind lustig) verwendet werden.
Der langen Rede kurzer Sinn: Das Adjektiv bleibt im Englischen unverändert, wird nicht flektiert. Durchdächte man es noch genauer, würde man feststellen, dass es im Deutschen noch komplizierter ist, als hier beschrieben, da das Deutsche bei der Deklination weitere Unterscheidungen trifft. Steht vor dem Substantiv ein bestimmter Artikel heißt es zum Beispiel „des roten Mannes", steht aber ein unbestimmter Artikel, heißt es „eines roten Mannes". Wir sehen also auch hier, dass das Englische im Grunde einfach ist.
Woran denn?

Auch nicht schlecht.
Danke für den Tipp.
Habe alles probiert und auch den Fix ausgeführt. **Der langen Rede kurzer Sinn** – nix hat's gnutzt! :-(

„Die Limonade ist matt, wie deine Seele"
www. youtube. com/watch?v=i0lABOxnTKA

Jahrhundertelang genoß der deutsche Mann, machte er mal Pause oder wollte er nach Feierabend für wenige Groschen den Staub der Arbeit hinunterspülen, sein traditionelles Bier. Limonadengebräu galt als fades Weiber- und Kindergetränk. „Die Limonade ist matt wie deine Seele", ließ Schiller seinen Ferdinand in „Kabale und Liebe" ausrufen.
Spiegel 18/5/1965

Ein textlinguistisch doppelt interessanter Fall ist Gansel/ Jürgens 2009 (übrigens Neuauflage von 2007) und Gansel/ Jürgens 2008. Hier gibt es frappierende Übereinstimmungen, aber auch leichte Modifikationen (Retuschen?). Gansel/ Jürgens 2008 entspricht weitgehend Kapitel 2 aus Gansel/ Jürgens 2009. Der Plot der Darstellung ist identisch, der Text über weite Strecken. Wichtig wären die Modifikationen. Die Dezimalgliederung ist der neuen Plazierung angepasst, ebenso die Darstellungsform, äußerlich und didaktisch, auch der Ersatz von bullets durch arabische Zählung, neue Fettschreibungen. Mehr zu denken geben vielleicht Ersetzungen, etwa *Kohärenz* durch *Textkonstitution*. Ist das ein theoretischer Fortschritt? Oder wie ist es gedacht? Wie sind Weglassungen in Überschriften zu verstehen?

Natürlich ist so etwas für den Leser, der sich informieren will, ärgerlich. Aber er kann ja nach Kurzem das Buch aus der Hand legen. Für den Käufer wird es aber zu Mogelpackung. Darum ist auch Einiges vorgesehen, um sowas zu vermeiden. Ganz oben natürlich der Verlag und seine Redakteure. In diesem Fall aber – durchaus näher am Text – die Herausgeberin.

Hier bitte noch ein paar Zahlen für Textlein verschiedener Länge und die Kombinationen, die es hierfür gibt. Da kann man erkennen, dass für Texte dieser Länge Plagiate schwer zu ermitteln sein könnten.

Texte und Textsegmente könnte es nach der mathematischen Kombinatorik unglaublich viele geben. Eine Sprache mit 34 Phonemen wären nach der reinen Kombinatorik so viele Wörter von 10 Phonemen Länge möglich, dass EXCEL einen Overflow bekommt.

Element	**Anzahl**	**Länge**		
Phonem	30	7	Wörter	21. 870. 000. 000
Lexem	21. 870. 000. 000	13	Sätze	2, 6184E+134
Satz	2, 6184E+134	10	Texte	#ZAHL!

humanisiert

Element	**Anzahl**	**Länge**			
Phonem	30	7	Wörter	2. 000. 000	
Lexem	2. 000. 000	10	Sätze		1, 024E+63
Satz	11. 000. 000. 000	8	Texte		################### #

Dies sind Fundstücke zu Schillers Geflügelten Worten. Sie zeigen, dass der Art Intertextualität auch kritisch gesehen werden kann, vor allem wegen der Intertexter.

Gottfried Benn: „Wir befinden uns im Zeitalter der Aphorismen und Anthologien, […] man kann auch sagen im Zeitalter der Erleichterung der schweren Dinge.

Theodor Fontane: Wann wird die Welt einsehen, dass diese Schillerphrasen eine schillernde Seifenblase sind? Unerträglich sind mir in all diesen Stücken die Biederkeitsschwätzer.

Clemens Brentano: Sie würgen das Zeug aus Hoffart ungekaut hinunter; je gröber sich ihr Autor brocken läßt, je heftiger würgt sie der Bissen, und je größer ist der

Karl Kraus: „Wie sagt doch Schiller.. ." Alle jene, die so anfangen, wenn sie zur Quelle ihrer Banalität führen wollen, müssen erst vom Schauplatz des deutschen Geisteslebens weggeputzt werden.

Der zusammenfassende Spruch meidet oder negiert Komplexität, wird deswegen von allen verstanden und von vielen bejaht.

Funde aus Norberg 2013.
Jakob Norberg zitiert auch derartige Einschätzungen (2013, 75, 74):
Philister lieben Schiller, weil seine Texte knappe, abgesetzte Sätze beinhalten, die sich herausbrechen lassen. Das typische Schillerwerk ist voll von Sentenzen, also kurzen Formulierungen „allgemeiner Gedanken inmitten einer Dichtung", und leistet deswegen einem eher „kulinarischen" Zugang keinen Widerstand.
Als Stückeschreiber ist Schiller der Mann der Phrase. Das macht seinen Erfolg, die sprachliche Vereinfachung, der simple Spruch, wo jeder nickt und sagen kann: das stimmt […]

Diese Schreibe ist auszurotten mit Stumpf und Stil . . .
Unbekannt

11

Text und Stil

Zum Aufwärmen mal so 400 Komposita mit -*stil-*. Überlegen Sie zu jedem einzelnen, was es besagen könnte, in welchem Zusammenhang es wohl verwendet wird.
Hoffentlich finden Sie auch das Wortspielerische. Absicht oder Schreibfehler?

Akademiestil, Altersstil, Anfängerstil, Ankündigungsstil, Arbeitsstil, Argumentationsstil, Artikulationsstil, Astronautenstil, Aufführungsstil, Ausbildungsstil, Ausbreitungsstil, Ausdrucksstil, Bahnhofsstil, Balladenstil, Barockstil, Bauernstil, Bauhausstil, Bauklötzchenstil, Baustil, Bekenntnisstil, Bekleidungsstil, Bibelstil, Blousonstil, Boulevardstil, Briefstil, Bruststil, Bungalowstil, Bühnenstil, Camel Stil, Chorstil, Chronikenstil, Cocktailstil, Countrystil, Daseinsstil, Debattenstil, Dekorationsstil, Denkstil, Dirigierstil, Diskussionsstil, Eigenstil, Einheitsstil, Einrichtungsstil, Entwicklungsstil, Erzählstil, Erziehungsstil, Expeditionsstil, Fahrstil, Figuralstil, Formenstil, Fragestil, Freistil, Freskostil, Führungsstil, Gartenlaubenstil, Gaucho Stil, Gesamtstil, Gesangsstil, Geschäftsstil, Geschmacksstil, Gesellschaftsstil, Gluckstil, Groteskstil, Hackstil, Hauptstadtstil, Hauruck Führungsstil, Hauruckstil, Herrschaftsstil, Höhenstil, Hüttenstil, Individualstil, Inszenierungsstil, Interpretationsstil, Interviewstil, James Bond Stil, Journalismusstil, Jugendstil, Jugendstil, Kaiserstil, Kammermusikstil, Kanzleistil, Kindertrompetenstil, Kirchenstil, Klangflächenstil, Klavierstil, Kolonialstil, Kommandostil, Kommunikationsstil, Kompositionsstil, Konfrontationsstil, Konzertierstil, Korrespondenzstil, Kostümstil, Krakelstil, Kraulstil, Kunststil, Kurialstil, Landesstil, Landhausstil, Landserstil, Lapidarstil, Laufstil, Lebensstil, Lebensstil, Lehrstil, Leitartikelstil, Leitungsstil, Liebesstil, Lustspielstil, Lutherstil, Maisonettestil, Malstil, Managementstil, Marinestil, Marionettenstil, Meisterstil, Mitmach Lebensstil, Monochromstil, Märchenstil, Muldenfaltenstil, Musikstil, Musizierstil, Nachkriegsstil, Nationalstil, Nazistil, Nominalstil, Operettenstil, Optimalstil, Orakelstil, Oratorienstil, Orchesterstil, Pagodenstil, Pappenstil, Parlamentsstil, Pavillonstil, Persönlichkeitsstil, Personalstil, Plattenbaustil, Pointenstil, Politikstil, Prachtstil, Professorenstil, Propagandastil, Prosastil, Protokollstil, Prunkstil, Rapportstil, Recitativstil, Redestil, Referatstil, Regierungsstil, Regiestil, Reichsstil, Reifestil, Reitstil, Reliefstil, Renaissancestil, Reportagestil, Romanstil, Rossini Gesangsstil, Rucksackstil, Satirestil, Schandstil, Schauspielstil, Scherenstil, Schinkelstil, Schlossherrenstil, Schmetterlingsstil, Schreibstil, Schwarzwaldstil, Schwimmstil, Seltsamkeitsstil, Sezessionsstil, Sprachstil, Sprechstil, Sprungstil, Spätstil, Steinbaukastenstil, Stenogrammstil, Stil, Tanzstil, Tapetenstil, Tastenstil, Telegrammstil, Toskanastil, Trachtenstil, Tropenstil, Tudorstil, Tugendstil, Und-Stil, Unerbittlichkeitsstil, Unionsstil, Unterhaltungsstil, Unterrichtsstil, Uraltstil, Urlaubsstil, Verhandlungsstil, Verlautbarungsstil, Videostil, Villenstil, Violinkonzertstil, Vokalstil, Vorlesungsstil, Vortragsstil, Väterstil, Wagnerstil, Wahlkampfstil, Weinbrennerstil, Weltraumstil, Werbestil, Westernstil, Wohnstil, Zeichenstil, Zeitstil, Zeitungsstil, Zopfstil, Zuckerbäckerstil, Zukunftsstil

Stil-Bezeichnungen, Stil-Etikettierungen, Stil-Festlegung, Stil-Geschichte, Stil-Ideal, Stil-Imitationen, Stil-Lagen, Stil-Leben, Stil-Vermischung, Stil-Wurstigkeit, Stilabfolgen, Stilanalyse, Stilanalytiker, Stilanregungen, Stilart, Stilarten, Stilausdruck, Stilbegriff, Stilbegriffe, Stilberaterinnen, Stilberatung, Stilbereich, Stilbereiche, Zielbewusstsein, Stilbeziehungen, Stilbezogenheit, Stilbildung, Stilblüte, Stilbruch, Stilcharakter, Stildenken, Stildiktat, Stile, Stilebenen, Stileigenart, Stileigentümlichkeiten, Stileinheit, Stilelement, Stilempfinden, Stilentwicklungen, Stilepochen, Stilergänzungen, Stilexperimente, Stilfehler, Stilfesseln, Stilfibel, Stilfigur, Stilform, Stilformen, Stilforschung, Stilfrage, Stilfusionen, Stilgattungen, Stilgefühl, Stilgemenge, Stilgemisch, Stilgeschichte, Stilgrenzen, Stilgruppen, Stilhaltungen, Stilisieren, Stilisierung, Stilisierungsgrad, Stilist, Stilisten, Stilistik, Stilistiker, Stilistin, Stilistisch, Stilistische, Stilkonglomeraten, Stilkonzept, , Stilkopien, Stilkriterien, Stilkritik, Stilkultur, Stilkunde, Stilkünstler, Stillosigkeit, Stilmasken, Stilmöbel, Stilmerkmal, Stilmischmasch, Stilmischung, Stilmittel, Stilmix, Stilpluralismus, Stilprinzip, Stilprobleme, Stilregel, Stilreinheit, Stilrichtung, Stilrückgriffe, Stilschlampereien, Stilschöpfer, Stilsicherheit, Stilspezialisten, Stilstreit, Stilsuche, Stilsucher, Stilsynthese, Stilsünden, Stiltendenzen, Stilunterschied, Stilvergleich, Stilverschnitt, Stilvorgaben, Stilwandel, Stilwechsel, Stilwelt, Stilwidrigkeit, Stilwille, Stilzüge, Stilübung, Stilbungen, Stilformen, Stilphänomen, Stilräume, Stilvielfalt, Stilwechsel, Stilwillen

Hier ein paar Chunks zu *behandeln.*

und mussten [. . .] ambulant [. . .] behandelt werden
sich ungerecht [. . .] behandelt [. . .] fühlen
oft eher stiefmütterlich behandelt
Patient. . . behandelnden Arzt. . . Ärztin
Hinweise auf Wunsch streng vertraulich behandelt
Themen [. . .] behandelt werden
im Parlament [. . .] behandelt [. . .] wird
Themen die im Unterricht [. . .] behandelt werden. . .
Themen [. . .] ausführlicher behandelt
das Thema [. . .] ausführlich [. . .] behandelt
das Thema [. . .] erschöpfend behandelt

Und typische Adjektive zur Stilbeurteilung:

eigen, eigenwillig, individuell, persönlich, treu, typisch, unverwechselbar
abstrakt, aggressiv, autoritär, elegant, expressiv, kraftvoll, lakonisch, mies, miserabel, nüchtern, offensiv, sachlich, schlecht, schlicht, unkonventionell

Schließlich noch ein paar Netzfunde. Sind sie gute Beispiele für das Gleiche in anderen Worten sagen?

Lateinisch:
in medias res
Deutsch:
Mitten in die Dinge hinein
Schwäbisch:
scho drenn.

Lateinisch:
tempora mutantur
Deutsch:
Die Zeiten ändern sich
Schwäbisch:
s' isch oifach nemme des

Lateinisch:
mens sana in corpore sano
Deutsch:
Ein gesunder Geist in einem gesunden Körper
Schwäbisch:
wer schafft isch g'sond – on wer g'sond isch, schafft

Lateinisch:
si tacuisses, philosophus mansisses
Deutsch:
Hättest Du geschwiegen, wärest Du ein Philosoph geblieben
Schwäbisch:
wenn de dei Gosch g'halde heddsch,
no hedd koi Sau gmergt, dass'd bled bisch

Lateinisch:
Arotio pro domo
Deutsch:
Reden in eigener Sache
Schwäbisch:
kosch mer hondert Mark leiha?

Dies sind Texte in Amtsdeutsch und gefaktem Amtsdeutsch. Ermitteln Sie die Eigenheiten.

Amtsdeutsch
Nach Art. 6 Abs. 2 GG sind Pflege und Erziehung der Kinder das natürliche Recht der Eltern und die zuvörderst ihnen obliegende Pflicht. Über ihre Betätigung wacht die staatliche Gemeinschaft. Damit ist das Elternrecht hinsichtlich Pflege und Erziehung gesichert und eine staatliche Gemeinschaftserziehung abgelehnt. Nach dem fortgeltenden Reichsgesetz über die religiöse Kindererziehung vom 15. 7. 1921 entscheidet über diese die freie Einigung der Eltern. Mangels einer solchen greift das BGB ein.
O. Model/C. C. Creifelds

Nachgeahmtes Amtsdeutsch
Nach Beendigung der Hausaufgaben ist zuvörderst der Einkauf für unseren Bedarf an Lebensmitteln zu tätigen. Hinsichtlich der Tatsache, dass ich nach Erledigung solcher Tätigkeiten über ein Recht auf Freiheit verfüge, ist mir von seiten meiner Eltern kein Widerspruch bekannt. Über eine festgelegte Grenze hinaus bin ich zu meinem Bedauern mangels Alters nicht imstande, mich außerhalb des Hauses zu bewegen.
M. Rauschenberg

Das Kind wird davor geschützt, dass es vernachlässigt, ausgenutzt und grausam behandelt wird. Erst wenn das Kind ein Mindestalter erreicht hat, wird es zur Arbeit zugelassen. Es wird nie dazu gezwungen, einen Beruf oder eine Tätigkeit auszuüben, die ihm schaden könnten. Wenn ein Kind körperlich oder geistig behindert ist, erhält es die Behandlung, Erziehung und Fürsorge, die sein Zustand und seine Lage erfordern.	Das Kind wird vor Vernachlässigung, Ausnutzung und Grausamkeit geschützt. Erst nach Erreichen eines Mindestalters wird es zur Arbeit zugelassen. Es wird nie zu einem schädlichen Beruf oder einer schädlichen Tätigkeit gezwungen. Ein geistig oder körperlich behindertes Kind erhält die erforderliche Behandlung, Erziehung und Fürsorge.

Ein sprachkritische Erörterung der Problematik der Agensauslassung, die in der öffentlichen Sprache häufig gepflegt wird.

Ein auffälliges Exempel, wie der Urheber einer Aktion ins Dunkel getaucht bleiben kann, bot eine Artikelüberschrift in einer Zeitung: „Erhöhen sich die Krankenhaussätze schon wieder?" Das Verbum „erhöhen" tritt transitiv auf und reflexiv. Wenn reflexiv, dann jedoch nur zur Bezeichnung der Aktivität eines Menschen (vgl. Matth. 23, 12; Luk. 14, 11). Dass in der „Ausblendung" des Urhebers eine Methode liegt, zeigen Untertitel und der folgende Text: „Sie sollen um rund 10 Prozent steigen. – Hamburgs Krankenhäuser werden voraussichtlich wieder teurer. Die Pflegesätze der einzelnen Klassen sollen sich um etwa acht bis zehn Prozent erhöhen." (Jetzt die erste Erwähnung des Verantwortlichen:) „Der Senat muss den Plänen der Gesundheitsbehörde noch seine Zustimmung geben." Selbst hier wird die Verantwortung vornehmlich noch „den Plänen" zuerkannt, während wiederum die für diese Verantwortlichen bescheiden in dem Genitiv erwähnt sind, und der nächst der Gesundheitsbehörde Verantwortliche gibt lediglich deren „Plänen" seine Zustimmung.

In der Tat ist es vor allem die Sprache der Politik, worin die fraglichen Manipulationen im Übermaß gedeihen. Aus Willy Brandts Regierungserklärung (1973): (Ohne Subjekt:) „Im Zusammenhang mit dem Haushalt 1973 wird über manche Einzelheit unserer Politik im Innern zu sprechen sein, die . . ." „Im Alltag muss durchgesetzt werden, dass die Verursacher von Umweltschäden die Kosten für die Beseitigung zu tragen haben." (Appell an Unbestimmt?) (Abstrakta + Reflexivverb:) „Im Nahen Osten. . . schleppt sich noch immer ein Konflikt fort, der . . ." „Das Werk der europäischen Einigung kann sich nur durch freundschaftliche Verbundenheit der beteiligten Völker vollziehen ." „Das Recht auf Geborgenheit und das Recht, frei atmen zu können, muss sich gegen die Maßlosigkeit der technischen Entwicklung behaupten . . ." „Über das Berlin-Abkommen hinaus . . . beginnen sich Verbesserungen im Verhältnis zwischen den beiden Staaten abzuzeichnen." (Abstrakta als Subjekte:) „Die Regelung der staatlichen Beziehungen muss bei der Lösung der menschlichen Probleme helfen, die . . ." „Nur der lange und mühsame Weg vom Nebeneinander zum Miteinander der beiden Staaten bietet der Nation ihre Chance." „Die Lage der Nation und das Verhältnis zwischen den beiden Staaten in Deutschland werden uns in diesem Haus auch künftig regelmäßig beschäftigen." (Auch eine – politische – Fiktion: „in Deutschland".) „Fortschritte auf dem Weg zu einer europäischen Gemeinschaft . . . können nur gelingen, wenn . . ." „Der schwierige Prozess des Hineinwachsens in den Gemeinsamen Markt hat . . . den nationalen Entscheidungsraum schon jetzt erheblich eingeschränkt." „Die erschreckende Zahl der Verkehrstoten und -verletzten macht es notwendig, dass . . ."

Beutin, Wolfgang (1976): Sprachkritik – Stilkritik. Eine Einführung. Stuttgart, 110-111

Ein kurzes Wort zum Personalstil.

Es gibt eine lange abendländische Tradition, einen engen Zusammenhang zu sehen zwischen Stil und Person, den Stil, den jemand schreibt, als Teil seiner Person zu verstehen. „Le style c'est l'homme même ." Dies ist die oft so zitierte Formulierung, die Buffon dieser Ansicht 1753 in seiner Antrittsrede vor der Académie Française gegeben hat.
So kontextlos, wie der Ausspruch verwendet wird, lässt er allerdings Raum für Ausdeutungen und gestattet so den verschiedensten Ansätzen, ihn als Slogan oder Fahnenwort für sich zu reklamieren. Für Buffon ging es weniger um eine moralische Beurteilung als vielmehr ganz im Zuge der clarté um den Zusammenhang von klarem Denken und klarem Schreiben (der übrigens bis auf Horaz zurückgeht: „Scribendi recte sapere est et principium et fons" [Gut schreiben können ist Anfang und Grund] (Horaz 1989, v. 309). Denn:
. . . gut schreiben heißt gut denken zugleich
Und es ging Buffon um das reflektierte Schreiben. Denn, so wird resümiert: "Spontaneität ist immer eine Schwäche."
Die Idee, dass am Stil die Qualität des Denkens zu erkennen sei, ist hinwiederum alt. Wir finden sie schon bei Horaz und oft später.
Während es in der Buffon-Tradition darum ging, preisend die großen Könner und Geister zu ehren, könnte eine andere Tradition eher kritisch orientiert sein. Diese Tradition ist verbunden mit dem „Sprich, dass ich dich sehe!", das Sokrates jeweils zu Neuankömmlingen gesagt haben soll. Hier wäre dann eher ein ganzheitlicher Aspekt im Blickfeld, da es ja nicht nur um Stil ginge. Allerdings wurde Sokrates' Spruch weitgehend trivialisiert und dient heute eher der Werbung für Sprecherziehung.

Gewöhnlich wird Buffon als Beginn einer radikalen Auffassung vom Individualstil, dem idiotischen Stil gesehen. So sah man im frühen 19. Jahrhundert im Stil einen direkten Abdruck des Individuums, sein sprachliches Spiegelbild. Für Hegel ist der Stil „überhaupt die Eigenthümlichkeit des Subjekts, welche sich in seiner Ausdrucksweise, der Art seiner Wendungen u. s. f. vollständig zu erkennen giebt" (Hegel 1964, 394).

Selbstverständlich kann man unter den vielfältigen Buffon-Rezeptionen auch eine etablieren, die einen detaillierteren Zusammenhang des Stils mit einer Persönlichkeit herstellt. Eine solche Konzeption kann sich nicht begnügen mit rhetorisch orientierten Stilniveaus oder mit globalen Stilbeschreibungen wie emphatischer Stil, bürokratischer Stil, aggressiver Stil oder kooperativer Stil. Der Stil eines Menschen oder eines Textes ist eine detaillierte Ganzheit, kommunikativ entstanden und kommunikativ wirksam.

(Dies sind Adaptationen aus Heringer (2009): Stil und Moral. Style and ethics, in: Fix, Ulla/ Gardt, Andreas/ Knape, Joachim: Rhetorik und Stilistik, Band 2 (= HSK) Berlin, 1158–1177)

Für jedes wie auch für das wissenschaftliche Schreiben gilt: Nicht zu viel und nicht zu wenig! Was aber zu viel und was zu wenig wäre, ist problematisch. Es ist vielleicht auch eine Frage des persönlichen Stils. Aber es wird auch wahrgenommen. Für mich sind auffällig alles Durchgestrichene und das Meiste davon würde ich gerne weglassen. Und die *bzw.* würde ich durch *oder* ersetzen.

Aus ~~den in 2. 2. thesenartig dargestellten~~ allgemeinen Prinzipien sprachlicher Tätigkeit kann ~~zunächst~~ gefolgert werden, daß ein Sprecher, der einen Text produziert, ~~eine spezifische Tätigkeit ausführt, daß er~~ sprachlich handelt. Daß es sich dabei um eine bewußte, willensmäßig ~~gesteuerte~~ Tätigkeit handelt, die die gleichen kategorialen Eigenschaften besitzt wie jede andere Tätigkeit des Menschen ~~auch~~, ist heute in ~~der Tätigkeitstheorie sowie der Psycholinguistik der Textverarbeitung~~ unbestritten. Trotz des ~~außerordentlich bedeutsamen~~ Stellenwertes, den dieses ~~tätigkeitstheoretische~~ Axiom für eine Modellierung von Prozessen der Textproduktion und auch der Textinterpretation besitzt, muß jedoch betont werden, daß die Kategorie der sprachlichen Tätigkeit nur dann eine erklärende Funktion bekommt, wenn sie eine gegenstandsspezifische Interpretation erfährt. Mit anderen Worten: Textproduktion und ~~auch~~ Textinterpretation müssen als strukturell gegliederte Tätigkeiten verstanden werden und ~~jeweils~~ eine gegenstandsspezifische Interpretation erfahren. Auf dieses methodologische Postulat ~~einer tätigkeits- bzw. handlungsorientierten Sprachbetrachtung~~ hat JUDIN (1984) hingewiesen. Unter Bezugnahme auf allgemeine tätigkeitsorientierte Aspekte sowie auf Forschungsergebnisse der kognitiven Psychologie kann davon ausgegangen werden, daß ein Sprecher, der einen Text produziert, damit ~~stets eine Absicht,~~ einen sozialen Zweck verfolgt, der durch ~~eine Information aus der Umwelt bzw.~~ durch das Bewußtwerden eines Bedürfnisses ausgelöst wird. So kann z. B. ein Sprecher einen Text produzieren, um einem Adressaten ~~bestimmte~~ Informationen zu übermitteln bzw. von diesem bestimmte **Informationen zu erhalten, um einen Adressaten zum ~~praktischen~~ Handeln zu veranlassen ~~bzw.~~ zur Ausführung einer Tätigkeit zu motivieren. (Heinemann / Viehweger 1991, 88)**

Wie beurteilen Sie die lexikalischen Unterschiede der beiden Artikel? Die Daten: Storrer, Angelika: ZGL (2004), 274-292; Willkop, Eva-Maria: GfL Journal (2003), 84-110

Rang	Storrer	Rang	Willkop
1	wird	1	oder
2	kann	2	Präteritum
3	zwischen	3	Textlinguistik
4	von	4	wird
5	für	5	kann
6	und	6	Lernenden
7	auf	7	auch
8	in	8	und
9	sich	9	als
10	Links	10	sich
11	Modell	11	mit
12	die	12	für
13	Nutzer	13	Texte
14	durch	14	Perfekt
15	bei	15	nicht
16	Module	16	in
17	werden	17	wie
18	als	18	zu
19	Abschnitt	19	Tempora
20	Text	20	auf
21	das	21	dass
22	oder	22	Text
23	Sie	23	die
24	zu	24	im
25	dass	25	sie
26	sie	26	von
27	wie	27	das
28	Abfolge	28	ist
29	auch	29	hier
30	thematisch	30	man
31	mit	31	Anwendungsorientierte
32	Modul	32	eine
33	ist	33	aber
34	Repräsentation	34	werden
35	im	35	textlinguistische
36	dabei	36	bei
37	Texte	37	nur
38	Texten	38	etc
39	thematischen	39	eher
40	Zusammenhang	40	Unterricht
41	Moduls	41	es
42	Autor	42	Texten
43	Diskussion	43	um
44	sog	44	Beschreibung
45	kognitive	45	Analyse
46	explizit	46	linguistische
47	globalen	47	an
48	mentale	48	Lehrwerken
49	Modulen	49	Fremdsprachenunterricht
50	wurden	50	Grundstufe
51	Strategien	51	durch
52	es	52	also
53	Annahme	53	Bedeutung
54	aus	54	mehr
55	können	55	Vergleich
56	Schemata	56	Unterschiede
57	empirisch	57	meist
58	also	58	Bereich
59	Verständnis	59	schon
60	um	60	nach
61	nicht	61	durchaus
62	besteht	62	gemacht
63	Modelle	63	zumindest
64	bislang	64	lässt
65	mentales	65	über
66	über	66	insbesondere
67	Repräsentationen	67	Druck
68	welche	68	dann
69	Ansatz	69	ein
70	an	70	sondern
71	Planung	71	wenn
72	benötigt	72	anderen
73	sind	73	Anzeigen
74	thematische	74	bestimmte
75	vom	75	Beispiel
76	deshalb	76	können
77	Textaufbau	77	Referenz
78	linear	78	typische
79	Ausdruck	79	so
80	Kap	80	Kontext

Was man stilistisch so aus Kussformeln machen kann, sehen Sie hier. Sie werden bestimmte Vorstellungen entwickeln, was diese Schreiber wollten und wie sie sich präsentieren und definieren.

Also, dann schöne Weihnachten mit Küssen aus dem Asta
Ansonsten einen lieben Kuss uns alles Gute
Antifaschistische Küsse
Bis dahin verbleiben wir herzlichst ...
Bis nächste Woche, sommerliche Küsse,
Denn man tau
Einen erfolgreichen Start ins neue Semester wünscht Euch
Fröhliche Weihnachten und ein Prosit Neujahr wünscht Euch ...
Küsse aus'm Herz von dat Ruhrgebiet!
In der Hoffnung auf Unterstützung unseres Anliegens verbleibe ich mit freundlichen Küssen
In der Hoffnung, auf ein Demokratieverständnis zu stoßen
In Erwartung Ihrer Teilnahme grüßt Sie
Liebe Küsse!
Mit allen Nettigkeiten,
Mit bestem Dank für Ihre Unterstützung und freundlichem Kuss
Mit bestem Dank und lieben Küssen
Mit besten Wünschen für's neue Jahr grüßt Euch
Mit der Bitte um Unterstützung verbleibe ich mit freundlichen Küssen
Mit feministischen Küssen
Mit freundlichem rot-schwarz-grün-gelb-lila-blau-pink-türkisenem Kuss
Mit freundlichen Küssen
Mit freundlichen und ebenso roten Küssen
Mit friedlichen Küssen
Mit herzlichen Küssen
Mit kollegialen Küssen
Mit lieben Küssen
Mit ökologischen Küssen
Mit roten Küssen
Mit schönen AdventsKüssen
Mit solidarischen Küssen
Mit solidarischen Küssen, ganz herzallerliebst
Mit solidarischen Küssen und den besten Wünschen für die Ferien
Mit solidarischen und kämpferischen Küssen
Mit sonnigen Küssen,
Mit sozialistischen Küssen
Mit trotzdem freundlichen, roten Küssen
Mit vielen Küssen
Mit zornigen, aber hoffnungsvollen Küssen
Tschüss
Vielen Dank im Voraus
Vielen Dank für Eure Mitarbeit ...
Viel Spaß beim Lesen und Diskutieren!
Viel Spaß in der O-Woche wünscht Euch
Viele Küsse von Maria!!!
Wir freuen uns auf Euch

Kreativ modifiziert?
Lütten-Gödecke/ Zillig, Werner (Hgg.) (1994): „Mit freundlichen Grüßen". Münster, Seite 232

Sich groß machen und sich klein machen: Das hedging ist eine Art sich klein zu machen. Es wird nicht von allen geschätzt. Weder von allen Produzenten noch von allen Rezipienten.
Hedgende Wirkung haben etwa Abtönungspartikeln.

Solche Partikeln sind gesprächs- und partnerbezogen. Sie appellieren an den Partner und machen starken Gebrauch von seinem Wissen. Dem hedging können die folgenden dienen.

- Abtönungspartikeln wie *wohl, doch, eben, halt, denn* tönen den Wahrheitsanspruch ab und appellieren an den Partner:

Er kommt wohl nicht.	(Vermutung)
Er kommt halt nicht.	(Resignierend)
Komm doch her!	(Bitte)
Er kommt eben nicht.	(Resignierend)

Dies ist schon oder eben was Anderes:

> Ich bin für diese Stellung ausgezeichnet geeignet, weil ich mich seit meiner Jugend intensivst mit Elektronik befasse. Schon während meiner Schulzeit erwarb ich mir größte Erfahrungen als Programmierer, da ich sehr, sehr lange als Computerbeauftragter tätig war. Vor allem die äußerst fruchtbare Zusammenarbeit mit meinen Lehrern war für mich stets besonders förderlich. Auch in der späteren Ausbildung als Systemanalytiker war ich höchst erfolgreich. Hervorragend betreut wurde ich da vor allem von Herrn Cornelissen, der jetzt bei Ihnen tätig ist. Er könnte auch ein sehr fundiertes Zeugnis über meine Fähigkeiten ablegen, und insbesondere über mein großes Engagement in wirtschaftlichen Fragen. Insofern liegt mir die Stelle unheimlich am Herzen.

Gradadverbien wie *sehr, ziemlich, kaum, fast, beinahe, gar, überaus* dienen der feinen Abstufung und Graduierung. Meistens modifizieren sie Adjektive oder Adverbien:

Sie blieb sehr cool.
Sie blieb fast cool.
Sie blieb recht cool.
Sie blieb zu cool.

In der gleichen Funktion kommen auch graduierende Adjektive vor:

Sie blieb völlig cool.
Sie blieb äußerst cool.
Sie blieb wirklich cool.

Man kann die Gradadverbien nach ihrem Grad in Skalen einteilen:

übertrieben → absolut → hoch → gemäßigt → schwach → niedrig → völlig → überaus → ziemlich → etwas → kaum
allzu → gänzlich → sehr → einigermaßen → ein wenig → fast

Individueller und riskanter wird es mit einer Stilfigur: dem **style indirecte libre** oder dem eingefühlten Stil.
Ihn pflegte einst Jenninger in einer Gedenkrede zu den Nazi-Pogromen an den Juden (9. und 10. November 1938).
Am Anfang präsentierte Jenninger:

> Dafür sorgten schon die untätig herumstehenden Polizisten und Feuerwehrleute, die die Synagogen niederbrennen ließen und nur eingriffen, wenn „arisches" Eigentum in Gefahr geriet.

Auch alle weiteren „Nazi-Wörter" brav in distanzierenden Anführungszeichen, die natürlich nicht leicht zu sprechen waren. Aber dann:

> Machte nicht Hitler wahr, was Wilhelm II. nur versprochen hatte, nämlich die Deutschen herrlichen Zeiten entgegenzuführen? War er nicht wirklich von der Vorsehung auserwählt, ein Führer, wie er einem Volk nur einmal in tausend Jahren geschenkt wird?
> Und was die Juden anging: Hatten sie sich nicht in der Vergangenheit doch eine Rolle angemaßt – so hieß es damals –, die ihnen nicht zukam? Mussten sie nicht endlich einmal Einschränkungen in Kauf nehmen? Hatten sie es nicht vielleicht sogar verdient, in ihre Schranken gewiesen zu werden?

In dieser Art Fragen scheint klar, dass Jenninger sie sich nicht selber stellt. Er spricht in Worten der Anderen, vieler Deutscher, wie er suggeriert. Er versetzt sich sozusagen in ihre Köpfe. Darum spricht man von eingefühltem Stil. Etwas schwieriger wird es schon hier:

> Die Jahre von 1933 bis 1938 sind selbst aus der distanzierten Rückschau und in Kenntnis des Folgenden noch heute ein Faszinosum insofern, als es in der Geschichte kaum eine Parallele zu dem politischen Triumphzug Hitlers während jener ersten Jahre gibt.

Da ist schwer zu bestreiten, dass Jenninger Hitlers Triumphzug als Faszinosum bezeichnet. Er sagt aber nicht für wen. Die Verwendung des eingefühlten Stils war ein Wagnis und man kann getrost annehmen, dass sie nicht zu seinem persönlichen Stil gehörte. Es gehörte aber insofern zu seinem Stil (und dem anderer Politiker), als er im Parlament eine Rede verlas, die er nicht geschrieben hatte.

Noch ein echtes Stückchen:
Wollte man in Europa Grund und Boden, dann konnte dies im großen und ganzen nur auf Kosten Rußlands geschehen, dann mußte sich das neue Reich wieder auf der Straße der einstigen Ordensritter in Marsch setzen, um mit dem deutschen Schwert dem deutschen Pflug die Scholle, der Nation aber das tägliche Brot zu geben.

Analysieren Sie die Auszüge aus Thomas Mann. Welchen Sinn haben die kursiven Passagen? Markieren Sie j für ja, n für nein, ? für ungewiss.

Mann kann auch Gedanken lesen. Die Erlebte Rede. In er-Form und in ich-Form: *Sollte er denn nicht zur Ruhe kommen?* In ich-Form wird sie auch innerer Monolog genannt, sei unmittelbarer.

Willi's Pflegemutter [. . .] erzählte zur allgemeinen Aufrichtung Geschichten von zu Hause. *Sie würden in der Wohnung nicht bleiben können, würden schließlich doch ausziehen müssen, der anderen Parteien wegen.*	Das Ereignis wird als irreal dargestellt. Die Passage wird geäußert. Die Passage wird nur gedacht.	☐ ☐ ☐

Er ertrug es nicht länger, er schob den Sessel zurück, verließ das Kontor und stieg in das Haus hinauf. *Wohin sollte er sich wenden?*	Das Ereignis wird als künftig dargestellt. Die Passage wird geäußert. Die Passage wird gedacht.	☐ ☐ ☐

Gerda und Thomas aber wurden sich einig über eine Route durch Oberitalien nach Florenz. *Sie würden etwa zwei Monate abwesend sein; unterdessen aber sollte Antonie, zusammen mit dem Tapezierer Jacobs aus der Fischstraße, das hübsche kleine Haus in der Breiten Straße bereitmachen, [. . .] Oh, Tony würde das schon zur Zufriedenheit ausführen!*	Das Ereignis wird als irreal dargestellt. Das Ereignis wird als künftig dargestellt. Die Passage wird geäußert. Die Passage wird gedacht.	☐ ☐ ☐ ☐

Er war ein kräftiger Kranker; aber so gut er sich hielt und sein Leben verteidigte – *durchaus sollte er sterben.*	Das Ereignis wird als künftig dargestellt. Das Ereignis wird als Verpflichtung dargestellt. Die Passage wird nur vom Autor geäußert.	☐ ☐ ☐

Er dachte sich aus, was er sagen könnte; aber er fand nicht den Mut, es zu sagen. Auch war es ja wie immer: *sie würden ihn nicht verstehen, würden befremdet auf das horchen, was er zu sagen vermöchte. Denn ihre Sprache war nicht seine Sprache.*	Die Passage wird vom Erzähler geäußert. Das Ereignis wird als irreal dargestellt. Die Passage wird gedacht.	☐ ☐ ☐

Ob sie denn Kinder habe, wollte er wissen. – Aber nein doch, sie hatte keine. *Was sollte eine Frau wie sie wohl mit Kindern beginnen? Wahrscheinlich war es ihr streng untersagt, welche zu haben – und andererseits: was würden denn das auch wohl für Kinder sein?* Hans Castorp musste dem beipflichten. . .	Die Passage wird geäußert. Das Ereignis wird als künftig dargestellt. Die Passage wird gedacht.	☐ ☐ ☐

Kennen Sie die Website „Ich schreibe wie. . . „? Recherchieren Sie.

Ein Stückchen Storrer-Text ergibt:
Ich schreibe wie: Stanislaw Lem

Nun aber zu mir selbst und dem Buch, das Sie kennen.

> Im Alltag überlässt man die Aufgabe, Texte zu analysieren, also den Linguisten. Zu diesem Zweck sollen sie Texttheorien entwerfen und empirisch validieren. Texte analysieren hat aber auch seinen Wert in der alltäglichen Sprachpraxis für uns alle, besonders wenn wir einen Text nicht sofort verstehen, wenn es Verständnisprobleme gibt oder wenn strittig ist, wie ein Text zu verstehen ist. Dann fangen wir an zu interpretieren und dazu brauchen wir die Analyse. Textanalyse ist also durchaus auch praktisch.

Ergibt: wie Stieg Larsson

> Der Ausspruch „Aus der Kralle den Löwen. . .“ wird Phidias, dem größten griechischen Bildhauer der Antike zugeschrieben. Gemeint ist vielleicht die Kunst, im kleinsten Detail das große Ganze zu erkennen, aus dem kleinsten Detail verlässlich auf das Ganze zu schließen.
> Phidianer brauchen auch im Text nur die Kralle. Sie müssen nichts Biographisches von außerhalb wissen, produzieren den analysierten Löwen rein aus dem Text. Das dürfte letztlich sogar nach außen gehen, bis zur Spekulation, wie der Löwe sich gekleidet hat. Da wäre jeder Treffer ein gelungenes experimentum crucis für die Methode.

Ich schreibe wie Theodor Fontane.

> Ein beliebte Idee ist, man könne das Thema eines Textes und seine Fortführung darstellen als eine Aufsplittung der Satzbedeutung.
> Sätze können ein Thema einführen und ausführen. Das ist die Grundthese des Thema-Rhema-Ansatzes.
> Über das Thema T wird dann etwas ausgesagt, nämlich das Rhema A.
> Für die Abfolge der Themen gibt es wenigstens drei gängige Muster:
> Ein Thema zieht sich durch den Text.
> Ein Thema gibt das andere.
> Unterthemen werden von einem Hauptthema abgeleitet.
> Diese Art Theorie hat mit einem brauchbaren Themabegriff wenig zu tun. Zumindest ist unklar, was genau sie damit zu tun haben könnte.
> Über Anaphorik dürften aber solche Strukturen zu fassen sein.

Ich schreibe wie: Fjodor Dostojewski

Im übrigen schreibt Goethe wie Kant.

> Im Kinderanfall unserer Stadtgemeinde ist eine hierorts wohnhafte, noch unbeschulte Minderjährige aktenkundig, welche durch ihre unübliche Kopfbekleidung gewohnheitsmäßig Rotkäppchen genannt zu werden pflegt. Der Mutter besagter R. wurde seitens ihrer Mutter ein Schreiben zustellig gemacht, in welchem dieselbe Mitteilung ihrer Krankheit und Pflegebedürftigkeit machte, worauf die Mutter der R. dieser die Auflage machte, der Großmutter eine Sendung von Nahrungs- und Genussmitteln zu Genesungszwecken zuzustellen.

Und so macht es Joanne K. Rowling.

Verfertigen Sie ein Stilporträt von H. J. Heringer.

Noch etwas Kitsch as Kitsch can. Welche charakteristischen Merkmale finden Sie? Den aparten Rechtschreibfehler finden Sie leicht.

Julius Stinde: Emma das geheimnißvolle Hausmädchen – Kapitel 3
Die vier andalusischen Rapphengste in blitzendem Silbergeschirr und Sielen aus echt japanischem Lackleder flogen wie weiße Möven durch die Straßen Berlins, jenes großen modernen Babels, wo die Tugend neben dem Laster wohnt und die Konzerthalle neben dem Kriminalgebäude klingt, wo die Lokomotive der Stadtbahn in die Sonntagsruhe pfeift und das Auge des Gesetzes wacht.
Diese Rosse von edelstem Wuchse und herrlichster kastanienbrauner Farbe zogen eine Kutsche, deren Inneres mit echtem Goldplüsch ausgepolstert war, auf dem ein Frauengeschöpf von überirdischer Schönheit sich wiegte. Der feingeschwungene Mund, diese lächelnden Brauen, die feine Rundung der Wangen, das zarte Rosa des Halses vereinigten sich mit dem Wohllaut des sprechenden Auges zu einer bezaubernden Mosaik menschlicher Reize. Und doch. . .

Eine Kontinuität (und vielleicht die Entwicklung) über 45 Jahre können Sie hier sehen. Was erkennen Sie wieder?

. . . in schmerzverschatteten Versen
[aus] . . . der lichten maienglänzenden Artuswelt

. . . der den dunklen Hagen herauslöst aus dem Reich böser Dämonie und ihn alles Leid des Wissenden und Warnenden verkörpern läßt und die schaudernd-machende Größe des politisch Handelnden; der gar den blassen Gunther über sich hinaussteigert in dem Inferno des in Flammen und Blut erstickenden Untergangs . . .

. . . großartig zu sehen, wie er, als ihn das taedium vitae packt und er immer mehr Distanz legt zwischen sich und diese Welt, mit souveräner Gebärde frei wird und überlegen (der er zuvor meist mehr in der Sache als über ihr stand), wie die Gedanken gemeißelt stehen und abstreifen, was irdisch ist, vergänglich und eitel.

Peter Wapnewski, Deutsche Literatur des Mittelalters, Göttingen 1960

Wörter schleppen ihre Herkunft mit.

Prolog im Himmel	
Der Herr: Mensch, Mephi, das nervt mich ungeheuer, dass du immer nur rummotzt!	*Im Himmel sind zu sinnierend Red' vereint der Herr und Mephistopheles, der Böse, der unzufrieden mit dem Umstand ist, dass Gott dem Menschen gab Vernunft.*
Mephisto: Echt ätzende Chose! Versaut doch total jede geile Action.	*Da fasst Mephisto einen Plan. Den Doktor Faustus, den studierten Mann, der gerade nach dem rechten Lebensweg noch sucht, will er vom Pfade der Vernunft abbringen und hinführen in sein eigen teuflisch Reich.*
Mephisto: Wetten, dass ich dir den Doc abluchse, Big Boss?	*Der Herr geht auf die Wette ein. Solange Faust auf Erden lebt, darf Mephisto sein Glück an ihm versuchen. Im Tode aber will der Herr den Faust zu sich ins Reich hinnehmen.*
Der Herr: Ist gebongt, Mephi, leg dich ruhig ins Zeug. Aber sobald der Doc vom Schlitten rutscht, hast du bei ihm nix mehr zu melden. Dann bin ich am Drücker!	*So ward die Wett' geschlossen.*
	In dunkler Nacht sitzt Faust in seinem Zimmer. Ihm ist der Kopf vom Grübeln schwer. Des Lebens Sinn und Zweck will er erforschen. Doch kann es ihm gelingen nicht, trotz seiner vielen Studien.
Faust: Sämtliche ätzenden Infos hab ich mir reingepfiffen. Und was ist Sache? Ich häng in der Landschaft wie ein Hirni und blick's genauso bescheiden wie vorher!	*Um zu erkennen, was die Welt im innersten zusammenhält, tat der Magie er sich ergeben. Doch als er dort selbst keine Lösung seiner Fragen find', er greifen will zum Letzten. Ein Fläschlein Gift grüßt vom Regale hoch hinab zu ihm.*
Faust: Null Bock auf Future! Ich glaub, ich geb den Löffel freiwillig ab. Her mit dem Stoff und ab in die Kiste. Ex und hopp!	*Doch eh' es naht der Mund der gift'gen Schale sich, setzt ein gewaltig Tösen an: des Osterfestes erste Feierstunde beginnt mit Glockenschlägen und hält den Faust von seiner Tat zurück.*
Faust: Echt geile Nummer, kerniger Sound. Das törnt ja wahnsinnig an! Ich glaub, ich mach doch noch ein paar Takte länger mit.	*Gerettet ist der verzweifelt' Mann vorerst.*
	Am Ostermorgen tritt er vor das Tor der Stadt, wo's Volk den Frühling feiert mit Tanz und Sang und Lachen.
Faust: Die Peoples hier sind ja brutal gut drauf heute, und die Vibs springen total rüber.	*Doch obwohl ihm wird das Herze weit und Lebensfreude will ihn greifen, ist noch der nächtlich Geist in ihm, der ihn nicht läßt. Zwei Seelen spürt er ach in seiner Brust: Verzweiflung und auch Freude.*
Faust: Ich hab ein Feeling wie der letzte Schizo drauf.	
Goethes Faust	**In Jugendsprache übertragen von Uta Claus und Rolf Kutschera**

melior mihi dextera lingua. dummodo pugnando
superem, tu vince loquendo.
Mir taugt die Rechte mehr als die Zunge.
Während ich im Kampfe obsiege, siegst du (nur?)
durch Reden.
Ovid, Metamorphosen

12

Textbewertung

Ein steinalter Koranfund.
Was kann man denn mit sowas anfangen? Was würden Sie tun?

Hier das Hölderlin-Manuskript. Wollen Sie sich am Abgleich versuchen?

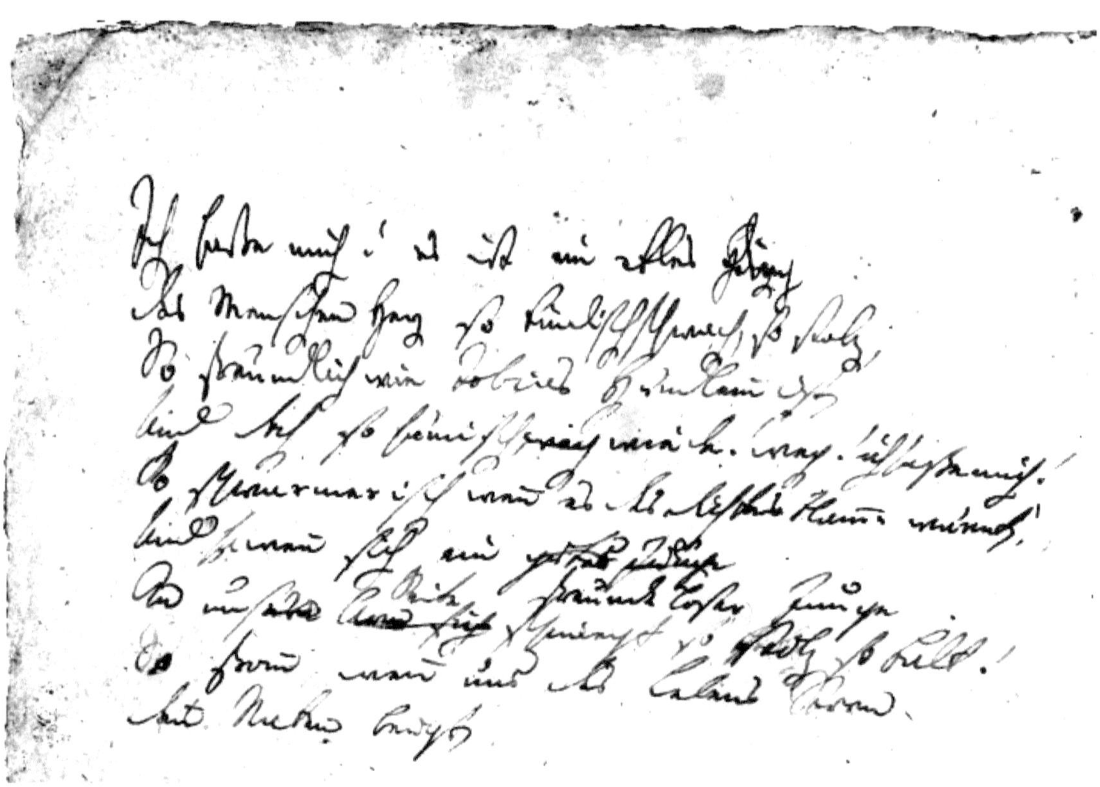

Dies hier ist ganz saubere Handschrift. Versuchen Sie das zu lesen.

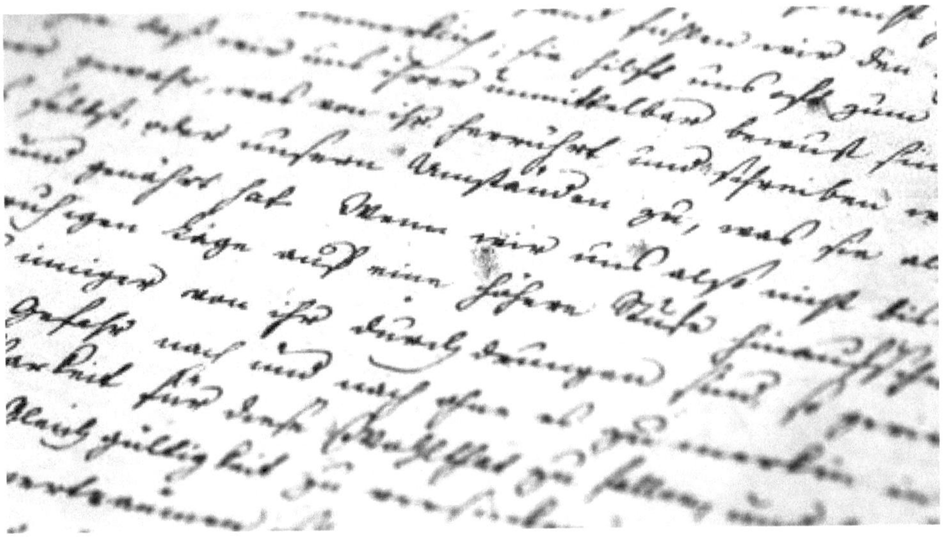

Schwieriger schon ein Brief von Heinrich von Kleist.

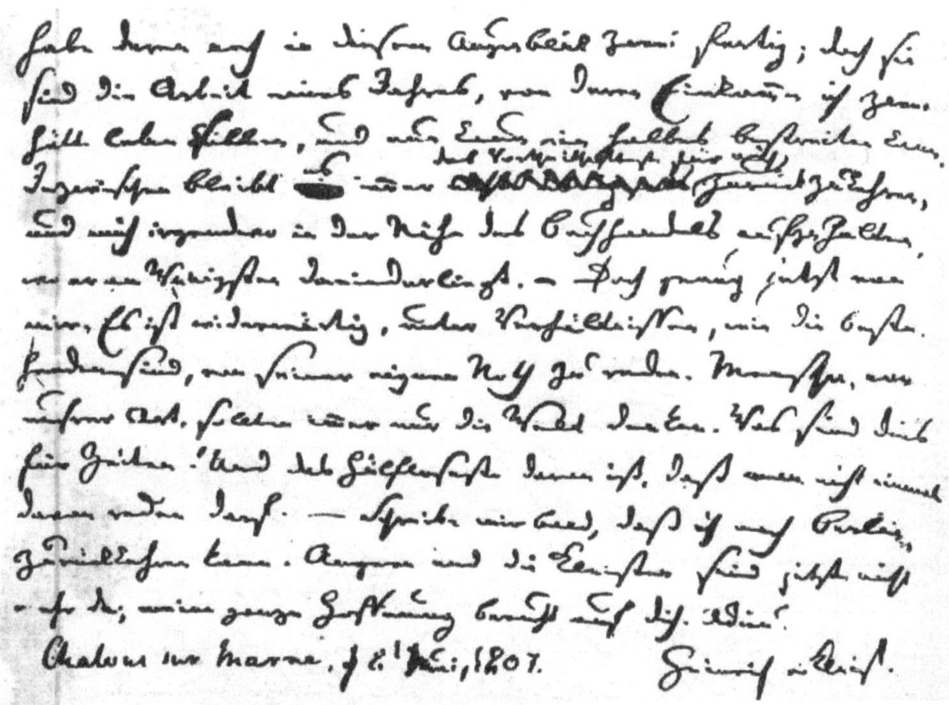

Und das wär was zum Zeitvertreib.

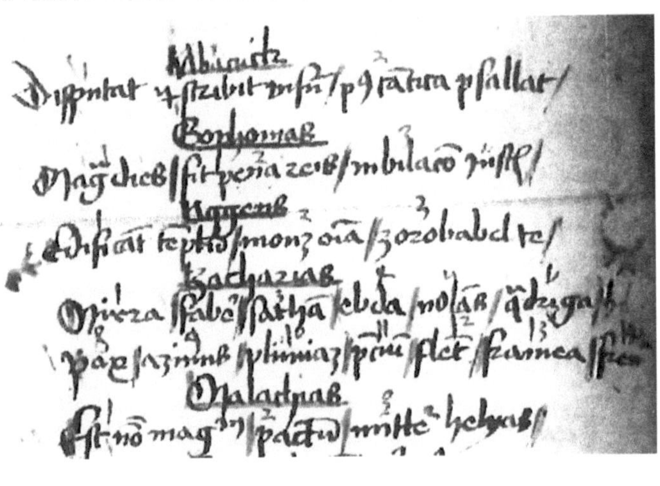

Walther von der Vogelweide im Vergleich. Listen Sie Unterschiede auf.

Lachmann	Manesse	Wolters (altertümelnde Adaptation)
Under der linden	Vnder der linden	Unter der linden
an der heide,	an der heide	An der heide,
dâ unser zweier bette was,	da vnser zweier bette was	Wo unser beider lager was,
dâ mugent ir vinden	da mugent ir vinden	Da könnet ihr finden
schône beide	schone beide	Zärtlich beide
gebrochen bluomen unde gras.	gebrochen blu^{o}men vnd gras	Gebrochen, blumen und das gras:
vor dem walde in einem tal,	vor dem walte in einem tal	Vor dem wald in einem tal,
tandaradei,	tandaradei schone sanc du^{i} nahtegal.	Tandaradei,
schône sanc diu nahtegal.		Lieblich sang die nachtigall.
Ich kam gegangen	Ich kan gegangen	Ich kam gegangen
zuo der ouwe:	zv^{o} der o^{v}we	Zu der aue,
dô was mîn friedel komen ê.	do was min friedel komen^{e}	Mein liebster war gekommen eh'r,
dâ wart ich enpfangen	da wart ich enpfangen	Da ward ich empfangen,
hêre frouwe,	her^{e} frowe	Hehre Fraue,
daz ich bin sælic iemer mê.	dc ich bin selig iemer me.	Dass ich bin selig immer mehr.
kuster mich? wol tûsentstunt:	er kuste mich wol tusent stunt.	Küsst er mich? Wohl tausend stund,
tandaradei,	tandaradei seh^{t} wie rot mir ist der munt.	Tandaradei,
seht wie rôt mir ist der munt.		Seht, wie rot mir ist der mund.
Dô hete er gemachet	Do hat er gemachet	Da hat er gemachet
alsô rîche	also riche	Reich und sinnig
von bluomen eine bettestat.	von blu^{o}men ein bette stat	Von blumen eine bettestatt,
des wirt noch gelachet	des wirt noch gelachet innekliche	Drum wird noch gelachet
inneclîche,	kvmt iemen an dc selbe pfat	Froh und innig,
kumt iemen an daz selbe pfat.	bi den rosen er wol mac	Kommt jemand an denselben pfad:
bî den rôsen er wol mac,	tandaradei merken wa mirs ho^{v}bet lac.	Bei den rosen er wohl mag,
tandaradei,		Tandaradei,
merken wâ mirz houbet lac.		Merken, wo das haupt mir lag.
Daz er bî mir læge,	Das er bi mir lege	Dass er nah sich legte,
wesse ez iemen	wesses iemen	Wüsst es jemand,
(nu enwelle got!), sô schamte ich mich.	^{n}vn welle got so schamt ich mich	– verhüt es Gott – so schämt ich mich.
wes er mit mir pflæge,	wes er mit mir pflege	Was er mit mir pflegte,
niemer niemen	niemer niemen	Nimmer niemand
bevinde daz, wan er unt ich,	bevinde dc wan er vnd ich	Erfahre das, als er und ich
und ein kleinez vogellîn:	vnd ein kleines vogellin	Und ein kleines vögelein,
tandaradei,	tandaradei dc mac wol getru^{i}we sin.	Tandaradei,
daz mac wol getriuwe sîn.		Das mag wohl verschwiegen sein.

Dies wäre Wittgensteins Original mit seinen verschlüsselten Tagebucheinträgen. Der Code ist leicht zu knacken. Es handelt sich um eine „réglette de St. Cyr".

29. 8. 14

wrqr Anpug fgrur vpu nhs qre Xbzznaqboehrpxr, ovf rgjn 3 ½. Zrva Ibeunora qre vbyyxbzzrara Cnffvivgnrg unor vpu abpu avpug erpug nhftrshrueg. qvr Avrqregenpug qre Xnzrenqra vfg zve abpu vzzre fpuerpxyvpu. Nore ahe orv fvpu oyrvora. Neorvgr gnrtyvpu rgjnf, abpu buar erpugra Resbyt, bojbuy fpuba znapurf nhsqnrzzreg.

2. 9. 14

wrqr Anpug zvg nhfanuzr iba trfgrea orvz Fpurvajresre. Nz Gnt fpuynsr vpu. Qvrfr Qvrafg vfg zve vafbsrea natrarux, nyf vpu qnqhepu qre Obfurvg qre Xnzrenqra ragmbtra ova. Trfgrea ubregra jve uvre iba rvare rabezra Fpuynpug, qvr fpuba 5 Gntr vz Tnatr frv. Jnrer rf ahe fpuba qvr Ragfpurvqhat!

Neorvgr gnrtyvpu rva tnam xyrva jravt. Ova nore mh zhrqr haq nootryraxg. Trfgrea svat vpu na, va Gbyfgbvf Reynrhgrehatra mh qra Rinatryvra mh yrfra. Rva urreyvpurf Jrex. Rf vfg zve nore abpu avpug qnf, jnf vpu qniba rejnegrgr.

In diesem Text wird etwas berichtet, was extrem unwahrscheinlich ist. Entdecken Sie, was? Wie verlief die "Verfolgungsjagd"?

Verfolgungsjagd auf der A 95

Polizei stoppt alkoholisierten Fahrer erst nach mehr als 20 Kilometern

Es begann mit dem Hinweis eines aufmerksamen Autofahrers an eine Gruppe von Bereitschaftspolizisten, denen er am Mittwochnachmittag zufällig an einer Ampel im Münchner Waldfriedhof begegnete. Er habe an einer nahegelegenen Tankstelle an der Fürstenrieder Straße einen Mann gesehen, der sich mit unsicherem Gang fortbewegte, berichtete er den Polizisten. Zudem habe er im Kassenraum bei dem Mann Alkoholgeruch festgestellt. Kurz darauf sei der Mann mit einem Kleintransporter bei der Anschlussstelle Kreuzhof auf die A 95 eingebogen und in Richtung Garmisch weitergefahren. Die Beamten nahmen daraufhin mit ihren Einsatzfahrzeugen die Verfolgung auf. Erst nach rund 20 Kilometern, bei der Raststätte Höhenrain, holten sie den Kleintransporter ein. Dessen 52-jähriger Fahrer ignorierte aber alle Anhaltesignale und wollte zunächst flüchten. Er konnte aber nach einer erneuten Verfolgungsjagd zwischen den Ausfahrten Wolfratshausen und Seeshaupt gestoppt werden. Auch die Beamten nahmen deutlichen Alkoholgeruch wahr. Der Fahrer, ein Iffeldorfer, musste sich einer Blutentnahme unterziehen, sein Führerschein wurde sichergestellt. Alkohol war auch bei einem Unfall im Spiel, der sich am Dienstagnachmittag auf der Starnberger Hauptstraße ereignete. Ein 36-Jähriger war verbotswidrig mit seinem Fahrrad auf dem Gehweg an der Hauptstraße unterwegs. Beim Herunterfahren stürzte er über den Bordstein, zog sich Schulterverletzungen und eine Gehirnerschütterung zu. Der Mann roch nach Alkohol, eine Blutentnahme ergab 0, 86 Promille.

Hier noch eine schöne Amazonen-Rezension. Da können Sie in einer Analyse Ihre Zähne wetzen.

> Eigentlich wurde zu dem Buch bereits alles gesagt was es zu sagen gibt.
> Nach vielen Jahren habe ich es dann auch mal gelesen. Aus Neugierde und weil es mein Partner gelesen hat, der eigentlich von solcher Literatur nichts hält. Er meinte, dass Buch sei nett. Ok. Nett ist die kleine Schwester von s******, was bei diesem Buch auch leider zutrifft.
>
> Lässt man die ganzen Abartigkeiten mal außen vor und betrachtet mal der Autorin Schreibstil, erkennt man schnell, dass ein 4. Klässer es hätte ähnlich verfassen können. Die ganze Zeit hofft man auf das, was das Buch doch so „nett" macht. Aber nett ist da nichts. Es ist einfach, einen ekelhaften Satz an den nächsten zu quetschen, darüber hinaus vergisst man wohl ganz, dass das Buch keinen Sinn ergibt.
> Wahrscheinlich ist es Frau Roches traurige, eigene Geschichte. Da gehört sie dann leider in Behandlung.
>
> SCHREIBSTIL: Offensichtlich waren alle guten Ghostwriter im Urlaub, oder haben angesichts des Inhaltes verständlicher Weise dankend abgelehnt, denn stilistisch erinnert das Buch an Tagebucheintragungen einer 16-jährigen. Selbst wenn das beabsichtigt sein sollte, ich will es nicht lesen. Für laienhaften Schreibstil gebe ich kein Geld aus.
> INHALT: Sie werden keinen finden, oder fast keinen. Es ist das wohl überflüssigste und sinnloseste Buch, das derzeit geschrieben ist. Eine gezielt platzierte Aneinanderreihung von Schock- und Ekelelementen, die aber keinem größeren Zusammenhang folgen.
> Im eigentlichen Sinn sollten Bücher in irgendeiner Weise den menschlichen Geist anregen, das einzige was hier angeregt wird ist der Würgreflex.
> Authentisch? Nein, denn eine Charlotte Roche ist genauso eine Medienfigur wie Dieter Bohlen, nur am anderen Ende der Skala. [. . .]
> Ungewöhnlich? Nein, den was sie beschreibt ist nicht ungewöhnlich, sondern krankhaft.
> Inspirierend? Wer sich von sowas inspiriert fühlt, sollte zu Arzt gehen.
> Tiefgründig? Ungefähr genauso tiefgründig wie die Körperöffnungen die sie beschreibt.

Auf den folgenden Seiten sehen Sie Adjektive zur Textbewertung mit ihrem Rang in einem größeren deutschen Korpus. (Adjektive aus Antos 1982)
Damit hätten Sie ein differenziertes Vokabular für Textkritik.
Könnten Sie es so differenziert benutzen?

gut	76	glatt	2783
kurz	209	nüchtern	3149
schön	211	bedenklich	3176
schwer	229	aufrichtig	3261
tief	256	einseitig	3272
richtig	257	anständig	3423
wahr	307	aggressiv	3833
allgemein	316	frech	4152
genau	318	abstrakt	4422
einfach	325	ironisch	4469
anders	338	geschickt	4573
deutlich	385	spontan	4800
klar	387	spektakulär	4806
offen	400	umständlich	5150
schlecht	406	unverständlich	5205
falsch	602	präzis	5246
hart	610	marxistisch	5304
freundlich	648	sinnlos	5307
modern	654	problematisch	5342
gut	734	korrekt	5345
wissenschaftlich	808	unzureichend	5812
knapp	930	ungeschickt	5814
praktisch	932	passend	6213
gefährlich	976	übertrieben	6226
seltsam	1013	boshaft	6413
englisch	1053	anschaulich	6429
klug	1215	leichtsinnig	6448
aktuell	1244	plastisch	6797
konkret	1344	originell	7005
weich	1353	oberflächlich	7274
unglücklich	1463	kompliziert	7386
endgültig	1489	forsch	7579
dumm	1661	tiefsinnig	7736
ehrlich	1716	flott	7765
eindeutig	1973	zweideutig	7831
furchtbar	2026	faszinierend	7943
vorläufig	2159	flink	8087
schlicht	2214	tief	8403
vorsichtig	2233	programmatisch	8460
grob	2262	barock	8844
sauber	2453	zynisch	8934
verständlich	2589	unbekümmert	8979
theoretisch	2696	schroff	9092
negativ	2719	unverantwortlich	9139
glatt	2783	handfest	9331

treffend	9411	unkompliziert	19592
nachlässig	9841	demagogisch	19661
virtuos	10124	gewissenlos	20459
hämisch	10538	irreführend	21359
unbedenklich	10565	unzutreffend	21496
geschmeidig	11404	intuitiv	21741
beispiellos	11644	anzüglich	23844
folgerichtig	11666	ungeschützt	24154
dogmatisch	11986	vielsagend	24359
lakonisch	12073	versehentlich	24381
ausgewogen	12156	feinfühlig	25100
gewagt	12320	spritzig	25137
zurückhaltend	12348	provozierend	25139
geschliffen	12419	isoliert	26247
unanständig	12487	vulgär	26338
schillernd	12960	zugespitzt	26601
differenziert	13228	modern	26671
ergreifend	13573	harsch	26766
sachkundig	13630	taktvoll	28201
fragend	13748	zündend	28300
barock	13956	schwülstig	29501
unvermittelt	14346	bombastisch	30365
temperamentvoll	14417	provokant	30424
überzogen	14917	lasch	31634
konfus	14991	abfällig	31643
arrogant	15008	ketzerisch	32073
verantwortungslos	15010	abgeschwächt	32292
kokett	15339	holprig	32739
unvorsichtig	15381	schwammig	32868
unangemessen	15447	gewitzt	33483
salopp	15839	ungeschliffen	33972
handlich	15949	zureichend	34002
moderat	16354	mehrdeutig	35580
schonend	16708	eingängig	36671
verständnisvoll	16786	überlegt	37117
ungenau	16971	fahrig	37247
zutreffend	17126	euphemistisch	42690
blumig	17391	terminologisch	43380
unproblematisch	17803	verkürzt	47645
nichtssagend	17829	unkorrekt	52850
unpassend	18232	deplaziert	55903
unbedacht	18271	phrasenhaft	64144
hinreißend	18442	breiig	71652
leichthin	18742	teigig	77555
geschmacklos	19249	windelweich	80509
unsauber	19413	zuschlagend	99764
pompös	19501	verklausuliert	125488

Kant gilt als Muster schwerverständlicher Texte. Aber Philosophen werden wissen, dass man sie schwerlich einfacher formulieren kann.
Das große Interesse an seiner Philosophie hat es aber doch manche wagen lassen, den Text zu vereinfachen. Ein Beispiel ist die Adaptation von Stapel.

- **Recherchieren Sie, was es damit auf sich hat.**

Wie beurteilen Sie die Reformulierung?

- **Was vor allem wurde verändert?**
- **Was im Lexikon?**
- **Was sollen die Trennzeichen?**
- **Was die Anführungszeichen?**

Kant, der transcendentalen Ästhetik erster Abschnitt
Der innere Sinn, vermittelst dessen das Gemüth sich selbst oder seinen inneren Zustand anschauet, giebt zwar keine Anschauung von der Seele selbst als einem Object, allein es ist doch eine bestimmte Form, unter der die Anschauung ihres innern Zustandes allein möglich ist, so daß alles, was zu den innern Bestimmungen gehört, in Verhältnissen der Zeit vorgestellt wird. Äußerlich kann die Zeit nicht angeschaut werden, so wenig wie der Raum als etwas in uns.

Stapel
Der innere Sinn, durch den die Seele sozusagen sich selbst und ihren inneren Zustand anschaut, gibt eigentlich keine „Anschauung" von der Seele selbst ... aber er macht uns unsres seelischen Zustandes „bewußt" ... Und auch dieses „Sich=bewußt=sein" hat eine bestimmte Form, in der uns etwas „Inneres" bewußt wird. Wie alles, was wir „außen" wahrnehmen, im Raum ist, so erscheint uns jeder innere Zustand der Seele als in der „Zeit" befindlich

Versuchen Sie selbst: die Weihnachtsgeschichte in Leichter Sprache.

Es begab sich aber zur der Zeit, daß ein Gebot von dem Kaiser Augustus ausging, daß alle Welt geschätzt würde. Und diese Schätzung war die allererste und geschah zur Zeit, da Quirinius Statthalter in Syrien war. Und jedermann ging, daß er sich schätzen ließe, ein jeder in seine Stadt.
Da machte sich auf auch Josef aus Galiläa, aus der Stadt Nazareth, in das jüdische Land zur Stadt Davids, die da heißt Bethlehem, weil er aus dem Hause und Geschlechte Davids war, damit er sich schätzen ließe mit Maria, seinem vertrauten Weibe; die war schwanger. Und als sie dort waren, kam die Zeit, daß sie gebären sollte. Und sie gebar ihren ersten Sohn und wickelte ihn in Windeln und legte ihn in eine Krippe; denn sie hatten sonst keinen Raum in der Herberge.
Und es waren Hirten in derselben Gegend auf dem Felde bei den Hürden, die hüteten des Nachts ihre Herde. Und der Engel des Herrn trat zu ihnen, und die Klarheit des Herrn leuchtete um sie; und sie fürchteten sich sehr. Und der Engel sprach zu ihnen: Fürchtet euch nicht! Siehe ich verkündige euch große Freude, die allem Volk widerfahren wird; denn euch ist heute der Heiland geboren, welcher ist Christus der Herr, in der Stadt Davids. Und das habt zum Zeichen: ihr werdet finden das Kind in Windeln gewickelt und in einer Krippe liegen.

**Was finden Sie kritisch an den folgenden Leichten Ratschlägen.
Können Sie das verbessern, aber die Zielsetzung erhalten?**

> Leichte Sprache gibt es in Wort und Schrift. Sie folgt bestimmten Regeln, nutzt einfache Worte und kurze Sätze.
> Darauf müssen Sie bei der Leichten Sprache achten:
> 1. Wörter
> 2. Zahlen und Zeichen
> 3. Sätze
> 4. Texte
> 5. Gestaltung und Bilder
> 6. Prüfen
>
> Benutzen Sie einfache Wörter.
> Benutzen Sie Wörter, die etwas genau beschreiben.
> Schlecht: genehmigen
> Gut: erlauben
> Schlecht: Öffentlicher Nahverkehr
> Gut: Bus und Bahn
>
> Erklären Sie schwere Wörter.
> Kündigen Sie schwere Wörter an. Sie können am Ende vom Text ein Wörter-Buch machen.
> Zum Beispiel: Sie schreiben über ein Medikament. Benutzen Sie immer ein Wort. Zum Beispiel: Tablette. Wechseln Sie nicht zwischen Tablette und Pille.
> Benutzen Sie immer die gleichen Wörter für die gleichen Dinge.
>
> Benutzen Sie bekannte Wörter.
> Verzichten Sie auf Fach-Wörter und Fremd-Wörter.
> Schlecht: Workshop
> Gut: Arbeits-Gruppe

Und dann eine ganz wichtige Sache in Leichter Sprache:

AGB ist die Abkürzung
von Allgemeine Geschäfts-Bedingungen.

Was sind AGB?
Wenn Sie etwas kaufen,
dann machen Sie mit dem Unternehmen einen Kauf-Vertrag.
Für diesen Kauf-Vertrag gibt es Regeln.
Diese Regeln stehen in den AGB.

Hier fehlt etwas ganz Entscheidendes. Was? Sowas macht einem den Einkauf wirklich leicht.

Jede Dichtung unterbricht den gewöhnlichen Zustand,
die Alltäglichkeit des Lebens – darin dem Traume ähnlich
– um uns zu erneuern, in uns beständig den Sinn des
Lebens selbst wachzuhalten.

Novalis

13

Literarische Texte

Als Goethe diese Gedanken wieder einmal im Gespräch mit Schiller entwickelte, rief dieser bekanntlich aus: „das ist keine Erfahrung, das ist eine Idee“.

Dies ist ein Ausschnitt aus dem klassischen Buch von Hans Vaihinger: Die Philosophie des Als Ob.

Wenn Schiller sagt: das Urtier, die Urpflanze sei keine Erfahrung, so will er damit natürlich nicht etwa sagen: solche organischen Urwesen hat man bisher in der Erfahrung nicht gefunden, sie können aber zukünftig in die Erfahrung treten. Sondern er will — nach dem Kantischen Begriff der Erfahrung — sagen: Urpflanze, Urtier sind überhaupt niemals in irgend einer Erfahrung aufzufinden, sie können gar keine Erfahrungsgegenstände sein, weder solche, die man bisher gefunden hat, noch solche, die man später noch finden kann, und deren Begriffe man daher jetzt einstweilen als berechtigte Hypothesen ansetzen kann. Sondern die Urpflanze, das Urtier, das ist „eine Idee“, d. h. ein blosser, von uns erdachter Vernunftbegriff, welcher zwar mit Notwendigkeit von uns gebildet wird, der aber doch nur erdacht ist, dem nie und nirgends ein empirisches Wesen entsprechen kann. Schiller hat also richtig erkannt, dass der Sinn der Goetheschen Behauptung in dem fiktiven Urteil auszusprechen ist: alle Pflanzenarten, alle

§ 28. Die Fiktion im Gegensatz zur Hypothese. 605

Tierarten sind so zu betrachten, als ob sie nach dem Massstab einer Urpflanze, eines Urtieres gebildet seien. Das Goethesche Urtier ist eine schematische Fiktion, dagegen die Darwinsche Deszendenzlehre ist eine Hypothese.

Gegenüber sehen Sie noch ein paar fiktive Gegenstände. Kannten Sie ihre Eigenschaften nicht?
Bei Schneewittchen habe ich nur die Verben ausgewählt.

Suche
heilig
Schatztruhe
Gefäß
Erbe
Kelch
Sakrileg
hüten
Merlin
enthüllen
Kreuzzug
rostig
Gral
Tafelrunde
gehütet

geheimnisvoll
unnahbar
hethitisch
undurchschaubar
männermordend
helvetisch
steinern
Sphinx
rätselhaft
geflügelt

aufbahren
auferstanden
rasiert
küssen
vergiften
vergiftet
Schneewittchen
auferstehen
aufgebahrt

Karl May – der größte Plagiator aller Zeiten?
Recherchieren Sie, was in der großen Lücke passiert ist.

Karl May: Old Lügenbold

Er durchstreifte den Orient, wurde Winnetous Blutsbruder, rang mit Grizzlybären – und behauptete, dass er all die irren Abenteuer selbst erlebt hatte. Dann wurde Karl May als dreister Lügner enttarnt. Von Presse und Fans gehetzt zog er sich zurück – um sein eigentliches Werk zu beginnen. Von Karin Seethaler

An jenem Juliabend 1897 hatte sich im Münchner Hotel „Trefler" eine bunt zusammengewürfelte Gesellschaft eingefunden. Offiziere waren darunter, Arbeiter, Kaufleute, Geistliche. Sie alle waren gekommen, um ihn zu hören: Dr. Karl May aus Radebeul in Sachsen, den berühmten Schriftsteller und Weltreisenden – auch bekannt als „Old Shatterhand", auch bekannt als „Kara Ben Nemsi". Schmächtig war er manchen erschienen, dieser Mann, der so viele tollkühne Abenteuer bestanden, der mit Indianern gekämpft und das halbe Osmanische Reich durchquert haben wollte. Doch kaum hatte er zu erzählen begonnen, war es, als wüchse er über sich selbst hinaus: Lebhaft schilderte er Begebenheiten seiner „mehr als zwanzig Amerikareisen", vollführte wilde Kraftübungen, indem er Tische hochhob und zeigte den Anwesenden furchtbare Narben, die er im Kampf mit einem Grizzly davongetragen habe. Gefragt, ob er all die haarsträubenden Abenteuer in seinen Büchern wirklich selbst erlebt habe, antwortete May, jeder Vorfall, den er beschreibe, entspreche „der Wahrheit".
Es war zweifellos eine beeindruckende Darbietung. Ein Reporter des „Bayerischen Kurier", der nach der Abreise des Autors von dessen Audienzen im „Trefler" berichtete, geriet regelrecht ins Schwärmen: „Mir und wohl allen, die in diesen Tagen mit Dr. Karl May zusammentrafen", notierte er ehrfürchtig, „war es eine große Freude und wird es eine bleibende Erinnerung sein, diesen Mann, der die ganze Welt bereist hat, der über 1200 Sprachen und Dialekte versteht, den letzten Vertreter der Romantik des Wilden Westens, von Angesicht zu Angesicht gesehen zu haben. „
Keiner hatte damals ahnen können, dass diese triumphale Darbietung Karl Mays eine der letzten sein würde, die ihm vergönnt sein sollten. Ein Auftritt, bei dem der Autor in der Gunst der Massen badete – und für den er bald bitter bezahlen sollte.

.

.

.

Sichtlich gezeichnet kehrte der Autor im Juli 1900, nach 16 Monaten Abwesenheit, nach Deutschland zurück. Doch der Karl May, der nun in die „Villa Shatterhand" einzog, war ein anderer als der selbstbewusste Autor der Massen, der im Jahr zuvor von dort aufgebrochen war. [. . .]
So war dann Karl May, der frühere Publikumsliebling, an seinem Lebensabend vor allem mit der eigenen Verteidigung beschäftigt. In zahllosen Prozessen sah er sich genötigt, um seinen Ruf und sein literarisches Vermächtnis zu streiten und zu kämpfen. Die ständige Ruhelosigkeit kostete ihn den Schlaf und schließlich die Gesundheit. Täglich nur ein paar Bissen bringe er hinunter, notierte er wenige Jahre vor seinem Tod. Sterben wolle er „sterben, sterben, sterben, und doch will ich das nicht und darf ich das nicht, weil meine Zeit noch nicht zu Ende ist. Ich muss meine Aufgabe lösen".

Doch die letzte große Aufgabe sollte für Karl May für immer ein Schimmer am Horizont bleiben. Am 30. März 1912 starb der Sachse, dessen Lebenswerk in Umfang und Wirkung dem kaum eines anderen deutschen Schriftstellers vergleichbar ist. Das „eigentliche" Werk aber, von dem er glaubte, es in sich zu haben, erlosch mit ihm.

Erzählen: Einige Grundeinstellungen

Grundlegend ist zu unterscheiden:

- **zwischen Autor und Erzähler**
- **zwischen Erzählen und Erzähltem**

Dann ist weiter zu unterscheiden:

- **Autor und Erzähler**
- **Adressat und interner, fiktiver Adressat**
- **Ich-Erzählung, in der der Erzähler auch als Figur vorkommt**
- **Er-Erzählung, in der der Erzähler nicht vorkommt.**

Die fiktionale Er-Erzählung weicht eigentlich nur in den Vorannahmen vom faktualen Erzählen ab. Natürlich weiß ein realer Erzähler weniger vom Denken der Figuren seiner Erzählung als ein phantastischer Erzähler gar. Die fiktionale Ich-Erzählung muss gerade darauf achten, dass wenig Unterschiede zum faktualen Pendant sichtbar werden: Sie fingiert ja diese.

In der Didaktik wird besonders geübt und hingewiesen auf:

Vertextungsstrategien: Erzählen	
Tempus	Präteritum
Funktion des Erzählens	Vergangenes wieder hervorbringen
Dominanter Verbgebrauch	Geschehensverben und Handlungsverben
Erzähltes	Geschehen und Handlungen

Hier kleine Beispiele für Fragen der Erzähltechnik.
Zuerst ein klassischer Ich-Erzähler, der als Figur in der Erzählung mitwirkt.

Arthur Conan Doyle: Sherlock Holmes, Kapitel 2
Es war im Jahr 1895, als eine Verkettung von Umständen, die hier nichts zur Sache tut, Mr. Holmes und mich veranlassten, einige Wochen in einer unserer großen Universitätsstädte zu verbringen. Während dieser Zeit widerfuhr uns das kleine, doch überaus lehrreiche Abenteuer, von dem ich nun berichte.

Im folgenden Beispiel tritt kein Ich-Erzähler auf. Der Autor lässt aber eine Figur sprechen und diese Figur lässt in ihrem Rahmen in einer Art Doppelung einen Ich-Erzähler auftreten.

Bertolt Brecht: Der hilflose Knabe
Herr K. sprach über die Untat, erlittenes unrecht stillschweigend in sich hineinzufressen, und erzählte folgende Geschichte: „Einen vor sich hin weinenden Jungen fragte ein Vorübergehender nach dem Grund seines Kummers. ‚Ich hatte zwei Groschen für das Kino beisammen', sagte der Knabe, ‚da kam ein Junge und riss mir einen aus der Hand'[. . .]"

Eine weitere Frage ist der Umgang mit Zeit. Gewöhnlich wird unterschieden zwischen erzählter Zeit und Erzählzeit, wobei Letzteres auf die Textlänge heruntergerechnet werden muss. Allerdings gibt es kein Maß für das Verhältnis von Textlänge und erzählter Zeit, dennoch Auffälliges. Ein didaktisch beliebtes Beispiel ist dies hier:

Johann Peter Hebel, Unverhofftes Wiedersehen
Unterdessen wurde die Stadt Lissabon in Portugal durch ein Erdbeben zerstört, und der Jesuitenorden wurde aufgehoben und Polen geteilt, und die Kaiserin Maria Theresia starb, und der Struensee wurde hingerichtet, Amerika wurde frei, und die vereinigte französische und spanische Macht konnte Gibraltar nicht erobern. [. . .] Der König Gustav von Schweden eroberte russisch Finnland, und die Französische Revolution und der lange Krieg fing an und der Kaiser Leopold der Zweite ging auch ins Grab. Napoleon eroberte Preußen, und die Engländer bombardierten Kopenhagen, und die Ackerleute säten und schnitten.

Hier haben wir in einem kurzen Textstück ein erzähltes Geschehen über viele Jahre. Man spricht hier auch – wie im Film – von Zeitraffer. Das Gegenteil wäre eine Art Zeitdehnung oder Zeitlupe, wie sie der sog. Sekundenstil pflegt.

Ich-Erzähler leben gefährlich. Selten hat ein Autor selbst die Grenze zwischen Ich-Erzähler und Autoren so verwischt wie Karl May. Es klingt fast wie eine Parodie zum Verhältnis von Autor und Publikum. Erst spät räumte May ein, sowohl die Old-Shatterhand-Story wie alle seine Werke seien rein fiktiv aufzufassen.
Man weiß nicht so genau, warum K. M. behauptete, all seine Geschichten selbst erlebt zu haben. Wollte er das Publikum verarschen oder hinters Licht führen. Wie er Letzteres hätte glauben können, bleibt aber sein Geheimnis (er soll ja auch mal in der Anstalt gewesen sein).
Der Ich-Erzähler in seinen Texten kann jede Figur sein: Die großen Helden oder auch ein namenloser Reisender. Manche werden ganz detailliert ausgeführt und zum Eigenleben gebracht und so immer realer.
Es war wohl eine Rezeptionshaltung der Zeit, authentische Abenteuer zu lesen, jemanden zu kennen, der diese Abenteuer alle noch selbst erlebt hatte.

Im Abgrunde
Und wenn ich, wie ich mir vornahm, eine Reihe von dreißig bis vierzig Bänden schrieb, so war doch gewiß anzunehmen, daß kein vernünftiger Mann auf die Idee kommen werde, daß ein einziger Mensch das Alles erlebt haben könne. Nein! Der Vorwurf, daß ich ein Lügner und Schwindler sei, war, wenigstens für denkende Leute, vollständig ausgeschlossen! So glaubte ich damals. Ja, ich war sogar fest überzeugt, trotzdem ich mit dem „Ich" mich nicht selbst meinte, doch mit bestem Gewissen behaupten zu können, daß ich den Inhalt dieser Erzählungen selbst erlebt oder miterlebt habe, weil er ja aus meinem eigenen Leben oder doch aus meiner nächsten Nähe stammte. Ich hielt es für gar nicht schwer, sondern sogar für sehr leicht und vor allen Dingen auch für interessant, sich vorzustellen, daß Karl May diese Reiseerzählungen zwar niederschreibt, sie aber so verfaßt, als ob sie nicht aus seinem eigenen Kopfe stammen, sondern ihm von jenem imaginären „Ich", also von der großen Menschheitsfrage, diktiert worden seien. Ob diese meine Annahme richtig war, wird bald die Folge zeigen. (Karl May: Mein Leben und Streben. http://www. streben. de/ erzaehlung_6. htm)

Textlinguistisch könnte interessant sein ein Theorem der Dramentheorie: die drei Einheiten. Das Theorem wird gewöhnlich Aristoteles zugeschrieben, aber so recht ausgebaut wurde es in der französischen Klassik.

Die postulierten Einheiten sind: Einheit der Zeit, des Raumes und der Handlung. Danach sollen Zeitsprünge, Ortsveränderungen und Nebenhandlungen ausgeschlossen sein.

In unserem Zusammenhang vernachlässigen wir die Einheit der Handlung. Sie würde übrigens eine Definition der Handlung voraussetzen.

Die Einheit der Zeit bestimmt Aristoteles rein durch die dargestellte Zeit: innerhalb eines einzigen Sonnenumlaufs. Die Aufführungszeit dürfte gewöhnlich kürzer gewesen sein. (Ideal wäre wohl, wenn beide identisch wären?). Nun ist es allerdings nicht so, dass die dargestellte Zeit streng auf einen Tag beschränkt sein muss. Vor allem nicht so, dass vor dem jeweiligen Tag und danach Liegendes nicht vorkommt. Es wird auf der Bühne nicht dargestellt, vielleicht nur erzählt oder durch Botenbericht einführt. Textuell bedeutet das, dass nur die origines der Handelnden und für die Zuschauer ein Jetzt gelten. Analog verhält es sich mit dem Raum: Es gibt nur ein Hier, von dem aus alles organisiert ist. Der Rest wird auch hier durch Erzählung, Botenbericht oder Turmschau geleistet. Das Hier wäre durch eine starre Bühne bestimmt (wie ja in der antiken Tragödie), mag aber einen anderen Ort simulieren. Handelnde und Zuschauer sind dahin versetzt.

Was ist bei Shakespeare anders, der sich an keine der Einheiten hält? Bei Shakespeare gibt es Zeit- und Ortssprünge. Szenen mögen zu unterschiedlicher Zeit und an unterschiedlichen Orten spielen. Für die jeweils Handelnden wie für die Zuschauer werden voneinander deiktisch unabhängige Szenen gesetzt. Es gibt keine einheitliche origo.

Dramatische Texte unterscheiden sich von anderen Texten dadurch, dass in der Aufführung eine gemeinsame origo gesetzt wird. Bei Lesetexten ist das nicht möglich, weil die Lesezeit variiert und dem Autor unbekannt ist.

Für die Interpretation von Texten könnte man bei Dramen die Aufführungsdauer AZ und die dargestellte Zeit DZ unterscheiden und allgemeiner bei Texten die DZ und die Lesezeit LZ oder üblicher die Textlänge. Während sich die DZ aus dem Text ergibt, gibt es für die LZ keinen Standard und für einen Vergleich der beiden, wie er in der Erzähltheorie angestellt wird, keine gesicherte Basis.

Etwas Gebrauchslyrik (oder zur Gebrauchslyrik Gemachtes), bitte.

In der rechten Spalte können Sie selbst weiter tätig werden.

Marmor, Stein und Eisen bricht,
aber unsere Liebe nicht.
15. April 1976
Deine Freundin Erika

Ede sei der Mensch –
Hilfreich und gut!
Dein Eduard

Genieße das Leben,
das Gott Dir gegeben!
Pfingsten 1976
Onkel Peter

Wenn es sich nicht gehört, tue es nicht,
wenn es nicht wahr ist, sage es nicht.
Denn Dein Streben sei auf das Gute
gerichtet. (Marc Aurel)
Deine Lehrerin

Sei gelassen, sei bescheiden,
Folge Deiner Eltern Wort.
Lerne reden, lerne schweigen.
Aber stets am rechten Ort.
Alles Liebe und Gute von Deiner Mutter

Bete und arbeite.
Mai 1976
Dein Opa

Blüh auf wie das Veilchen im Moose,
sei einfach, bescheiden und rein,
und nicht wie die stolze Rose,
die immer bewundert will sein.
(In allen vier Ecken, soll Liebe
drin stecken)
Deine Tante Inge

Mach es wie die Sonnenuhr,
zähl die heit'ren Stunden nur.
11. Juni 1977
Dies schrieb Dir Dein Onkel Theo

Traue keinem, der Dich tadelt,
weil nur das Lob den Menschen adelt.
Zur Erinnerung an Deinen Onkel Hans

Klau andern, was Du willst,
damit Du deine Habgier stillst!

Wer dich lobt, dem traue nicht,
wenn er selbst die Wahrheit spricht.
Der Lober lobt nicht dich,
Der Lober lobt nur sich.
Der Lober ist ein Wicht.

In der schulischen Textproduktion nimmt die Gedichtinterpretation ein wichtigen Platz ein. Dies finden Sie unter http://gedichtinterpretation.org/
Einen Schreib- und einen Kommafehler habe ich drin gelassen.

- **Was halten Sie von dem Anfang?**
- **Was fehlt für Sie? Was gehörte in die erste Auslassung?**

DIE EINLEITUNG

Nachdem du das Gedicht mehrmals durchgelesen und den Inhalt gut verstanden hast, kannst du mit der Einleitung beginnen. Die Einleitung einer Gedichtinterpretation sollte in der Regel nicht länger als zwei bis drei Sätze sein. Sie dient lediglich dazu den Leser in das Thema einzuführen und ihm die gegebene Situation kurz zu erläutern. In der Einleitung macht man Angaben zu Titel, Autor, Textart und Thema des Gedichts. In Verbindung mit dem Thema kann, falls deutlich erkennbar, auch die Form der Lyrik angegeben werden. [...]

DER HAUPTTEIL

Der Hauptteil der Gedichtinterpretation wird einen Großteil deiner Zeit in Anspruch nehmen. Hier werden alle Aspekte in einem zusammenhängenden Text aufgeführt, die du dir (im Idealfall) vor dem Schreiben deiner Gedichtinterpretation als Stichpunkte notiert hast. Der Hauptteil setzt sich aus der inhaltlichen, formalen und sprachlichen Analyse zusammen. Natürlich sollten alle Erkenntnisse und Schlüsse mit Zitaten aus dem Text belegt werden. Falls du keine Zitate machst, werden dir die meisten Lehrer dafür Punkte abziehen.

FORMALE ANALYSE

- Metrum und Rhythmus
- Vers- und Strophenbau
- Reimschema
- Rhetorische Figuren

SPRACHLICHE ANALYSE

- Wortschatz
- Sprachliche Stilmittel (Rhetorik, Reim, Metapher, Personifikation, Vergleich, Anapher, Alliteration und weitere rhetorische Stilmittel)
- Sprachliche Besonderheiten
- Satzbau und Satzanfänge

INHALTLICHE ANALYSE

- Welche Aussage hat der Titel und worauf bezieht er sich?
- Genauere Erläuterung der Thematik
- Wirklichkeitsbilder und abstrakte Darstellungen
- Rückschlüsse auf Inhalt und Interpretation

Nach der inhaltlichen Analyse gehst du nun zur Deutung über. Die Deutung ist im Grunde genommen der Kern einer jeden Gedichtinterpretation, da hier die Aussage und die Nachricht erläutert wird, die der Autor ausdrücken möchte. Folglich sollte erläutert werden, **was** der Dichter **wie** zum Ausdruck bringt. [...]

DER SCHLUSS

Der Schluss einer Gedichtinterpretation kann ähnlich knapp wie die Einleitung ausfallen. Falls keine andere Arbeitsanweisung vorliegt, enhält der Schluss lediglich ein Fazit über die Interpretationen, wobei man sich noch einmal auf die Deutungshypothese aus der Einleitung beziehen sollte.

1. ERSTER EINDRUCK: WAS FÄLLT DIR AUF?

Gedichte liest du oder lernst sie auswendig.
Du kannst sie auch interpretieren und dadurch besser verstehen.
Achte dabei auf den Text und darauf, wie er auf dich wirkt.

Ruhig und langsam lesen

Schau dir das Gedicht genau an.
Lies es leise und langsam – zweimal.
Sprich es dir leise innerlich vor.

Was fällt dir beim Lesen ein?

Was ist dir beim Lesen eingefallen?
Was fällt dir jetzt zu dem Gedicht ein?
Hättest du Fragen an den Autor?
Schreibe auf, was dir einfällt.

Tipp!

Erst mal alles aufschreiben, was dir einfällt.
Danach kannst du streichen, was dir nicht so passend erscheint.
Du kannst auch Schritt für Schritt zu den einzelnen Wörtern Einfälle oder Fragen sammeln.

Was verstehst du nicht?

Gibt es Wörter, die du nicht verstehst?
Schreibe diese Wörter auf.
Versuche ihre Bedeutung zu ermitteln.
Findest du Schwierigkeiten im Satzbau? Wo sind solche Stellen?

Tipp!

Die Bedeutung kannst du in einem Wörterbuch ermitteln.
Das ist wichtig, wenn es um neue, seltene oder alte Wörter geht.
Du kannst dir auch selbst überlegen, was ein Wort heißen könnte.
An was erinnert dich das Wort?
Welche Bedeutung würde in diesem Kontext passen?
Welches andere Wort könntest du einsetzen?

2. THEMA: WORUM GEHT ES?

Ganz wichtig ist: Worum geht es in dem Gedicht?
Oder was ist das Thema?
Sag das erst mal ganz schnell.
Genauer kommt es dann später.

Was kommt im Gedicht vor?

Was steht im Mittelpunkt des Gedichts?
Sieh dir den Text noch einmal genau an und schreibe hierzu einen Satz auf.
„Es geht um. . . „

Tipp!

Zuerst ganz allgemein die Art:
Ein Gegenstand, eine Landschaft, ein Erlebnis, Gefühle, Gedanken, . . .
Danach etwas genauer:
Wo? Was passiert?

Kurz gefasst!

Wie könntest du den Inhalt des Gedichts zusammenfassen?
Suche Wörter, die für das Thema wichtig sind. Schreibe ein paar Sätze auf, die den Inhalt wiedergeben.

Tipp!

Schreibe erst mal Stichwörter auf: Wer? Wo? Was?
Danach kurze Aussagesätze:
„Jemand ist einsam. Er ist im Nebel. . . „
Du kannst auch jeder Strophe eine Überschrift geben.

Was stellst du dir vor? Was für Gefühle?

Welche Vorstellungen und Gefühle löst das Gedicht bei dir aus?
Gehe den Text noch einmal durch, Vers für Vers, schließe nach jedem Vers die Augen.
Schreibe auf, was dir durch den Kopf geht.

Tipp!

Bei Gedichten sind die eigenen Empfindungen ganz wichtig:
Wie du es erlebst, welche Vorstellungen es hervorruft, welche Stimmungen und Gefühle.
„Ich finde das Gedicht. . . „

3. SPRECHER, SITUATION: IN WELCHEM RAHMEN SIEHST DU DAS GEDICHT?

Viele Gedichte sind in einem bestimmten Zusammenhang zu sehen.
Dazu gehören etwa die Personen und Gegenstände, die im Gedicht vorkommen, die ganze Situation. Und dann kann es besonders wichtig sein, ob im Gedicht jemand spricht und wer das ist.

Wer spielt mit im Gedicht?

Wer spricht? Wer ist angesprochen?
Schreibe es auf.

Wie erkennst du den Sprecher?

Wird der Sprecher im Gedicht benannt oder ist er nur indirekt zu erschließen?
An welchen Stellen kannst du das erkennen?
Schreibe sie heraus.

Tipp!

Welche Personalpronomen kommen vor? Wer könnte jeweils damit gemeint sein?
Bist du bei einem „wir" als Leser mitgemeint?
Der Dichter kann jemand sprechen lassen oder er kann so tun, als ob er selbst spricht: Das lyrische Ich.
Das lyrische Ich ist natürlich nicht der Dichter selbst.
Oft ist kein Sprecher zu erkennen.

Was spielt eine Rolle?

Wo spielt das Gedicht?
Erkennst du eine Situation?
Wie würdest du sie charakterisieren?

Tipp!

Die Situation, in der das Gedicht spielt, kannst du kurz benennen.
Genauer beschreibt man sie, wenn man die Personen und die Gegenstände genauer benennt.
Wichtig kann auch das Drumherum sein.
Vielleicht sogar, was du dir selbst hinzudenkst.

4. AUFBAU: WIE IST DAS GEDICHT GEGLIEDERT?

Der Aufbau des Gedichts ist wichtig.
In einem Gedicht ist oft ein Nacheinander zu erkennen. Vielleicht ein Geschehen oder verschiedene Blickwinkel. Bei dem Nacheinander kommt es vor allem auf den Anfang und den Schluss an und was sich dazwischen geändert hat.

Was passiert?

Verändert sich etwas im Verlauf des Gedichts?
Was?
Was passiert nacheinander?
Gib das für jede Strophe einzeln an.

Was kommt voran?

Wie kommt es vom Anfang zum Ende?
Handelt es sich um den Ablauf eines Vorgangs?
Geht es um ein Stimmungsbild?

Tipp!

Du musst nicht nur auf die Strophen achten. Es kann auch größere Sinnabschnitte geben, die mehr als eine Strophe umfassen.

Wie ist das zu beurteilen?

Wie verhalten sich Anfang und Ende zueinander?
Ist das Ende offen?
Läuft es irgendwie auf einen Höhepunkt hin? Gibt es ein Ergebnis?
Wie siehst du das?

Tipp!

Wie könntest du die Veränderung beschreiben?
Eine äußere oder innere Entwicklung?
Entfaltung einer Vorstellung, eines Gedankens?
Veränderungen der Gefühle? Der Stimmung?
Achte auf Tageszeiten, Jahreszeiten, Lebenszeiten.
Farben, Töne
Gibt es Vorgriffe oder Rückblicke?
Wenn etwas zu einem Ziel gelangt oder wenn es sich sehr verändert, kann es ein Fortschritt oder einfach nur ein Ergebnis sein.

5. WÖRTER BETRACHTEN: WELCHE WÖRTER PRÄGEN DAS GEDICHT?

Ein Gedicht besteht aus Wörtern und Sätzen. Sie bestimmen es. Darum kommt es auf jedes Wort an: Was ruft es in mir hervor? Mit welchen anderen Wörtern steht es in Zusammenhang? Ist es wörtlich oder bildlich gemeint?

Welche wichtigen Wörter?

Welche Wörter und Textstellen sind besonders wichtig?
Vielleicht sind es neu gebildete Wörter.
Schreibe sie heraus.

Tipp!

Schlüsselwörter, die das Gedicht bestimmen, wiederkehrende Wörter, ungewöhnliche Wörter.
Was bewirken diese Wörter?
Man schreibt den Wortarten auch gewisse Wirkungen zu: Adjektive geben Eigenschaften und Stimmungen wieder.
Weißt du mehr?

Wie ist das Verhältnis der Wörter?

Welche Ausdrücke gehören inhaltlich zusammen und wie?
Stelle sie zusammen.
Kannst du charakterisieren, in wel-

Tipp!

Wiederholung?
Steigerung?
Variation = Abwechslung?
Ein Gegensatz?

Wie wirkt das auf mich?

Wie wirken diese Wörter auf dich?
Gehe sie bitte einzeln durch,

Tipp!

Welche Stimmung, welche Gefühle wecken die Wörter in dir?

Welcher Sprachstil?

Findest du Wörter, die nicht in der Alltagssprache verwendet werden? Schreibe sie heraus.
Schreibe daneben, durch welche üblichen Wörter du sie ersetzen könntest.
Wie wird im Gedicht gesprochen: dichterisch, umgangssprachlich, altmodisch; bildlich und anschaulich?

Tipp!

Stil ist die Art und Weise, wie wir uns ausdrücken: dichterisch, sachlich, mit vielen Verben, mit vielen Nomen oder Adjektiven.
Die Wortwahl prägt den Stil: So kommen manche Wörter fast nur in der Dichtung vor, andere nur in der Amtssprache.

Was könnte man anschauen?

Gibt es etwas, das du malen könntest? Versuche es.
Du kannst dir auch Bilder zu dem Gedicht suchen oder ausmalen.
Welches passt besser?

Tipp!

Dichter schildern oft etwas so, als würde man ein Bild betrachten. So entsteht ein Stimmungsbild, in dem eine Situation geschildert wird.
Wenn du dir ein Bild zum Gedicht ausmalst, dann verstehst du das Gedicht in einer bestimmten Weise.
Passt beides zusammen?

Was ist übertragen?

Welche Bilder sind Vergleiche, Sinn-Bilder oder Metaphern?
Suche dir eine Metapher aus und schreibe auf, was sie nach deiner Meinung bedeutet.

Tipp!

Ein Vergleich kann kurz sein und in einem Satz stehen:. . . ein X ist wie ein Y. . .
Er kann auch ausgeführt sein, über mehrere Sätze gehen.
Es kann ein verkürzter Vergleich, eine Gleichsetzung. Das nennt man Metapher.

6. SPRACHKLANG UND RHYTHMUS: WIE KLINGT DAS GEDICHT?

Gedichte leben von ihrem Klang und ihrem Rhythmus. Oft sind es Verse, die gereimt sind und in einem Versmaß geschrieben. Der Bau der Sätze schafft besondere Wirkungen.

Ob Reime zu entdecken sind?

Welche Reime findest du?
Du kannst die Reime unterstreichen.
Wenn das Gedicht Reime hat:

Tipp!

Beim Reimschema kommt es darauf an, welche Zeilen einer Strophe sich reimen.
Paarreim:. . . a. . . a
Kreuzreim:. . . a. . . b. . . a. . . b
umfassend:. . . a. . . b. . . b. . a
Reime stellen einen Zusammenhang zwischen den Zeilen her.

Was höre ich?

Sich vorsprechen und Sprachklang oder Lautmalerei überprüfen.
Findest du lautmalende Wörter?
Schreibe sie heraus.

Tipp!

Lautmalend sind Wörter, die Töne nachahmen.
Zum Beispiel: *miauen, summen Kuckuck*

Wie könnte ich den Rhythmus schlagen?

Nimm dir eine Zeile und sprich sie dir still vor. Du kannst dabei für betonte Silben leise klopfen. Markiere dann, welche Silben betont sind.
Wie ist die Reihenfolge von betonten und unbetonten Silben?

Tipp!

Wenn man das Versmaß darstellen will, verwendet man ´x für betonten Silben.
Versmaße sind zum Beispiel:
´xxx ´xxx und so weiter.
Du kannst das auch so darstellen:
x_ _ x_ _
Ein anderes Versmaß wäre:
_ x _x und so weiter.

7. PERSÖNLICHER EINDRUCK: WAS MÖCHTE ICH ZUM GEDICHT SAGEN?

Gedichte verstehen wir ganz persönlich.
Sie können auf uns schön und angenehm wirken. Sie können uns auch eigenartig berühren. Darum sollte man sich über den persönlichen Eindruck klar werden und mit anderen darüber reden.

Wie sehe ich das?

Du kannst auch das Gedicht mit eigenen Gedanken weiterführen.
Welche Fragen hast du jetzt an den Autor?

Was bedeutet es für mich?

Kannst du eine Art Lehre für dich ziehen?
Oder möchtest du vielleicht für jemand anderes eine kleine Hilfe formulieren, wie das Gedicht zu verstehen ist?
Schreibe sie auf.

Tipp!

Du kannst einige Bemerkungen zum Inhalt, zur Art und Form des Gedichts machen.
Du kannst aber auch etwas zur Wirkung des Gedichts sagen, vielleicht sogar ganz persönlich, was es dir bringt.

Wenn wir uns unterhalten, bekommen wir neue Ideen.

Sprich mit anderen, die das Gedicht kennen.

Dieses Lehrstück ist das Produkt einer alten Kooperation mit Ulrich Müller.

Hier ein bewegender Feldpostbrief. Versuchen Sie, ihn zu interpretieren.

Im Felde, den 18. 1. 43

Liebe Erika!

Wollte eigentlich nicht früher wieder schreiben, bis ich Post von Dir hatte. Aber diese Sache bereitet mir wieder mal schlaflose Nächte. Kann nicht drüber weg kommen, dass du nach so langer Zeit wo es doch gut ging jetzt mit einem mal wieder solchen Mist anfängst. Hab mich bestimmt auf den Urlaub gefreut. Jetzt wird es ja doch nichts. Ist auch ganz gut so, denn habe auch gar keine Lust mehr. Meinetwegen kann es jetzt wieder 1 1/2 Jahre dauern. Wollte man für ganz hier in Russland bleiben, denn in der Heimat hat man ja doch keine Freude mehr. Verstehe dich nicht. Haben uns so schöne Pläne geschmiedet und du machst jetzt wieder einen Strich durch die Rechnung. Du machst mir Sorgen, Elfriede holt mein ganzes Geld von der Bank. Also es ist zum verzweifeln. Liegt man schon weit genug im Dreck, dass man sich die Haare ausreißen könnte, und nun dieses noch dazu. Na, mir soll es recht sein. Wenn es so weiter geht, dann will ich bald von dem ganzen Mist nichts sagen. Mir lässt keiner einen Pfennig Geld. Wenn ich mal nach Hause komme, habe dann nicht einen Pfennig Geld. Habe mich schon so damit geärgert über diese Sache. Das wäre etwas sich die Knochen für Euch kaputt schießen und damit noch nicht genug. Ihr macht einen noch moralisch fertig. Na, dann Gott mit uns. Was sind wir Frontsoldaten doch betrogen. So jetzt Schluss für heute

Liebe Grüße Dein Günter

Dies sind Anfänge von Gedichten von Paul Celan.

Sie finden die Fortsetzungen hier:
http://www.projekt-deutsche-lyrik.de/index.php/der-gast.html
http://www.lyrikline.org/de/gedichte/engfuehrung-159#.Vk9PkNgveUk

Paul Celan: Brandmal

Wir schliefen nicht mehr, denn wir lagen im Uhrwerk der Schwermut
und bogen die Zeiger wie Ruten,
und sie schnellten zurück und peitschten die Zeit bis aufs Blut ...

Engführung

VERBRACHT ins
Gelände
mit der untrüglichen Spur:
Gras, auseinandergeschrieben. Die Steine, weiß, ...

Sehen Sie so ein Gedicht ähnlich wie den Wohmann-Text im Grundbuch?
Oder trauen Sie sich, einen solchen Text zu interpretieren?
Es gibt Interpretationen. Oder nur Versuche?

Man sollte beim Lesen so vorsichtig sein wie beim Essen:
nicht zu viel – und sehr gut kauen.
Winston Churchill

14

Lesen und Schreiben

Zum Warmup ein paar Beispiele zum Wahrnehmungstraining.

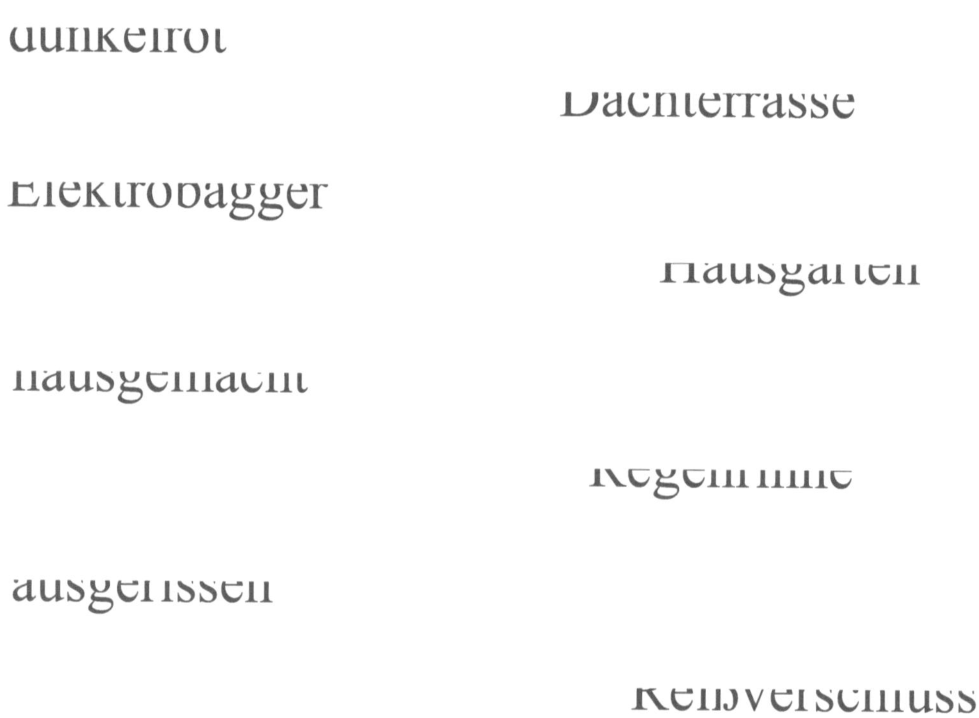

Alle geschafft? Ich kann das auch schwieriger machen.

So wie hier unten wird der Leseprozess öfter schematisch dargestellt. Sehen Sie das kritisch? Wo würden Sie ändern? Wo ergänzen?

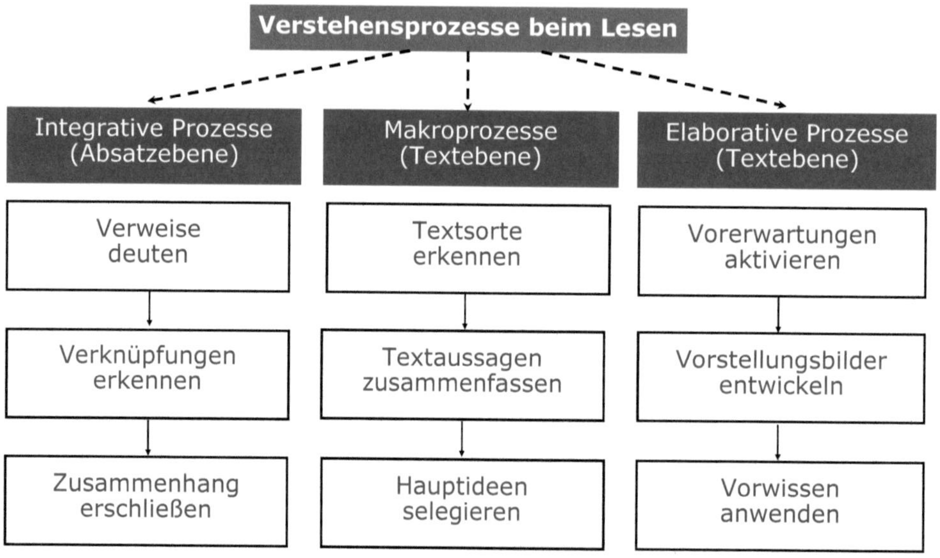

Gegenüber etwas eher Psycholinguistisches. Sehen Sie das etwas kritisch?

Neuropsychologie: Dem Lesen auf der Spur
Zur Evolutionsgeschichte des Lesens (Quelle geo.de)

1. Weshalb können wir lesen? Die Frage ist nicht leicht zu beantworten, meint der amerikanische Neuropsychologe Nils Varney. Sicher, das Lesen lernt man in der Schule – aber welche Eigenschaften befähigen uns dazu?
2. Varney [...] geht davon aus, dass das Lesen, anders als etwa das Hören, eine Kulturleistung sei, die nicht zum „natürlichen“, angeborenen Inventar menschlicher Fähigkeiten gehöre. Vielmehr sei sie erst vor 5000 Jahren, mit der Erfindung der Schrift, in Gebrauch gekommen [...] und im Laufe der vergangenen zwei bis drei Millionen Jahre im Frontal- und Temporalbereich auf der linken Hirnhemisphäre entstanden.
3. [...] Wenn das Gehirn nicht für das Lesen „gemacht“ ist, wie ist es dann zu erklären, dass jeder geistig Gesunde in der Lage ist, sich in relativ kurzer Zeit eine derart komplexe kognitive Fähigkeit wie das Lesen anzueignen?
4. [...] Offenbar werden alte Anlagen des Gehirns für das Lesen „umgewidmet“ – „Präadaption“ heißt der Fachbegriff für diesen Vorgang. Aus detaillierten Untersuchungen glaubt der Neurobiologe ableiten zu können, aus welchen Fähigkeiten – alten Anlagen – das Lesen hervorgegangen ist. Dazu zählt vor allem die wohl schon bei frühen Hominiden ausgeprägte Kunst des Erkennens von Fußspuren – des sprichwörtlichen „Lesens“ einer Fährte. Dieses „Lesen“ in der Natur, die Fähigkeit, die Fährte eines Raubtieres zu deuten, soll dabei mehr als nur reine Überlebenssicherung gewesen sein.
5. Um diese Annahme zu beweisen, verglich der Forscher Befunde verschiedener Personen mit unterschiedlichen Hirnschädigungen. Er stellte dabei fest, dass alle Patienten, die nicht in der Lage waren, einfachste Diagramme von Fußabdrücken den zugehörigen Tierbildern zuzuordnen, auch Probleme beim Lesen hatten. Dagegen zeigte umgekehrt eine andere Patientengruppe, die zwar eine gestörte Lesefähigkeit aufwies, dass sie aber Fährten erkennen konnte. Die Befunde dieser Patientengruppen deuten nach Varney darauf hin, dass Fährtenlesen eine frühere, sozusagen „primitivere“ Fähigkeit als das Lesen darstellt. Spurenlesen wäre demnach eine Basisfähigkeit, auf der die zweite, kulturelle Lesefähigkeit aufbaut.

Widmen Sie sich diesen Textausschnitten kritisch. Etwa:

- **Wie passen die Thesen in 1. und in 4. zusammen?**
- **Was halten Sie von der Idee des Spuren Lesens als Vorform des Lesens? Wie könnte man darauf kommen?**
- **Werden Spuren in allen Sprachen gelesen?**
- **Was würde die Verifizierung der These theoretisch bringen?**
- **Was würde die Verifizierung der These didaktisch bringen?**
- **Und weitere Kritikpunkte**

Normal lesen wir in unserer Kultur von links nach rechts und von oben nach unten. Hier aber könnten wir es mit einer Art Ikonismus zu tun haben.

- **Finden Sie Indizien dafür?**
- **Partiell chaotisch?**
- **Oder ist alles etwas chaotisch?**

Ein Name kommt zweimal vor. Er scheint besonders wichtig.

Schaffen Sie es, hier die Lücken zu füllen?

Eine typischere Art ________ Lesens könnte man ________ nennen, das Verb ________ alten Sinn und ________ normal verwendet. Man ________ im Browser ein ________ Dokument. Wenn es ________ auf den Bildschirm ________ wird statt Blättern ________ Hier kann man ________ eine gewisse Sprungtechnik ________ weil man mit ________ Scrollbar auch springen ________ Natürlich blieb das ________ nicht hierfür reserviert: ________ mehr der Browser ________ je mehr Verlinkung ________ gibt, umso mehr ________ man sich dem ________ Man kann nun ________ Sprünge machen: Springen ________ der Wahrnehmung, springen ________ Verstehen. Kohärenz herzustellen ________ ziemlich schwer beim ________ und Recherchieren im ________ Wie gelingt das? ________ einfach nur die ________ an Kohärenz heruntergeschraubt? ________ Natürlich: Wer surft, ________ was er tut, ________ wer googelt, genauso.

DAS ZWEITE· WALLFAHRT

Im trostlos graden zug von gleis und mauer
Im emsigen gewirr von hof und stiege·
Was sucht der fremde mit ehrfürchtigem schauer?..
Hier – Bringer unsres heils! stand deine wiege.

Eine typischere Art des _____ könnte man Browsen nennen, _____ Verb im alten Sinn und _____ normal verwendet. Man liest im _____ ein einzelnes Dokument. Wenn es _____ auf den Bildschirm passt, wird _____ Blättern gescrollt. Hier kann man _____ eine gewisse Sprungtechnik pflegen, weil _____ mit der Scrollbar auch springen _____ Natürlich blieb das Wort nicht _____ reserviert: Je mehr der Browser _____ je mehr Verlinkung es gibt, _____ mehr nähert man sich dem _____ Man kann nun größere Sprünge _____ Springen in der Wahrnehmung, springen _____ Verstehen. Kohärenz herzustellen scheint ziemlich _____ beim Surfen und Recherchieren im _____ Wie gelingt das? Wird einfach _____ die Anforderung an Kohärenz heruntergeschraubt? _____ Natürlich: Wer surft, weiß, was _____ tut, und, wer googelt, genauso.

Etwas leichter in der zweiten Ausfertigung? Ermitteln Sie den Unterschied. Übrigens eingeschoben: Die besondere Schrift von Stefan George.

Leseverständnis

Haben Sie sich mit den kleinen eingeschobenen Lesestückchen befasst?

Besser Lesen

Was halten Sie nun von den Enzensberger-Auslassungen?

> Wenn zehn Leute einen literarischen Text lesen, kommt es zu zehn verschiedenen Lektüren. Das weiß doch jeder. In den Akt des Lesens gehen zahllos viele Faktoren ein, die vollkommen unkontrollierbar sind: die soziale und psychische Geschichte des Lesers, seine Erwartungen und Interessen, seine augenblickliche Verfassung, die Situation, in der er liest – Faktoren, die nicht nur absolut legitim und daher ernst zu nehmen, sondern die überhaupt die Voraussetzung dafür sind, dass so etwas wie Lektüre zustande kommen kann. Das Resultat ist mithin durch den Text nicht determiniert und nicht determinierbar. Der Leser hat in diesem Sinn immer recht, und es kann ihm niemand die Freiheit nehmen, von einem Text den Gebrauch zu machen, der ihm passt.
> Enzensberger

Gutachten zur Magisterarbeit

Der Schlesische Dialekt - die Sprache der Deutschen Minderheit im Oppelner Schlesien

von
Syrena Barno

Dies ist eine Arbeit, die einen lebensgeschichtlichen Hintergrund aufweist.
Im ersten Kapitel werden ein paar Grundbegriffe eingeführt. Die Verf. stützt sich hier auf brauchbare Sekundärliteratur und belegt dies auch, allerdings nicht immer deutlich, da direkte Zitate nicht ausgewiesen sind. Außerdem werden oft Sekundärzitate geboten.
Ähnlich ist das zweite Kapitel zur Geschichte zu sehen.
Die weiteren darstellenden Teil handeln von der Onomastik (verschrieben: Onomanistik) in Oberschlesien und der Darstellung des Schlesischen Dialekts.
Diese Kapitel gewinnen zum Teil durch die Einbindung persönlicher Dokumente.

Zentraler Teil mit Eigenleistung ist das Gespräch mit zwei Personen aus Oppelner Schlesien. Die Verf. hat es aufgenommen und transkribiert.
Die Analyse des Gesprächs ist allerdings recht eigen. Das Gespräch steht unkommentiert da. Die Analyse besteht in einer anschließenden Zusammenstellung einzelner Wörter im Vergleich der beteiligten Sprachen. Als Analyse wird man das schwerlich bezeichnen können.

Besser Lesen

Scannen oder skimmen

Wenn Sie in einem Buch auf Stellen stoßen, wo Sie sagen: Das versteh ich nicht ganz. Dem ist in Zeiten des Internets leicht Abhilfe zu schaffen. Aber bei den Internetrecherchen sollten Sie Einiges beachten:

- Suchen Sie zu einem Problem immer mehrere Seiten auf.
- Bilden Sie sich aus den Funden Ihre eigene Meinung.
- Achten Sie darauf, ob Sie Anzeichen dafür finden, dass die Quelle seriös ist (auch Rechtschreibung, Layout, Seriosität der Implementierung: interaktives HTML oder schlichtes PDF oder schnelles PPT).
- Wikipedia ist zwar besser als vor Jahren, aber oft noch problematisch, weil einseitig. Schalten Sie es bei der Suche schon mal weg.
- Bedenken Sie, dass enzyklopädisch orientierte Artikel oft das Kreative und Kritische vernachlässigen zu Gunsten des scheinbar Gesicherten.

Mit der Referenz haben Textlinguisten so ihre Probleme. In der Logik und der sprachanalytischen Philosophie ist das verhältnismäßig geklärt. Zwar klettern manche nicht so gern auf eine zweite Stufe und lassen Prädikationen über Prädikate oder Propositionen zu, aber unten herum ist alles klar.

> Wir referieren keineswegs nur mit NPs auf Objekte der Welt (so wie es die klassische Referenzsemantik lange annahm), sondern mit allen Ausdrücken, die Bedeutung haben, mit Adjektiven auf sinnliche oder mentale Eigenschaften, mit Präpositionen auf Raum- und Zeitverhältnisse [. . .] (Schwarz-Friesel/ Consten 2014, 52)

So macht man das. Man behauptet, die unangenehme Ansicht sei lange widerlegt, kein Argument wieso. Dann schließt man eine Behauptung an, die in Teilen absurd scheint, denn wenn man mit allen bedeutungsvollen Ausdrücken referiert, dann bleibt ja nichts anderes übrig. Wie kommt man da zu Propositionen oder Aussagen gar?
Dann reichert man die Ontologie ordentlich an mit diversen Eigenschaften und Verhältnissen. Es kommt auch nicht so recht raus, was mit den mentalen Eigenschaften gemeint ist. Sind Adjektive nicht für alle Eigenschaften zuständig – und für einiges Andere wie Wertungen, Relationen etwa.
In der Wissenschaft ist es unerlässlich, Behauptungen mit Argumenten zu belegen und zu widerlegen. Einfach so etwas in die Welt setzen ist nicht wissenschaftlich. Vor allem kann man so etwas nicht widerlegen, weil man nicht weiß, wie. Man kann sich nur auf das Niveau begeben und einfach sagen: Es stimmt nicht. Und das könnte man auch belegen.

Scannen oder skimmen

Schreiben ist eine komplexe sprachliche Handlung.
Im Schreiben produziert man einen Text. Demnach wird auch angenommen, dass der Schreibprozess sich orientiert an der Schreibaufgabe, dem Ziel und der Textsorte. So wird man anders schreiben in einer Erlebniserzählung als in der Nacherzählung, anders in der Bildbeschreibung als im Protokoll und noch ganz anders in der wissenschaftlichen Arbeit, mit der wir uns kurz beschäftigen wollen.

Innerhalb der Schreibforschung werden Planen, Formulieren, Ausführen, Überprüfen und Überarbeiten als Teilhandlungen unterschieden. Am Anfang vielleicht als Planungsfragen:

- **Warum und für wen schreibe ich?**
- **Was schreibe ich?**
- **Wie baue ich den Text auf?**
- **Wie formuliere ich?**
- **Wie überarbeite ich?**

Einen als Anregung gedachten Algorithmus gebe ich hier.
Gehen Sie nur kritisch damit um.

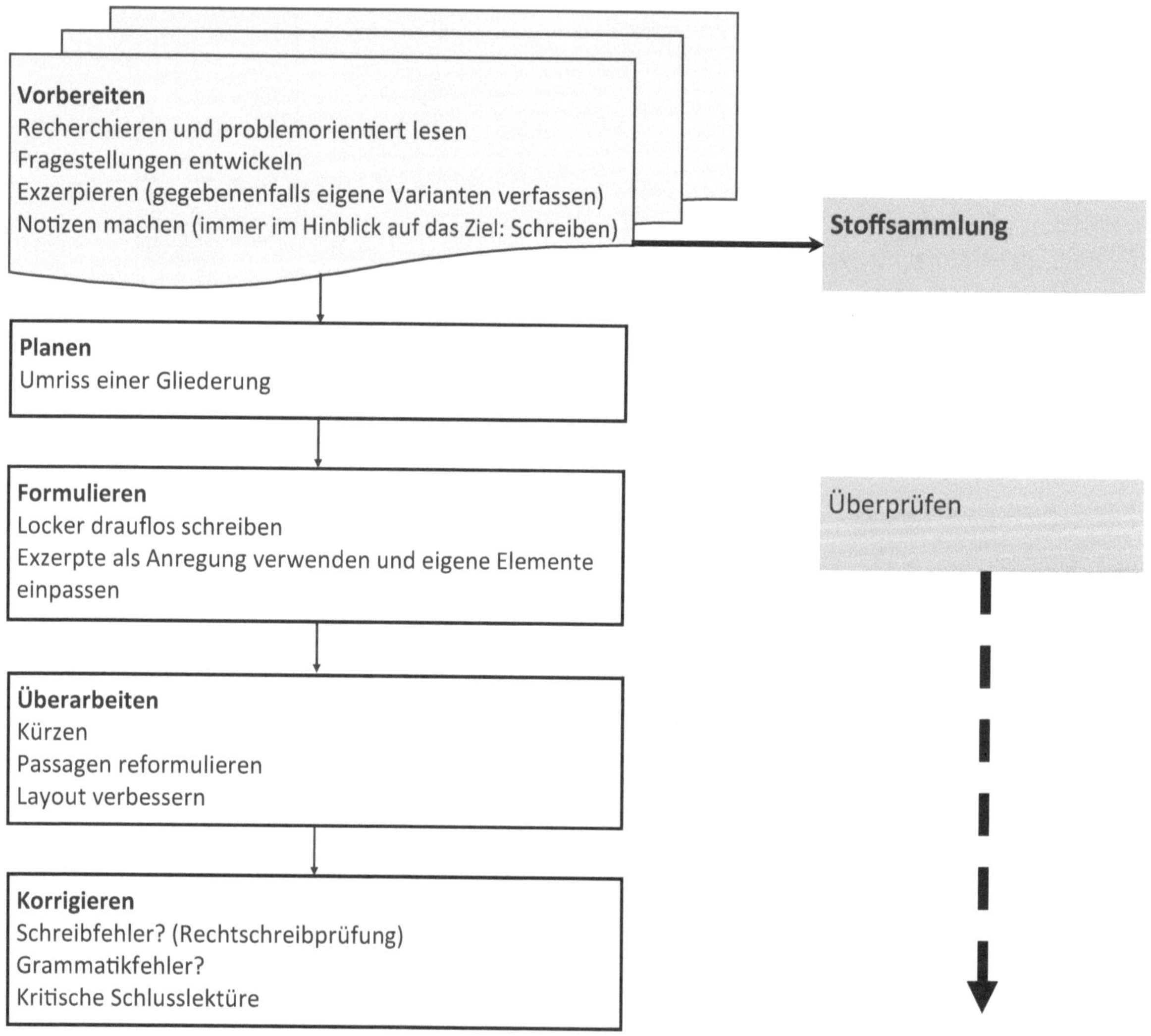

Überprüfen ist eine Art Monitoring, das Ihr Schreiben ständig begleitet.

Wir befassen uns etwas mit dem Überarbeiten und Kürzen.
Dazu wenige Beispiele.

☞ Auflösung langer Sätze und Schachtelungen. Übersichtliche Darstellung

Eine Textsorte ist eine im Bereich der kohärenten verbalen Texte liegende kompetentiell anerkannte und relevante Textklasse, deren Konstitution, deren Variationsrahmen und deren Einsatz in Kotext und umgebenden Handlungstypen Regeln unterliegt und deren Identität eines Textes besteht in seiner Textsortenzugehörigkeit. Formal lässt sich eine Textsorte beschreiben als Kombination von Merkmalen (deren Zahl für jede Textsorte einzeln festgelegt ist) aus Klassifikationsdimensionen, die nach den drei semiotischen Grundaspekten des Textes (Abbildung von Welt, kommunikative Funktion, Eigenstruktur) gruppiert sind.

Eine Textsorte ist eine im Bereich der kohärenten verbalen Texte liegende kompetentiell anerkannte und relevante Textklasse, deren Konstitution, deren Variationsrahmen und deren Einsatz in Kotext und umgebenden Handlungstypen Regeln unterliegt. Ein Teil der Identität eines Textes besteht in seiner Textsortenzugehörigkeit. Formal lässt sich eine Textsorte beschreiben als Kombination von Merkmalen (deren Zahl für jede Textsorte einzeln festgelegt ist) aus Klassifikationsdimensionen, die nach den drei semiotischen Grundaspekten des Textes (Abbildung von Welt, kommunikative Funktion, Eigenstruktur) gruppiert sind.

Eine Textsorte ist eine Textklasse, die kohärente Texte umfasst und als Einheit anerkannt und relevant ist. Ihre Konstitution, Variationsrahmen und Funktion im Kotext umgebender Handlungstypen sind regelhaft bestimmt. Die Textsortenzugehörigkeit ist Teil der Identität eines Textes. Formal lässt sich eine Textsorte beschreiben als Kombination von Merkmalen der drei semiotischen Grundaspekte:

- Abbildung von Welt
- kommunikative Funktion
- Eigenstruktur

☞ Umformulieren plus moderat kürzen

Wegen des noch recht lückenhaften Kenntnisstandes im Bereich der Textsorten-Linguistik ist es nicht bei jedem konkreten Text möglich, die für die betreffende Textsorte typischen Merkmale von den (allgemeinen) Bedingungen der Textualität einerseits und den individuellen (autorspezifischen) Eigenschaften andererseits genau zu trennen.

Der Kenntnisstand im Bereich der Textsorten-Linguistik ist noch recht lückenhaft. Darum ist es nicht bei jedem Text möglich, die textsortentypischen Merkmale von den Bedingungen der Textualität oder von den individuellen, autorspezifischen Eigenschaften exakt zu trennen.

Nach gesundem Menschenverstand verständlicher schreiben ist sicher eine gute Idee. In der Wissenschaft geht es aber vor allem um Präzision. Dafür wurden Terminologien entwickelt. Als Linguist sollten Sie zeigen, dass Sie bewusst und präzis schreiben. Auch in diese Richtung wird man bei der Überarbeitung arbeiten und besser formulieren.
Dies sind einfache Regeln für das Kürzen von Texten.

In Alphabetschriften strebt man eine möglichst eindeutige Zuordnung von Lauten und Buchstaben an.

In Alphabetschriften strebt man eine möglichst ein-ein-deutige Zuordnung von Lauten und Buchstaben an.

In Alphabetschriften strebt man eine möglichst ein-ein-deutige Zuordnung von Graphemen und Phonemen an.

- **Modifizieren Sie die folgenden Regeln, so dass sie für Sie und Ihre Zwecke brauchbar wären.**

Einfache und kurze Wörter:

- keine langen Zusammensetzungen,
- keine Streckverben,
- aber Vorsicht mit Abkürzungen.

Einfache und kurze Sätze:

- keine komplizierten Satzgefüge,
- keine vollgestopften Sätze,
- aber wenig Nominalisierungen.

Keine Redundanzen:

- nichts doppelt moppeln,
- keine überflüssigen Informationen.

- **Ergänzen Sie um weitere wichtige Regeln.**
- **Erstellen Sie Beispiele für die Anwendung der Regeln. Am besten mit Ihren eigenen schriftlichen Erzeugnissen. Wenn Ihnen das zu heikel ist, arbeiten Sie sich an Fremdtexten ab!**

Übrigens die Ich-Vermeidung kann mit der Präzision in Konflikt geraten.
Ich stütze mich hier auf Feilke 2010. Die Verfasserin ist allerdings der Meinung, dass ...
Welche ist gemeint?

Erproben Sie Ihre Fähigkeiten an diesem Text. Schaffen Sie die perfekte Formulierung? (Zwischen den Zeilen ist Platz.)

In den letzten Jahren nimmt die Gewaltbereitschaft bei Jugendlichen beständig zu. Es wird sehr oft betrachtet, dass junge Erwachsene gewalttätig werden. Darum versuchen viele Länder neue Maßnahmen zu treffen. Könnten diese Maßnahmen ausreichen oder ist es notwendig das Phänomen tiefer und detailierter zu analysieren?
Geschehnisse wie „Amoklauf in Schulen" oder Gewalt in der Täglichkeit bei Jugendlichen zeigen die heutige Situation des Lebens. Um die gestiegene Gewaltbereitschaft zu kämpfen, sollte man erstens die Ursachen dieses Problems zum Vordergrund bringen. Verschärfte Waffengesetze würden sicherlich helfen aber sind auf keinen Fall die alleinstehende Lösung. In vielen Ländern, sowohl auch in meinem Heimatland, finden oftmals solche gewalttätige Reaktionen statt. Die erste Basis für die Entwicklung der Persönlichkeit liegt an der familiären Umgebung. Die Gewalt innerhalb der Familie könnte den seelischen Zustand eines Kindes stören. Der schnelle Rhythmus des Lebens und die zunehmenden Bedürfnisse können viele Eltern zu Gewalt führen. Jugendliche werden davon sehr stark beeinflusst und können sich vielleicht später gewalttätig verhalten. Noch dazu könnte man feststellen, dass die gestiegene Gewaltbereitschaft bei Jugendlichen sehr stark mit der Rolle der Medien zusammengebunden ist. Täglich werden alle Menschen mit Gewaltszenen bombardiert. Sind aber Jugendliche in der Lage diese Brutalität zu kritisieren und beeinflusst zu bleiben? Die Eltern, vor allem die Berufstätigen, haben nicht die genügende Zeit sich mit ihren Kindern zu beschäftigen. In der Pubertät suchen die meisten Jugendlichen einen Ausweg. Die Wichtigkeit der Kommunikation und des Verständnis aus der Seite der Eltern spielt vielleicht die wichtigste Rolle. Sind sie aber seelisch in der Lage ihre Kinder zu unterstützen, wenn sie keine Zeit verfügen? Die Steigerung der Gewaltbereitschaft bei Jugendlichen ist eine Kombination aller dieser Faktoren. Der Staat sollte in der Lage sein, strengere Kritik auszuüben. Maßnahmen zu treffen und neue Möglichkeiten zu bieten. Mehr Flexibilität an die Arbeitszeiten wurde die Eltern helfen. Qualitatives Zeitverbringen mit den Kindern, Ratschläge und Unterstützung könnte zum Problem sehr beitragen. Weiterhin könnte der Staat, auch hier in meinem Heimatland, täglich Polizisten in die Schulen setzen, so dass die Sicherheit wirksamer wäre. Was den Medien anbetrifft, sollte sich der Staat gegen die Gewaltszenen setzen und Sendungen, Filmen und Nachrichten mehr kontrollieren. Eine gesamte Lösung zu finden ist sehr schwierig aber Versuche aus allen Seiten sind erreichbar und können zu positiven Resultaten führen. Nur dann könnte die Gewaltbereitschaft bei Jugendlichen verringert werden.

Von Verweisen wird im Zusammenhang des wissenschaftlichen Schreibens (im Gegensatz zur Referenztheorie) gesprochen, wenn intertextuelle Beziehungen gezeigt werden sollen. Mit „Verweis" wird der Akt, das Ergebnis des Aktes oder die dazu verwendete Textform bezeichnet.
Binnenverweise werden gewöhnlich nicht als intertextuell gesehen. Sie setzen einen Anfang und ein Ende des Texts voraus und bleiben im Text.
Über den Text hinaus gehen aber andere Verweise. Es gibt:

- **globale Verweise, die global und auf Globales verweisen. Dieser Art sind etwa Literaturangaben im Literaturverzeichnis.**
- **globale Verweise, die von einer bestimmten Textstelle global auf einen anderen Text verweisen.**
- **spezifische Verweise, die aus dem Text heraus auf eine bestimmte Stelle eines anderen Texts verweisen. Öfter auch der Nachweis eines Zitats oder einer Reformulierung und manchmal auch als Weiterführung.**

Die Unterschiede muss der Leser verstehen und verstehen können. Die entsprechenden Brücken bleiben oft implizit.

Die Quellenangabe soll die Echtheit belegen und vielleicht die Leser hinführen. Schlichte Verweise per Namensnennung und Literaturangabe zählen aber nicht eigentlich zur Intertextualität, weil unklar bleibt, was da vom Quelltext im Text steht. Etwas Anderes ist es natürlich, wenn im Text gekennzeichnete Reformulierungen vorkommen. Dann aber sind sie das zu beurteilende Textsegment.

Zitieren ist die prototypische Form der Intertextualität. Das eigentliche Ziel einer wissenschaftlichen Arbeit, der wissenschaftlichen Arbeit ist die Teilnahme an der fachlichen Diskussion. Da geht es um

- **die Kenntnis des state of the art**
- **Offenlegen der Quellen**
- **Darstellung von Argumentationen**
- **eigene Argumente**

Im Folgenden ein paar Registerkarten als Tipps für Ihr Zitierverhalten.

Warum?

Scheuen Sie sich nicht zu zitieren. Es tut Ihnen keinen Abbruch. Im Gegenteil: Sie zeigen,

- dass Sie in der Materie bewandert sind, die Tradition, den state of the art kennen,
- dass Sie sich mit den Ergebnissen und Meinungen auseinandergesetzt haben,
- dass Sie an der wissenschaftlichen Diskussion teilnehmen und teilnehmen können,
- dass Sie sich nicht mit fremden Federn schmücken.

Wozu?

Eigentlich sollte ein Wissenschaftler alles kennen, was zu seinem Thema geschrieben und publiziert wurde. In dieser rigiden Form ist das nicht nur unrealistisch, sondern auch unmöglich. Aber das Ideal hat Bestand.

Auf alles eingehen muss man aber nicht. Manches wird man sprechend und mit Absicht übergehen. Aber alles, was Sie verweisend verwenden, sollten Sie sinnvoll verwenden. Es sollte eine Funktion in Ihrem Text haben.

Eine Grundfunktion des Zitierens ist das Belegen. Man belegt etwas, um es im Zusammenhang zu benutzen.

Eine übliche Verwendung ist, dass man mit Zitaten die eigene Behauptung stützt oder sie gewinnen lässt. Da ist immer die Frage, ob die Stütze ausreichend Dignität besitzt und konsistent, erhellend, argumentativ oder empirisch begründet usw. ist.

Auch nicht unüblich ist die Verwendung als Gegenstand der Kritik. Die Kritik kann dabei als vollständige Widerlegung intendiert sein, in eine Präzisierung münden oder als bloße Problematisierung.

Natürlich muss Kritik rational, argumentativ und nicht ad personam sein. Das Gleiche gilt übrigens für Zustimmung.

Zustimmung wie Kritik müssen offen und transparent sein. Unterschwellige Parteinahme ist pfui!

Wichtig: Das Zitat muss eine klare Funktion im eigenen Text haben. Nicht Kraut und Rüben! Kein pures name dropping.

Meta

Zur Grundausbildung von Linguisten gehört die Unterscheidung von Objektsprache, über die man schreibt, und Metasprache, in der man schreibt.

Man lernt früh, dass *kurz* tatsächlich ein recht kurzes Wort ist, *lang* aber kein langes, sondern gleich lang. Man lernt, dass „dreisilbig" wirklich dreisilbig ist, „viersilbig" aber durchaus nicht viersilbig, sondern – erstaunlich – auch dreisilbig. In „Linguistische Texttheorie" Seite 206 weise ich aber nach, dass nicht alle Linguisten so begonnen haben.

Unerlässlich im linguistischen Schreiben ist die Auszeichnung, die auf dieser Unterscheidung basiert. In den Beispielen habe ich die gängigen Auszeichnungen gezeigt: Kursive und Anführungszeichen. Sie sollten für diesen Zweck reserviert bleiben.

Nicht immer ist die Unterscheidung von Metasprache und Objektsprache ganz einfach. Einfach ist es für Linguisten in ihren Bedeutungsangaben etwa: *Familie* bedeutet ‚Lebensgemeinschaft aus einem Elternpaar und mindestens einem Kind' – so sagt's das kluge Wörterbuch. Wie aber geht es Juristen, wenn sie Familie definieren? „Die Familie ist die Gemeinschaft von Mutter und Vater mit ihren gemeinsamen leiblichen Kindern ." Das ist natürlich viel zu eng, zu einseitig und so weiter – das wissen wir und die Juristen auch.

Das entscheidende in unserem Zusammenhang ist, dass es hier um eine sog. Realdefinition geht, so als bräuchte man das Wort dazu nicht. Es kommt aber in der Definition vor! Hier soll nicht der Ort sein, auf diese verquere Weltauffassung einzugehen.

Namen

In Verweisen und Zitaten werden stets Namen vorkommen. Europäische Personennamen sind im Prinzip zweigliedrig: Vorname und Familienname. Im Lauftext wird man die Namen in dieser Reihenfolge verwenden. Die Erwähnung einer Person nur mit dem Familiennamen birgt gewisse Probleme:

Die so benannte Person wird als leicht identifizierbar, weil gut bekannt, stilisiert. Das kann peinlich werden, wenn hier gemischt verfahren wird: Manche mit, andere ohne Vorname. Sie sollten sich vor derartiger Parteinahme hüten. Außerdem gäben Sie zu erkennen, wen Sie für bekannt halten.

Der Sexus der Person ist nicht zu erkennen. Falls Sie nun den Sexus weitgehend durch den Vornamen (vor allem für die pronominale Anaphorik) zeigen, bitte nicht mischen, sondern einheitlich verfahren.

Also bitte gleich und symmetrisch!

Peinlich wird es, wenn Sie Namen verschreiben. Sei es rein aus Versehen, sei es weil Sie ihn nicht recht gelesen haben, sei es weil Sie nicht recht an der Diskussion partizipiert haben. So geistert ein gewisser Bertrand Russel durch die Literatur.

Textform

Eine Zitation können wir als zweiteilig ansehen: der Zitattext (= ein Textsegment) und der Verweis.

Der Zitattext gehört ausgezeichnet durch Anführungszeichen oder Einrückung. Anfang und Ende müssen deutlich zu erkennen sein.

Der Verweis ist eine Art etikettierter link. Er sollte die Quelle in kurzer direkter Form oder wegen der Kürze über den Umweg des Literaturverzeichnisses angeben. Verweise mit „ib .“ , „ebda .“ , „a.a.O .“ oder sowas sind eher Gemeinheiten, weil sie den Leser öfter im Text herumjagen. Verweise ins Nirwana können noch mehr ins Hecheln bringen.

Die Quellenangabe wird öfter mit einer Einleitung versehen, aber was bedeutet „s .“ oder „vgl .“ ? Oft sind es Verhüllungen der Art der Nutzung.
Die Nutzungsart der Quelle sollte aus dem Text hervorgehen!

Zitieren ohne direkte Quelle, also „zitiert nach“ wie hier ist unwissenschaftlich (Schwarz-Friesel/Consten 2014, 10):

> Der Sprachphilosoph Wittgenstein hat dieses Phänomen folgendermaßen beschrieben: „*Wir* können es nicht bemerken, weil *wir* es immer *vor Augen haben* .“ (zit. n. Mausfeld 2005: 47)

Wenn Sie das verifizieren wollten, werden Sie es bei Mausfeld so nicht finden. Die sinnentstellende Kursive gibt es bei ihm nicht. Sinnigerweise gibt er auch keinen Verweis auf die Quelle. Mit großer Wahrscheinlichkeit, weil Wittgenstein das gar nicht gesagt hat. Es könnte sich um § 129 der Philosophischen Untersuchungen handeln. Nur leider heißt es da: „(Man kann es nicht bemerken, – weil man es immer vor Augen hat.)“

Ein bisschen weiter unten spricht der Spezialist Mausfeld dann von Gottlieb Frege. Wer solcher Art Quelle vertraut, sollte man dem vertrauen?

Zwar scheint der Nachzitierer großes Vertrauen zu zitierenden Kollegen zu haben, leidet aber auch an Faulheit und Mangel an kritischer Erfahrung (in „Linguistische Texttheorie“ finden Sie Beispiele, welcher Art Entstellung Zitiertem widerfahren kann und wie die Entstellungen über Nachzitierer sich fortpflanzen).

Der Verweis ins Nirwana.
Du denkst, du kommst weiter -;)

Einbettung

Zitate sollten Aussagen enthalten. Zitieren von Phrasen, einzelnen Wörtern und Termini ist nichtssagend. Gerechtfertigt nur, wenn Sie als Objektsprache behandelt werden.
Die Einbettung des Zitats in meinen Text sollte die Funktion deutlich machen. Soll das Gesagte kritisiert, präzisiert oder affirmiert werden? Soll es meinen Text stützen, präzisieren oder soll es etwas von mir exemplifizieren? Das mag einmal deutlich werden im textuellen Umgang mit dem Zitat, es mag aber auch verdeutlicht werden durch die Zitateinleitung.
Ein Zitat ist ja ein Fall direkter Rede (locker gesehen auch der indirekten Rede). Klassisch besteht die direkte Rede aus der Redeeinleitung und dem Zitat. Die Redeeinleitung RE muss nicht am Anfang stehen, sie kann am Schluss stehen oder insertiert sein. Die Formen sind schulisch bekannt:

RE: „Z"
„Z", RE
„Z", RE, „Z"

Auf die etwas kompliziertere Zeichensetzung gehe ich hier nicht ein.
Redeeinleitungen sind das Einfallstor für Wertungen der Zitiererin. Das beginnt bei unschuldig klingendem „A behauptet, . . ." , bei dem der Zweifel schon mitklingt. Offener parteiisch wären:

A bestätigt ...
A hat nachgewiesen ...
A stellt unmissverständlich fest ... (Adamzik 2004, 19)

Das heißt, ich glaube es auch.
Ein anderer glaubt aber nur, feststellen zu können (Adamzik 2004, 110). Was heißt das?
Und eine andere hat versucht ... (Heinemann/ Heinemann 2002, 11). Ist es ihr gelungen?
Das alles ist natürlich legitim. Es sollte aber argumentativ begründet werden. Sonst kann es diffamierend werden.
Im Normalfall sollte die Redeeinleitung schlicht einen Sprechakt des Zitierten nennen. Als leicht parasitär kann man etwa sehen:

A hat recht, wenn er schreibt ...

Oder noch deutlicher:

XY vermerken die Tatsache, dass ...

Schließlich sollten Sie bei der Einbettung auch darauf achten, dass das Zitat syntaktisch und grammatisch korrekt eingepasst ist.

Caveats

Achten Sie auf die Proportionen: Ihr Text im quantitativen Verhältnis zu Zitaten. Autoren zeigen sich hier unterschiedlich (sicherlich auch nach Zielsetzung des Textes). So ist für eine Textlinguistik plausibel und unablässlich, dass längere objektsprachliche Texte zitiert werden:

> Bei Brinker, Klaus/ Cölfen, Hermann/ Pappert, Steffen (2014) sind etwa 10 Prozent des Buchs Zitate.

Etwas anders hier, wo es sich um Zitierungen aus linguistischer Literatur handelt:

> Bei Schwarz-Friesel, Monika/ Consten, Manfred (2014) weniger als 3 Prozent.
> Bei Gansel, Christina/ Jürgens, Frank (2009) etwa 4 Prozent.

Auch da gibt es keinen allgemeinen Maßstab. Es kommt auf die Funktion an und darauf, wie Sie sich darstellen.

Wird Ihre Beurteilung des Zitats deutlich? Bleibt sie eher subkutan?

Behandeln Sie das Zitat argumentativ?

Verteilen Sie ihre Wertungen unparteiisch?

> ? X zeigt überzeugend ...
> ? X hat erfolgreich untersucht ...

Schreiben Sie dem Zitat keinen historischen Stellenwert zu, wenn Sie die Fachgeschichte nicht sehr gut kennen!
Etwa „X hat als erster .. ." Oder „Diese Erkenntnis geht auf X zurück", wenn Sie keine Quelle haben oder es gar allgemein sagen.

Möglichst Zitate original. Vorsicht mit Umformulieren!

Nicht in Zitaten fummeln! Nichts drin ändern, außer Kürzung mit Auslassungszeichen [...]. Aber Vorsicht, dadurch nicht den Sinn entstellen, nichts aus dem Zusammenhang reißen. Insgesamt Regeln der philologischen Textkritik befolgen. Gegebenenfalls Rechtschreibung anpassen. Verantwortungsvoll und empathisch Verschreiber und Druckfehler korrigieren.

Alles, was zum Zitat zu sagen ist, bleibt außerhalb. Dabei Aufpassen, dass Sie das Zitat nicht aus dem Kontext reißen und umdeuten.
Der korrekte Zitierer versucht, die Intention des Autors nachzuvollziehen.

Nicht Kraut und Rüben zitieren. Alle Zitate sollten funktional sein.

Gerieren Sie sich nicht als Trittbrettfahrer der Berühmten!

Literatur

Adamzik, Kirsten (2004): Textlinguistik. Eine einführende Darstellung. Tübingen

Adamzik, Kirsten (2008): Textsorten und ihre Beschreibung. In: Janich, Nina (Hg.): Textlinguistik. 15 Einführungen. Tübingen, 145-175

Adamzik, Kirsten (2012): Werbekommunikation textlinguistisch. In: Janich, Nina (Hg.): Handbuch Werbekommunikation. Sprachwissenschaftliche und interdisziplinäre Zugänge, 123-142

Agricola, Erhard (1976): Vom Text zum Thema. In: Daneš/ Viehweger (Hgg.): Bd. 1, 3–28

Antos, Gerd (1982): Formulierungskommentierende Ausdrücke. In: LA 119, 121-131

Antos, Gerd (2008): Schriftliche Textproduktion: Formulieren als Problemlösen. In: Janich, Nina (Hg.): Textlinguistik. 15 Einführungen. Tübingen, 237-254

Asher, Nicholas/ Lascarides, Alex (2003): Logics of conversation. Cambridge

Bader, Anita/ Fritz, Gerd (2011): Zur Entwicklung von Formaten und Kommunikationsformen in der digitalen Wissenschaftskommunikation – eine evolutionäre Betrachtungsweise. In: Gloning, Thomas/ Fritz, Gerd (Hg.): Digitale Wissenschaftskommunikation. Formate und ihre Nutzung. Linguistische Untersuchungen. Band 3. Gießen: Gießener Elektronische Bibliothek, 55-86. (http:/ / geb.uni-giessen.de/. geb/ volltexte/ 2011/ 8227/)

Beaugrande, Robert-Alain de/ Dressler, Wolfgang Ulrich (1981): Einführung in die Textlinguistik. Tübingen

Beaver, David I. (2001): Presupposition and assertion in dynamic semantics. Stanford, CA

Beißwenger, Michael (2007): Sprachhandlungskoordination in der Chat-Kommunikation. Berlin/ New York

Biere, Bernd Ulrich (1989): Verständlich-Machen. Hermeneutische Tradition – Historische Praxis – Sprachtheoretische Begründung. Tübingen

Bittner, Johannes (2005): Homepage Reloaded. Texte und Textsorten in digitalen Medien. In: DU 1, 45-56

Blühdorn, H. (2006): Textverstehen und Intertextualität. In: H. Blühdorn, E. Breindl & U. Hermann Waßner (Hgg.), Text – Verstehen. Grammatik und darüber hinaus; [Beiträge zur 41. Jahrestagung des Instituts für Deutsche Sprache vom März 2005] (Jahrbuch / Institut für Deutsche Sprache, S. 277–298). Berlin

Blühdorn, Hardarik (2006): Textverstehen und Intertextualität. In: Blühdorn u. a. (Hg.): 277– 298

Blühdorn, Hardarik/ Breindl, Eva/ Waßner, Ulrich H. (Hg.) (2006): Text – Verstehen. Grammatik und darüber hinaus. Jahrbuch des Instituts für deutsche Sprache 2005. Berlin/ New York Blum, Joachim/ Bucher Hans-Jürgen

Bračič, Stojan/ Fix, Ulla/ Greule, Albrecht (2007): Textgrammatik – Textsemantik – Textstilistik Ein textlinguistisches Repetitorium, Ljubljana

Brandom, Robert B. (2009): Reason in Philosophy. Animating Ideas. Cambridge, MA

Brandom, Robert B. (2010): Between Saying and Doing: Towards an Analytic Pragmatism

Brandom, Robert B. (2000): Articulating reasons. An introduction to inferentialism. Cambridge, MA/ London

Brandom, Robert B. (2001): Begründen und Begreifen. Frankfurt/M.

Breindl, Eva (2004): Relationsbedeutung und Konnektorbedeutung: Additivität, Adversativität und Konzessivität. In: Blühdorn, Hardarik/ Breindl, Eva/ Waßner, Ulrich Hermann (Hgg.): Brücken schlagen. Grundlagen der Konnektorensemantik. Berlin/ New York, 225-253

Breindl, Eva/ Volodina, Anna/ Waßner, Ulrich Hermann (2014): Handbuch der deutschen Konnektoren 2. Semantik der deutschen Satzverknüpfer. Berlin/ New York

Breindl, Eva/ Walter, Maik (2009): Der Ausdruck von Kausalität im Deutschen. Eine korpusbasierte Studie zum Zusammenspiel von Konnektoren, Kontextmerkmalen und Diskursrelationen. Mannheim

Breindl, Eva/ Waßner, Ulrich (2006) Syndese und Asyndese. Konnektoren und andere Wegweiser für die Interpretation semantischer Relationen in Texten. In: Blühdorn, Hardarik/ Breindl,

Brinker, Klaus (7 2010): Linguistische Textanalyse. Eine Einführung in Grundbegriffe und Methoden. Berlin

Brinker, Klaus/ Antos, Gerd/ Heinemann, Wolfgang/ Sager, Sven F. (Hgg.) (2000): Text und Gesprächslinguistik. Ein internationales Handbuch zeitgenössischer Forschung. 1. Halbband: Textlinguistik. Berlin/ New York

Bucher, Hans-Jürgen (2007): Textdesign und Multimodalität. Zur Semantik und. Pragmatik medialer Gestaltungsformen. In: Kersten Sven Roth/ Jürgen Spitzmüller (Hg.): Textdesign und Textwirkung in der massenmedialen Kommunikation. Konstanzteraktion und Kognition. Berlin/ Boston

Carston, Robyn (2002) Thoughts and Utterances: the Pragmatics of Explicit Communication. Oxford

Bucher, Hans-Jürgen (2010): Multimodalität – eine Universalie des Medienwandels: Problemstellungen und Theorien der Multimodalitätsforschung. In: Bucher, Hans-Jürgen/ Gloning, Thomas/ Lehnen, Katrin (Hg.): Neue Medien – neue Formate. Ausdifferenzierung und Konvergenz in der Medienkommunikation. Frankfurt/ New York: Campus Verlag, 41-79

Bucher, Hans-Jürgen (2011): Multimodales Verstehen oder Rezeption als Interaktion. Theoretische und empirische Grundlagen einer systematischen Analyse der Multimodalität. In: Hajo Dieckmannshenke, Michael Klemm und Hartmut Stöckl. (Hg.): Bildlinguistik. Theorien – Methoden – Fallbeispiele. Berlin: Erich Schmidt. Verlag, 123-156

Bucher, Hans-Jürgen (2012): Grundlagen einer interaktionalen Rezeptionstheorie: Einführung und Forschungsüberblick. In: Bucher, Hans-Jürgen/ Schumacher, Peter (Hg.): Interaktionale Rezeptionsforschung. Theorie und Methode der Blickaufzeichnung in der Medienforschung. Wiesbaden: Springer VS, 17-50

Bucher, Hans-Jürgen/ Gloning, Thomas/ Lehnen, Katrin (2010): Medienformate: Ausdifferenzierung und Konvergenz – zum Zusammenhang von Medienwandel und Formatwandel. In: Bucher, Hans-Jürgen/ Gloning, Thomas/ Lehnen, Katrin. (Hg.): Neue Medien – neue Formate. Ausdifferenzierung und Konvergenz in der Medienkommunikation. Frankfurt/ New York: Campus Verlag, 9-38

Bärenfänger, Maja (2008): RST Relationsdefinitionen in SemDok. Interne Reports. der DFG-Forschergruppe 437 „Texttechnologische Informationsmodellierung?. Justus-Liebig-Universität Gießen

Bärenfänger, Maja (2010): Ebenen des Themas. Zur Interaktion von Thema, Text und Wissen. Diss. Gießen

Böttcher, Ingrid/ Becker-Mrotzek, Michael (2003): Texte bearbeiten, bewerten und benoten. Schreibdidaktische Grundlagen und unterrichtspraktische Anregungen. Berlin

Bücker, Jörg (2012): Sprachhandeln und Sprachwissen. Grammatische Konstruktionen im Spannungsfeld von Interaktion und Kognition. Berlin/ Boston

Carston, Robyn (2002) Thoughts and Utterances: the Pragmatics of Explicit Communication. Oxford

Chiarcos, Christian (2011): On the dimensions of discourse salience. In: Dipper, Stefanie/ Zinsmeister, Heike (Hg.): Beyond semantics: Corpus-based investigations of pragmatic and discourse phenomena. Bochumer Linguistische Arbeitsberichte. Band 3, 31-44

Clark, Herbert (1996) Using Language. Cambridge

Clark, Herbert H. (1975). Bridging. In: Schank, Roger C./ Nash-Webber, Bonnie L. (Hg.): Theoretical issues in natural language processing. New York: Association. for Computing Machinery, 169-174

Collins, Allan/ Quillian, Ross (1969): Retrieval Time from Semantic Memory. In: Journal of Verbal Learning and Verbal Behavior 8, 240-248

Coseriu, Eugenio (1981): Textlinguistik. Eine Einführung. Hg. von Jörn Albrecht. Tübingen

Daneš, Frantisek (1974): Functional sentence perspective and the organization of text. In: Daneš, Frantisek (Hg.): Papers on Functional Sentence Perspective. The Hague, 106-128

Dascal, Marcelo (2003): Interpretation and understanding. Amsterdam/ Philadelphia

Dijk, Teun A. van (1980): Macrostructures. An interdisciplinary study of global structures in discourse, interaction, and cognition. Hillsdale, N. J.

Dijk, Teun A. van/ Kintsch, Walter (1983): Strategies of discourse comprehension. Orlando/ San Diego [etc.]: Academic Press

Dressler, Wolfgang (2 1973): Einführung in die Textlinguistik. 2., durchges. Aufl. Tübingen (= Konzepte der Sprachund Literaturwissenschaft 13)

Dummett, Michael (2005): Wahrheit und Vergangenheit. Frankfurt/ M

Ehlich, Konrad (1984b): Zum Textbegriff. In: Rothkegel, Annely/ Sandig, Barbara (Hg.): Text – Textsorten – Semantik. Hamburg, 9–25

Ehlich, Konrad (1994): Funktion und Struktur schriftlicher Kommunikation. In: Günther/ Ludwig (Hg.): 1. HalbBand / HSK 10.1, 18–41

Ehrhardt, Claus/ Heringer, Hans Jürgen (2011): Pragmatik. Paderborn

Ehrich, Veronika (1992): Hier und Jetzt. Studien zur lokalen und temporalen Deixis im Deutschen. Tübingen

Endres-Niggemeyer, Brigitte (2004): Automatische Textzusammenfassung. In: Lobin/ Lemnitzer (Hg.), 407–432

Eroms, Hans-Werner (2007): Stil und Stilistik. Eine Einführung. Berlin

Fabricius-Hansen, Cathrine (2011): Was wird verknüpft, mit welchen Mitteln – und wozu? Zur Mehrdimensionalität der Satzverknüpfung. In: Breindl, Eva/ Ferraresi, Gisella/ Volodina, Anna (Hg.): Satzverknüpfungen. Zur Interaktion von Form, Bedeutung und Diskursfunktion. Berlin/ New York, 15-40

Feilke, Helmuth (1988): Ordnung und Unordnung in argumentativen Texten. Zur Entwicklung der Fähigkeit, Texte zu strukturieren. In: Der Deutschunterricht 3, 65–81

Feilke, Helmuth/ Steinhoff, Torsten (2003): Zur Modellierung der Entwicklung wissenschaftlicher Schreibfähigkeiten. In: Ehlich, Konrad/ Steets, Angelika (Hg.): Wissenschaftlich schreiben – lehren und lernen. Berlin/ New York, 112-128

Ferrari, Angela (2014): Linguistica del testo. Roma

Fix, Martin (2006): Texte schreiben. Schreibprozesse im Unterricht. Paderborn

Fix, Ulla (2000): Aspekte der Intertextualität. In: Brinker, Klaus et al. (Hgg.): Text und Gesprächslinguistik. Ein internationales Handbuch zeitgenössischer Forschung. 1. Halbband. Berlin/ New York, 449-457

Fix, Ulla (2008): Aktuelle linguistische Textbegriffe und der literarische Text. Bezüge und Abgrenzungen. In: Winko, Simone/ Jannidis, Fotis/ Lauer, Gerhard (Hg.): Grenzen der Literatur Berlin/ New York

Fix, Ulla (2008): Text und Textlinguistik. In: Janich, Nina (Hg.): Textlinguistik, 15-34

Freienstein, Jan Claas (2011): Potenzielle Textfunktionen. In: Freienstein/ Hagemann/ Staffeldt (Hgg.), 51-64

Freienstein, Jan Claas/ Hagemann, Jörg/ Staffeldt, Sven (Hgg.) (2011): Äußern und Bedeuten. Festschrift für Eckard Rolf. Tübingen

Fritz, Gerd (1978): Rezension zu Coleman und Kay. ZGL 6, 370-378

Fritz, Gerd (1982): Kohärenz. Grundfragen der linguistischen Kommunikationsanalyse. Tübingen

Fritz, Gerd (1999): Coherence in hypertext. In: Bublitz, Wolfram/ Lenk, Uta/ Ventola, Eija (Hgg.): Coherence in spoken and written discourse. Amsterdam/ Philadelphia, 221-232

Fritz, Gerd (2008): Bessere Texte schreiben. Überlegungen zur Textqualität aus der Sicht einer dynamischen Texttheorie. In: SuL 102, 75-105

Fritz, Gerd (2011a): Texttypen in wissenschaftlichen Blogs. Eine exemplarische. Analyse am Beispiel des Language Log. In: Gloning, Thomas/ Fritz, Gerd (Hg.): Digitale Wissenschaftskommunikation. Formate und ihre Nutzung. Linguistische. Untersuchungen. Band 3. Gießen: Gießener Elektronische Bibliothek, 205-285. (http:/ / geb.uni-giessen.de/ geb/ volltexte/ 2011/ 8227/)

Fritz, Gerd (2011b): Historische Semantik – einige Schlaglichter. In: Riecke, Jörg. (Hg.): Historische Semantik. Jahrbuch für germanistische Sprachgeschichte. Band 2. Berlin/ Boston, 1-19

Fritz, Gerd (2013): Dynamische Texttheorie. Gießen: Gießener Elektronische Bibliothek

Fritz, Gerd/ Gloning, Thomas (2013): Historical pragmatics of controversies. Case studies from 1600 to 1800. Amsterdam/ Philadelphia

Gabriel, Gottfried (1975): Fiktion und Wahrheit. Eine semantische Theorie der Literatur. Stuttgart-Bad Cannstatt

Gansel, Christina/ Jürgens, Frank (22007): Textlinguistik und Textgrammatik. Eine Einführung 2., überarb. und erg. Aufl. Göttingen

Givón, Talmy (2005): Context as other minds. The pragmatics of sociality, cognition. and communication: Amsterdam/ Philadelphia: John Benjamins

Gloning, Thomas (1995): Zur Verständlichkeit von Packungsbeilagen. In: Spillner, Bernd (Hg.): Sprache: Verstehen und Verständlichkeit. Frankfurt/ M., 44-55

Gloning, Thomas (2010): Funktionale Textbausteine: eine Schnittstelle zwischen der Handlungsstruktur und der syntaktischen Organisation von Texten. In: Ziegler, Arne (Hg.): Historische Textgrammatik und Historische Syntax des Deutschen. Traditionen, Innovationen, Perspektiven. Band 1. Berlin/ New York, 173-193

Goodman, Nelson (1949): The Logical Simplicity of Predicates. In: Journal of Symbolic Logic 14 (1), 32-41

Goodman, Nelson (1984): Weisen der Welterzeugung. Frankfurt/M.

Grice, H. Paul (1975): Logic and conversation. In: Cole, Peter/ Morgan, Jerry L. (Hg.): Syntax and Semantics. Band 3: Speech Acts. New York, 41–58 [Dt.: Logik und Gesprächsanalyse.]

Göpferich, Susanne (2001): Von Hamburg nach Karlsruhe: Ein kommunikationsorientierter Bezugsrahmen zur Bewertung der Verständlichkeit von Texten. In: Fachsprache/ International Journal of LSP 23 (3-4), 117–138

Gülich, Elisabeth/ Raible, Wolfgang (Hg.) (1972): Textsorten. Differenzierungskriterien aus linguistischer Sicht. Frankfurt/ M

Haller, Rudolf (1986)): Facta und Ficta. Studien zu ästhetischen Grundlagenfragen. Stuttgart

Halliday, M.A.K./ Hasan, Ruqaiya (1976): Cohesion in English. London

Harris, Zellig (1952): Discourse Analysis. In: Language 28, 1–30

Hartmann, Peter (1968a): Textlinguistik als linguistische Aufgabe. In: Schmidt, Siegfried J. (Hg.): Konkrete Dichtung, Konkrete Kunst. Karlsruhe, 62–77

Hausendorf, Heiko (2000): Die Zuschrift. Exemplarische Überlegungen zur Methodologie der linguistischen Textsortenbeschreibung. In: Zeitschrift für Sprachwissenschaft 19, 210-244

Heinemann, Margot/ Heinemann, Wolfgang (2002): Grundlagen der Textlinguistik. Interaktion – Text – Diskurs. Tübingen

Heinemann, Wolfgang/ Viehweger, Dieter (1991): Textlinguistik: Eine Einführung. Tübingen

Hellwig, Peter (1984): Titulus oder über den Zusammenhang von Titeln und Texten. Titel sind ein Schlüssel zur Textkonstitution. In: ZGL 12, 1–20

Heringer, Hans Jürgen (2001): Lesen lehren lernen. Eine rezeptive Grammatik des Deutschen. Tübingen

Heringer, Hans Jürgen (2009): Ist das Deutsche grammatisch zu fassen? in: Konopka, Marek/ Strecker, Bruno: Deutsche Grammatik – Regeln, Normen, Sprachgebrauch. Berlin, 32-32

Heringer, Hans Jürgen (2011): Auf der Suche nach dem Diskurs. In: Freienstein/ Hagemann/ Staffeldt (Hgg.), 65-74

Heringer, Hans Jürgen (2011): Texte analysieren und verstehen. Paderborn

Heringer, Hans Jürgen (2012): Interkulturelle Kompetenz. Ein Arbeitsbuch mit Interaktiver CD und Lösungsvorschlägen. Tübingen

Heringer, Hans Jürgen (2013a): Linguistik nach Saussure. Eine Einführung. Tübingen

Heringer, Hans Jürgen (2013b): Deutsche Grammatik. Ein Arbeitsbuch. Paderborn

Hermanns, Fritz/ Holly, Werner (Hgg.) (2007): Linguistische Hermeneutik. Theorie und Praxis des Verstehens und Interpretierens. Tübingen

Hoberg, Ursula (1997): Die Linearstruktur des Satzes. In: Zifonun, Gisela/ Hoffmann. Ludger/ Strecker, Bruno: Grammatik der deutschen Sprache. Band 2. Berlin/ New. York, 1495-1680

Hoffmann, Ludger (1997): Thematische Organisation von Text und Diskurs. In: Zifonun, Gisela/ Hoffmann, Ludger/ Strecker Bruno, Band 1, 507-591

Hoffmann, Ludger (2000): Thema, Themenentfaltung, Makrostruktur. In: Brinker, Klaus/ Antos, Gerd/ Heinemann, Wolfgang/ Sager, Sven F. (Hg.): Text- und Gesprächslinguistik. Ein internationales Handbuch zeitgenössischer Forschung. 1. Halbband. Berlin/ New York, 344-356

Hoffmann, Ludger (2004): Chat und Thema. In: Osnabrücker Beiträge zur Sprachtheorie (OBST) 68, 103–122

Holly, Werner (2001): „Gehobener Stil" als sozialer Stil. „Das neue Notizbuch" von Johannes Gross als Textbeispiel. In: Jakobs, Eva-Maria/ Rothkegel, Annely (Hg.): Perspektiven auf Stil. Tübingen, 423-441

Holly, Werner (2009): Sprachkritik als sozialer Stil. Johannes Gross als Sprachkritiker. In: Liebert, Wolf-Andreas/ Schwinn, Horst (Hgg.): Mit Bezug auf Sprache. Tübingen, 305-323

Horn, Laurence R. (1976): On the Semantic Properties of Logical Operators in English. Indiana University Linguistics Club, Bloomington, IN

Hough, Graham (1969): Style and Stylistics. Concepts of Literature. London

Huber, Oliver (2002): Hyper Text Linguistik – TAH: ein textlinguistisches Analysemodell für Hypertexte. Theoretisch und praktisch exemplifiziert am Problemfeld der typisierten Links von Hypertexten im World Wide Web. Dissertation, Ludwig Maximilians Universität München. [http:/ / edoc.ub.uni-muenchen.de/ 921/]

Hundsnurscher, Franz (1997): Repetition reconsidered. In: Weigand, Edda (Hg.): Dialogue analysis. Units, relations and strategies beyond the sentence. Tübingen, 107-119

Isenberg, Horst (1974): Texttheorie und Gegenstand der Grammatik. Berlin

Iser, Wolfgang (1990): Der Akt des Lesens. München

Jakobs, Eva-Maria (1997a): Plagiate im Kontext elektronischer Medien. In: Antos/ Tietz (Hgg.), 147–172

Jakobs, Eva-Maria (1997b): Quellenverfälschungen im wissenschaftlichen Diskurs. In: Klein/ Fix (Hgg.), 197 –218

Jakobs, Eva-Maria (1999): Textvernetzung in den Wissenschaften. Zitat und Verweis als Ergebnis rezeptiven, reproduktiven und produktiven Handelns. Tübingen

Jakobs, Eva-Maria (2003): Hypertextsorten. In: Zeitschrift für germanistische Linguistik (ZGL) 31, 232–252

Jakobs, Eva-Maria/ Lehnen, Katrin (2005): Hypertext – Klassifikation und Evaluation. In: Siever u. a. (Hgg.): 159–184

Janich, Nina (Hg.) (2008): Textlinguistik. 15 Einführungen. Tübingen

Janich, Nina (2008): Intertextualität und Text(sorten)vernetzung. In: Janich, Nina. (Hg.): Textlinguistik. 15 Einführungen. Tübingen: Gunter Narr Verlag, 177-196

Janich, Nina (2012): Werbekommunikation pragmatisch. In: Janich, Nina (Hg.): Handbuch Werbekommunikation. Sprachwissenschaftliche und interdisziplinäre. Zugänge. Tübingen, 213-228

Jost, Jörg/ Lehnen, Katrin/ Rezat, Sara/ Schindler, Kirsten (2011): Schriftliches Beurteilen lernen. In: Bräuer, Gerd/ Schindler, Kirsten (Hg.): Schreibarrangements für Schule, Hochschule, Beruf. Freiburg: Fillibach, 221-239

Jucker, Andreas H. (1994): Irrelevant repetitions. A challenge to Relevance theory. In: Fischer, Andreas (Hg.): Repetition. Tübingen, 57-60

Kintsch, Walter (2002): On the notions of theme and topic in psychological process. models of text comprehension. In: Louwerse, Max/ van Peer, Willie (Hgg.): Thematics. Interdisciplinary studies. Amsterdam/ Philadelphia, 157-170

Klein, Josef (2000): Intertextualität, Geltungsmodus, Texthandlungsmuster. In: Adamzik (Hg.): 31–44

Klein, Josef/ Fix, Ulla (Hg.) (1997): Textbeziehungen. Linguistische und literaturwissenschaftliche Beiträge zur Intertextualität. Tübingen

Klein, Wolfgang/ Stutterheim, Christiane von (1992): Textstruktur und referentielle Bewegung In: Zeitschrift für Literaturwissenschaft und Linguistik (LiLi) 86, 67–92

Koch, Peter/ Oesterreicher, Wulf (2007b): Schriftlichkeit und kommunikative Distanz. In: Zeitschrift für germanistische Linguistik (ZGL) 35, 346–375

Konerding, Klaus-Peter (2002): Konsekutivität als grammatisches und diskurspragmatisches Phänomen. Tübingen:

Krause, Wolf-Dieter (Hg.) (2000c): Textsorten. Kommunikationslinguistische und konfrontative Aspekte. Frankfurt/ M

Krause, Wolf-Dieter (2000a): Kommunikationslinguistische Aspekte der Textsortenbestimmung In: Krause (Hg.), 34–67

Krause, Wolf-Dieter (2000b): Zum Begriff der Textsorte. In: Krause (Hg.): 11–33

Kuschel, Karl-Josef (2008): „Tübingen, Jänner". (http://www.theologie-und-literatur.de/fileadmin/user_upload/Theologie_und_Literatur/Celan-Jens.pdf)

Lang, Ewald (2004) Schnittstellen der Konnektoren-Beschreibung. In Blühdorn et a. (Hgg.), 45-92

Lehnen, Katrin (1999): Kooperative Textproduktion. In: Kruse, Otto/ Jakobs, Eva-Maria/ Ruhmann, Gabriela (Hgg.): Schlüsselkompetenz Schreiben. Konzepte, Methoden, Projekte für Schreibberatung und Schreibdidaktik an der Hochschule. Neuwied, 147-169

Lehnen, Katrin (2012): Erwerb wissenschaftlicher Textroutinen. Schreibarrangements und Modellierung von Aufgaben am Beispiel von Einleitungen. In: Feilke, Helmuth/ Lehnen, Katrin (Hgg.): Schreib- und Textroutinen. Frankfurt/ M., 33-60

Levinson, Stephen C. (2000): Presumptive meanings. Cambridge, MA/ London

Levinson, Stephen C. (2012): Action formation and ascription. In: Sidnell, Jack/ Stivers, Tanja (Hgg.): The handbook of conversation analysis. Oxford, 103-130

Lewis, David (1979): Scorekeeping in a language game. In: Journal of Philosophical Logic 8, 339-359

Liedtke, Frank (2001): Informationsstruktur, Text und Diskurs. In: Liedtke, Frank/ Hundsnurscher, Franz (Hg.): Pragmatische Syntax. Tübingen, 73-95

Linke, Angelika/ Nussbaumer, Markus (1997): Intertextualität. Linguistische Bemerkungen zu einem literaturwissenschaftlichen Textkonzept. In: Antos/ Tietz (Hg.), 109–126

Linz, Erika (2013): Sprache als Barriere? Das Sprachbild in Konzeptionen Leichter Sprache. In: SUL 44, 20-42

Livingstone, Sonia (2006): Te Changing Nature of Audiences: From the Mass Audience to the Interactive Media User. In: Valdivia, Angharad (Hg.): Te Blackwell Companion to Media Research. Oxford (2. Auflage), 337 – 359

Lobin, Henning/ Lemnitzer Lothar (Hg.) (2004): Texttechnologie – Perspektiven und Anwendungen. Tübingen

Lötscher, Andreas (1987): Text und Thema. Studien zur thematischen Konstituenz von Texten. Tübingen

Lötscher, Andreas (2008): Textsemantische Ansätze. In: Janich, Nina (Hg.): Textlinguistik. 15 Einführungen. Tübingen, 85-111

Mann, William C./ Thompson, Sandra A. (1988): Rhetorical Structure Theory: Towards a Functional Theory of Text Organization. In: TEXT 8, 243–281

Meibauer, Jörg (2008): Pragmatik. Eine Einführung. Tübingen

Muckenhaupt, Manfred (1986): Text und Bild. Grundfragen der Beschreibung von Text-Bild-Kommunikationen aus sprachwissenschaftlicher Sicht. Tübingen

Neuland, Eva/ Adamzik, Kirsten (2005): Textsorten. DU 42

Niederhauser, Jürg (2006): Die schriftliche Arbeit – kurz gefasst. DUDEN. Mannheim

Niehüser, Wolfgang (2011): Probleme der Textoptimierung – ein Praxisbericht. In: Freienstein/ Hagemann/ Staffeldt (Hgg.), 75-90

Norberg, Jakob (2013): Der Text als Phrase: Schillerfeier und geflügelte Worte. In: SuL 112, 74–89

Nussbaumer, Markus (1997): Lernerorientierte Textanalyse – eine Hilfe zum Textverfassen? In: Feilke, Helmuth/ Portmann, Paul R. (Hg.): Schreiben im Umbruch. Schreibforschung und schulisches Schreiben. Stuttgart: Klett, 96-112

Oesterreicher, Wulf (2003): Zeit – Text – Sprache. Die Zeitlichkeit von Diskursen und der Zeitkern von Sprachregeln. In: Kablitz, Andreas/ Oesterreicher, Wulf/ Warning, Rainer (Hg.): Zeit und Text. Philosophische, kulturanthropologische, literarhistorische und linguistische Beiträge München, 46–70

Pasch, Renate / Brauße, Ursula / Breindl, Eva / Waßner, Ulrich Hermann (2003): Handbuch der deutschen Konnektoren. Linguistische Grundlagen der Beschreibung und syntaktische Merkmale der deutschen Satzverknüpfer (Konjunktionen, Satzadverbien und Partikeln). Berlin/ New York

Pause, Peter E. (1984): Das Kumulationsprinzip – eine Grundlage für die Rekonstruktion von Textverstehen und Textverständlichkeit. In: Zeitschrift für Literaturwissenschaft und Linguistik 55, 38-56

Polenz, Peter von (2 1988): Deutsche Satzsemantik. Grundbegriffe des Zwischen-den-Zeilen-Lesens. 2. Aufl. Berlin/ New York

Pregel, Dietrich/ Rickeit, Gert (1987): Der Wortschatz im Grundschulalter. Hildesheim/ Zürich/ New York

Puschmann, Cornelius (2010): The corporate blog as an emerging genre of computermediated communication: features, constraints, discourse situation. Göttinger Schriften zur Internetforschung (Band 7). Göttingen

Püschel, Ulrich (2000): Text und Stil. In: Brinker, Klaus et al. (Hg.): Text- und Gesprächslinguistik. Ein internationales Handbuch zeitgenössischer Forschung. 1. Halbband. Berlin/ New York, 473-489

Quine, Willard Van Orman (1970): Philosophy of Logic. Englewood Cliffs, N. J

Rada, Holger (2002): Design digitaler Medien. Tübingen

Rehm, Georg (2006): Hypertextsorten. Definition – Struktur – Klassifikation. Gießen: Gießener Elektronische Bibliothek. (http:/ / geb.uni-giessen.de/ geb/ volltexte/. 2006/ 2688/)

Rolf, Eckard (1993): Die Funktionen der Gebrauchstextsorten. Berlin/ New York

Rolf, Eckard (2000): Textuelle Grundfunktionen. In: Brinker u. a. (Hgg.): 1. Halb-Band / HSK 16.1, 422–435

Rorty, Richard (1989): Kontingenz, Ironie und Solidarität. Frankfurt/ M

Ryle, Gilbert (1933): ‚About'. In: Analysis 1, 10-12

Rößler, Elke (1999): Intertextualität und Rezeption. Linguistische Untersuchung zur Rolle von Text-Text-Kontakten im Textverstehen aktueller Zeitungstexte. Frankfurt/ M. u. a (=Sprache – System und Tätigkeit 31)

Sandig, Barbara (1972): Zur Differenzierung gebrauchssprachlicher Textsorten im Deutschen. In: Gülich, Elisabeth/ Raible, Wolfgang (Hgg.): Textsorten. Differenzierungskriterien aus linguistischer Sicht. Frankfurt/ M., 113-124

Sandig, Barbara (2000): Text als prototypisches Konzept. In: Mangasser-Wahl, Martina (Hg.): Prototypentheorie in der Linguistik. Anwendungsbeispiele – Methodenreflexion – Perspektiven. Tübingen, 93–112

Sandig, Barbara (2006): Textstilistik des Deutschen. 2. Aufl. Berlin/ New York

Sandig, Barbara (2009: Das getilgte Ich und sein Stil. In: Liebert, Wolf-Andreas/ Schwinn, Horst (Hgg.): Mit Bezug auf Sprache. Tübingen, 272-284

Saße, Günter (1977): Sprache und Kritik. Untersuchung zur Sprachkritik der Moderne. Göttingen
Scherner, Maximilian (1984): Sprache als Text. Tübingen
Scherner, Maximilian (1989): Zur kognitionswissenschaftlichen Rekonstruktion des Textverstehens. In: ZGL 94-102
Scherner, Maximilian (2005): Das Verstehen verstehen lernen – an Beispielen moderner Kurzprosa. In: DU 1, 57-67
Schmitt, Holger (2000): Zur Illokutionsanalyse monologischer Texte. Ein Konzept mit Beispielen aus dem Deutschen und Englischen. Frankfurt/ M
Schröder, Thomas (2003): Die Handlungsstruktur von Texten. Ein integrativer Beitrag zur Texttheorie. Tübingen
Schröder, Thomas (2008): Texte, Module, Weblogs. Überlegungen zum Textbegriff. in Zeiten von Web 2.0. In: Fest-Platte für Gerd Fritz. Hg. und betreut von Iris. Bons, Dennis Kaltwasser und Thomas Gloning. Gießen 30.07.2008. (http:/ /. www.festschrift-gerd-fritz.de/ files/ schroeder_2008_textbegriff-in-zeiten-vonweb2.0.pdf)
Schwarz, Monika (2000): Indirekte Anaphern in Texten. Studien zur domänengebundenen Kohärenz und Referenz im Deutschen. Tübingen
Schweiger, Wolfgang (2007): Theorien der Mediennutzung. Eine Einführung. Wiesbaden
Siever, Torsten/ Schlobinski, Peter/ Runkehl, Jens (Hgg.) (2005): Websprache.net. Sprache und Kommunikation im Internet. Berlin/ New York
Sinclair, John M. (1991): Corpus, Concordance, Collocation. Oxford/ New York/ Toronto
Sowinski, Bernhard (1983): Textlinguistik. Stuttgart
Stalnaker, Robert C. (1998): On the representation of context. Journal of Logic, Language, and Information 7, 3-19
Stalnaker, Robert C. (2002): Common ground. In: Linguistics and Philosophy 25, 701-721
Stede, Manfred (2006): Textverstehen in der Computerlinguistik am Beispiel der Automatischen Textzusammenfassung. In: Blühdorn u. a. (Hgg.): 351–363
Stede, Manfred (2008a): Computerlinguistik und Textanalyse. In: Janich, Nina (Hg.): Textlinguistik. 15 Einführungen. Tübingen, 333-351
Stede, Manfred (2008b): RST revisited. Disentangling nuclearity. In: FabriciusHansen, Cathrine/ Ramm, Wiebke (Hgg.): =Subordination' vs. ‚Coordination' in sentence and text. A cross-linguistic perspective. Amsterdam/ Philadelphia, 33-58
Stede, Manfred (2012): Discourse processing. o.O.: Morgan & Claypool Publishers
Stede, Manfred/ Peldszus, Andreas (2012): The role of illocutionary status in the usage conditions of causal connectives and in coherence relations. In: Journal of Pragmatics 44, 214-229
Stede, Manfred/ Walter, Maik (2011): Zur Rolle der Verknüpfungsebene am Beispiel der Kausalkonnektoren. In: Breindl, Eva/ Ferraresi, Gisella/ Volodina, Anna (Hgg.): Satzverknüpfungen. Zur Interaktion von Form, Bedeutung und Diskursfunktion. Berlin/ New York, 149-179
Steinhoff, Torsten (2007): Wissenschaftliche Textkompetenz. Sprachgebrauch und. Schreibentwicklung in wissenschaftlichen Texten von Studenten und Experten. Tübingen
Steinhoff, Torsten (2012): Postkonventionalität. Varianten wissenschaftlichen Schreibens. In: Schuster, Britt-Marie/ Tophinke, Doris (Hg.): Andersschreiben. Formen, Funktionen, Traditionen. Berlin: Erich Schmidt Verlag, 91-112
Steyer, Kathrin (1997): Irgendwie hängt alles mit allem zusammen – Grenzen und Möglichkeiten einer linguistischen Kategorie ‚Intertextualität'. In: Klein/ Fix (Hgg.), 83–106
Storrer, Angelika (1999): Kohärenz in Text und Hypertext. In: Lobin, Henning (Hg.): Text im digitalen Medium. Linguistische Aspekte von Textdesign, Texttechnologie und Hypertext
Storrer, Angelika (2003): Kohärenz in Hypertexten. In: ZGL 31, 274–292
Storrer, Angelika (2004a): Text und Hypertext. In: Lobin/ Lemnitzer (Hgg.), 13–50
Storrer, Angelika (2008): Hypertextlinguistik. In: Janich, Nina (Hg.): Textlinguistik. Tübingen, 315-331
Strecker, Bruno (2008): Nebenbei und zwischendurch. In: Fest-Platte für Gerd Fritz. Hg. und betreut von Iris Bons, Dennis Kaltwasser und Thomas Gloning. Gießen. (http:/ / www.festschrift-gerd-fritz.de/ files/ strecker_2008_ nebenbeiund-zwischendurch.pdf)
Stutterheim, Christiane von (1997a): Einige Prinzipien des Textaufbaus. Tübingen

Stutterheim, Christiane von/ Carroll, Mary (2005): Subjektwahl und Topikkontinuität im Deutschen und Englischen. Zeitschrift für Literaturwissenschaft und Linguistik (LiLi) 139, 7–27

Sweetser, Eve (1990) From Ethymology to Pragmatics. Metaphorical and Cultural Aspects of Semantic Structure. Cambridge

Taboada, Maite/ Mann, William C. (2006): Rhetorical Structure Theory: Looking Back and Moving Ahead. In: Discourse Studies 8, 423–459

Valentin, Karl (1969): Sturzflüge im Zuschauerraum. München

Van De Velde, Roger G. (1992): Text and Thinking: On Some Roles of Thinking in Text Interpretation. Berlin/New York

van Dijk, Teun (1980): Textwissenschaft. Eine interdisziplinäre Einführung. Tübingen

van de Velde, Roger (1992): Text and Thinking. On some Roles of Thinking in Text Interpretation. Berlin/ New York

Vater, Heinz (1992): Einführung in die Textlinguistik. Struktur, Thema und Referenz in Texten München. [3., überarbeitete Aufl. 2001]

Webber, Bonnie/ Prasad, Rashmi (2009) Discourse Structure: Swings and Roundabouts. In: Behrens/ Fabricius-Hansen (Hgg.), 171-190

Weber, Tilo (2008): Gemeinsames Wissen, Festlegungen und Verantwortlichkeit in. sozialer Interaktion. In: Fest-Platte für Gerd Fritz. Hg. und betreut von Iris Bons, Dennis Kaltwasser und Thomas Gloning. Gießen 15.09.2008. (http:/ / www. festschrift-gerd-fritz.de/ files/ weber_2008 _gemeinsames-wissen.pdf)

Weidacher, Georg (2007): Fiktionale Texte – Fiktive Welten: Fiktionalität aus textlinguistischer Sicht. Tübingen

Weinrich, Harald (1964): Besprochene und erzählte Welt. Stuttgart

Weinrich, Harald (1993): Textgrammatik der deutschen Sprache. Mannheim/ Leipzig/ Wien/ Zürich

Ziem, Alexander (2008): Frames und sprachliches Wissen. Kognitive Aspekte der semantischen Kompetenz. Berlin/ New York

Zifonun, Gisela/ Hoffmann, Ludger/ Strecker, Bruno (1997) Grammatik der deutschen. Sprache. Band 1. Berlin/ New York

Zwaan, Rolf A./ Radvansky, Gabriel A./ Whitten, Shannon (2002): Situation models and themes. In: Louwerse, Max/ van Peer, Willie (Hgg.): Thematics. Interdisciplinary studies. Amsterdam/ Philadelphia, 35-53

Why all of these stories are unsatisfying
is that they end too soon.
Fillmore 1976, 22

anhang

Ein Ereignis in Variationen

Ein Ereignis?

Telefonzelle

Es regnet. Ein Mann telefoniert in einer Telefonzelle. Draußen warten eine Frau und ein Mann. Das Telefongespräch zieht sich in die Länge. Der Mann beendet das Gespräch, kommt aus der Telefonzelle, entschuldigt sich, hält den beiden die Tür auf. Die Frau antwortet mit einem bösen Blick, geht in die Telefonzelle, greift nach dem Hörer, putzt ihn auf ihrem Mantel und telefoniert. Sie hält den Hörer mit spitzen Fingern.

Dings

❄♏●♏♐□■⌘♏●●♏

☜⬧ ❒♏♑■♏⧫📬 ☜♓■ 💣♋■■ ⧫♏●♏♐□■♓♏
❒⧫ ♓■ ♏♓■♏❒ ❄♏●♏♐□■⌘♏●●♏📬 👎❒♋
◆←♏■ ⬥♋❒⧫♏■ ♏♓■♏ ☞❒♋◆ ◆■♎ ♏♓■
💣♋■■📬 👎♋⬧ ❄♏●♏♐□■♑♏⬧◻❒↗♍♒ ⌘♓♏
♒⧫ ⬧♓♍♒ ♓■ ♎♓♏ ☹↗■♑♏📬 👎♏❒ 💣♋■
■ ♌♏♏■♎♏⧫ ♎♋⬧ ☝♏⬧◻❒↗♍♒📪 &□❍❍⧫
♋◆⬧ ♎♏❒ ❄♏●♏♐□■⌘♏●●♏📪 ♏■⧫⬧♍♒◆●
♎♓♑⧫ ⬧♓♍♒📪 ♒↗●⧫ ♎♏■ ♌♏♓♎♏■ ♎♓
♏ ❄✓❒ ♋◆♐📬 👎♓♏ ☞❒♋◆ ♋■⧫⬥□❒⧫♏⧫
❍♓⧫ ♏♓■♏❍ ♌⬀⬧♏■ 👌●♓♍&📪 ♑♏♒⧫ ♓■
♎♓♏ ❄♏●♏♐□■⌘♏●●♏📪 ♑❒♏♓♐⧫ ■♋♍♒
♎♏❍ ☟⬀❒♏❒📪 ◻◆⧫⌘⧫ ♓♒■ ♋◆♐ ♓♒❒♏
❍ 💣♋■⧫♏● ◆■♎ ⧫♏●♏♐□■♓♏❒⧫📬 💧♓♏
♒↗●⧫ ♎♏■ ☟⬀❒♏❒ ❍♓⧫ ⬧◻♓⧫⌘♏■ ☞♓■
♑♏❒■📬

Altdeutsch

Srugnut. Mannisco telphonurt inni Telphonzella.
Drûßan wartenô Frauô indi Mannisco.
Telphonsprachi ziget langô indi langô.
Paaru vora Telphonzella trippult hino indi hero.
Mannisco beendigut disu Sprachi, kimmi fona
Telphonzella,
antschuldigut, haltit Tôri uff fora beidun.
Frauô antwortut hexamazzigu Blicku, gangat inni
Telphonzella,
griffit Hôrari, putzut mittu Mantul indi telphonurt.
Haltut Hôrari mittu spitzi Fingari.

PIDGIN

Much rain. Man he call in cabin fi call.
A man a woman wait outside.
Man longtime talky-talky.
A man a woman walk around outside.
Man he finish. Come outside.
Open de door and say sorry.
Woman angry.
Den he go inside, clean telefon, call.

Japanisch

Kommunikation:

Ein Paal steht vol gelben Haus,

bis aufgeht die Tül.

Psychologisierend

Der Blick, wie sie ihn angeschaut hatte und die Art und Weise, wie sie den Hörer genommen hatte, waren entscheidend. Der Blick spiegelte mehr als Verachtung wieder. Er war eiskalt. Und als sie den Hörer an ihrem Mantel demonstrativ abputzte, war klar, was sie damit sagen wollte. Gut, er hatte etwas länger telefoniert. Und es regnete leicht. Aber manchmal konnte man diese Situationen nicht vermeiden, wenn man telefonieren musste. Er hatte versucht, ihr Zeichen zu geben. Er hatte sich entschuldigt, als er rausging, hatte ihr die Tür offengehalten. Aber diese Geste ihrerseits war feindlich, mehr als feindlich. Aber es war keine neue Erfahrung für ihn. Nie wurden seine Entschuldigungen akzeptiert. Das war schon immer so gewesen. Was konnte man in der Situation mehr tun? Er hatte es deutlich gesagt. „Entschuldigen Sie bitte!". Er hatte ihr höflich die Tür aufgehalten, hatte sich symbolisch ein wenig verbeugt. Diese Reaktion nun war Psychoterror. Schlimme Erinnerungen wurden wachgerufen.

Sie kannte diese Typen, die nicht zu ihren Unverschämtheiten stehen konnten. Diese schüchtern-devote Haltung. Kriechertum hatte sie schon immer angewidert. Eigentlich konnte ihr der Typ in der Telefonzelle ja egal sein. Aber es war eines dieses tausendfachen kleinen alltäglichen déjà vues, die sie aus der Fassung brachten, die ihr die qualvolle Zeit mit ihrem Mann immer wieder präsent werden ließ. Und sie hasste das. Dieser kleine tägliche Erinnerungsterror en passant. Sie musste lernen, damit zu leben.

Dialogisch

Schimmi: Scheiße, Mensch, Tanner merkst Du denn gar nichts. Willste noch ewig telefonieren. Ich werd pitschepatschenass.

Tanner: Horst, ich telefoniere. Und wenn ich telefoniere, dann telefonier ich.

Schimmi: Scheiße, Kerl, lass mich mit rein. Hier schüttets.

Tanner: Horst, halt doch endlich mal die Klappe. Du passt hier nich rein.

Schimmi: Tanner Tanner, verdammt! So dick kannste doch nich sein.

Tanner: Herrgott nocheins, kann man denn nich ma in Ruhe telefonieren.

Schimmi: Scheiße, Tanner, ich mach dich fertig, lass mich da rein.

Tanner: Verdammt Horst, ich bin mitm Chef verbunden.

Schimmi: Und wenns der Mann im Mond ist. Ich will rein, du du du egoistisches Arschloch verdammtes!

(Zieht an der Tür, die Tanner von innen festhält. Tanner telefoniert weiter; Schimmi hämmert an die Tür)

Schimmi: Mensch, Tanner, du Arsch, mach auf. Ich mach dich fertig.

(Tanner telefoniert immer noch)

Schimmi: Scheiiiiiiiiiße!

(Tür der Telefonzelle öffnet sich)

Tanner: Horst, der Chef will dich.

(Schimmi nimmt den Telefonhörer und putzt ihn demonstrativ an seiner Parka ab)

Tanner: Ja, samma, Horst, spinnst du, wat sollen das, meinste ich hab die Pest.

Schimmi: Ja, Schimanski hier ...

Biblisch

1 Es geschah an einem dunklen
Regentage. 2 Regen ward für
viele Tage. 3 Und es begab sich,
dass ein Mann und eine Frau
telefonieren mussten. 4 Sie
wandelten zu einer Telefonzelle
und fanden sie besetzt. 5 Der
Regen schlug sie hart in ihre
Gesichter. 6 Hatten sie doch
keinen Schutz, der sie vor dem
Unwetter schützte. 7 Der Mann
aber in der Zelle telefonierte
unentwegt. 8 So ging das Paar
hin und her und der Regen
durchnässte ihre Kleider und ihre
Mienen waren voller Ingrimm.
9 So der Mann das Gespräch
beendet hatte, entschuldigte er
sich, dass er sie habe warten
lassen. 10 Sogar hielt er auf die
Tür, so dass das Paar konnte
hineingehen in die Zelle. 11
Doch als die Frau die Telefon-
zelle betrat, wandte sie ihr Antlitz
gegen den Mann, der ihr die Tür
doch offenhielt, mit einem Blick
der voll des Bösen war. 12 Und
sie griff nach dem Hörer und
putzte ihn auf ihrem Mantel. 13
Und den Hörer hielt sie mit
spitzen Fingern.

Manzonisch

Sie können telefonieren?

Signor Veneranda kam aus der Telefonzelle und hielt höflich die Tür auf.
„Sie können telefonieren“, sagte Signor Veneranda zu dem Paar, das die ganze Zeit unruhig vor der Telefonzelle hin und her trippelte.
„Aber wir wollen gar nicht telefonieren“, brummelte der Mann gereizt.
„Warum regen Sie sich auf?“ sagte Signor Veneranda. „Habe ich Sie vielleicht gebeten zu telefonieren? Wie käme ich dazu!“
„Aber Sie haben uns doch aufgefordert zu telefonieren“, entrüstete sich der Mann.
„Ich? Ich habe wirklich etwas Besseres zu tun als wildfremde Menschen zum Telefonieren aufzufordern“, sagte Signor Veneranda jetzt schon etwas lauter.
„Wieso reden Sie dann wildfremde Menschen einfach an und quasseln Stunden in Telefonzellen?“ schrie der Mann.
„Es gibt hier nur ein Telefon, und ich war nicht drin, mein Herr“, sagte Signor Veneranda kurz vor der Explosion.
„Aber Sie waren doch drin“, schrie der Mann wieder.
„Ich inspiziere die Telefonzellen auf Erreger, und Sie halten mich von der Arbeit ab!“ brüllte Signor Veneranda, dem es zu bunt wurde, und wandte sich zum Gehen.
Die Frau warf ihm einen bösen Blick zu, ging in die Telefonzelle, wischte den Hörer an ihrem Mantel ab und hielt ihn mit spitzen Fingern.

Zeuge

Aussage der Zeugin Nina Roßkopf, wohnhaft
in Nieder-Oberstein, Fosenweg 13

Ich war am 3.6.1991 mit meinem PKW unterwegs, um Besorgungen zu machen. Es regnete heftig. Ich befuhr die Ramplerstraße auf der rechten Seite rechts. An der Ecke Rodellstraße etwa in Höhe des Hauses Nr. 23 steht eine Telefonzelle. In der Telefonzelle sah ich einen Mann mittleren Alters, der sich am Telefonhörer zu schaffen machte. Der Mann trug eine beige, lange Hose, wahrscheinlich aus Popelin, ein geblümtes Hemd, das mich an ein berühmtes Picasso-Gemälde erinnerte.
Vor der Telefonzelle stand ein junges Pärchen. Sie war blond, hatte schulterlanges Haar und trug ein rosanes Sommerkleid. Er war etwa 1.80 groß, hatte rotes Haar und trug einen blauen Arbeitsanzug. Die beiden tuschelten miteinander, sie waren aufs Höchste erregt.
Beide erschienen mir recht ordinär, aber ich weiß nicht genau, warum.
Als die Ampel auf Grün schaltete, fuhr ich weiter. Im Rückspiegel sah ich das Pärchen noch in der Telefonzelle. Sie hielt den Telefonhörer in der Hand und putzte ihn eilig auf ihrem Mantel ab. Mir fiel noch auf, dass sie ihn mit spitzen Fingern hielt.
Ich habe den Toten weder gekannt noch je in meinem Leben bewusst gesehen.

Werblich

Ihr tissue für alle Gelegenheiten

Sie wollen telefonieren. Doch die Zelle ist schon belegt. Der Mann in der Zelle sieht nicht nüchtern aus. Und Sie sehen, wie er niest. Ist er gesund?

Telefonzellen sind Krankheitsherde.

Der Mann entschuldigt sich. Sie schauen ihn grimmig an.
Doch Galanz und Grimm töten keine Erreger.
Sie nehmen den Hörer. Er ist schwitzig. Die Muschel feucht.
Es widert Sie an.
Sie putzen ihn an Ihrem Mantel und halten ihn mit spitzen Fingern ....

Doch jetzt gibt es die saubere Lösung!
MIKROKILL-TISSUES

Mit MIKROKILL-TISSUE einfach den Hörer abreiben.
MIKROKILL-TISSUE gibt dem Erreger keine Chance.
Und Sie telefonieren ohne Angst.

MIKROKILL-TISSUES. In Ihrer Apotheke.

Poetisch

Das Telefon – ein Heidenspaß,
wenn andre draußen werden nass.
Und hängt man dann den Hörer ein,
so ist man gleich ein fieses Schwein.
Die Frau pikiert zum Hörer greifet,
zum Dank auch noch Grimassen schneidet
und ihrerseits ganz ungeniert
die Zelle für sich okkupiert.
Dass drauß noch immer Regen sei,
geht ihr doch glatt am Arsch vorbei.

Konjugiert

Es regnet.
Er telefoniert.
Sie ist besetzt.

Es dauert.
Er lauert.
Sie ist gelaunt.

Sie trippelt.
Er trippelt.
Es trippelt.

Sie mault.
Er mault.
Es dauert.

Er redet.
Er beendet.
Er bedauert.

Er geht.
Sie kommt.
Es bleibt.

Sie guckt an.
Sie fängt an.
Sie greift an.

Er handelt.
Sie behandelt.
Es langt.

Es passiert.
Es stoppt.
Es dauert.

Jugendlich

Es schifft saumäßig. Son zugetackerter Schlongi labert in soner abgefuckten gelben Quasselbude. Quatscht dem Hörer Kotelletts ans Ohr. Draußen hängen ne Tussi und son getunter Typ. Laber, laber, das dauert ewig. Dazu quapselt der Schwaller eine nach der anderen. Die draußen törnen sich mächtig auf. Hej, mach endlich mal nen Abfiff. Aber der rafft nix, Nullchecke. Kommt raus und pisst die richtig an. Aber da war die Alte richtig am Dissen. Klotzt in ganz schön hart an und textet ihn voll. Schleppt ihren fetten Arsch ins Dingels, krallt sich den Hörer, wichst ihn sauber und labert voll los.

Valentinesk

Also es regnet. Natürlich nicht es. Der Regen regnet. Der Regen im Himmel. Aber dann würde der ja auch nass. Nein, der Himmel nicht, nur die, wo unterm Himmel hergehen. Nein, nein, nicht alle, weil ja nicht der ganze Himmel regnet. Ich zum Beispiel sitz jetzt im Trockenen. Und ein Mann in der Telefonzelle. Und es regnet. Oben regnet's, unten ist der Mann. Und es regnet von oben nach unten. Aber der Mann telefoniert geradeaus. Das kann man nicht sehen. Ach ja, er telefoniert mit dem Telefon in der Zelle. Beide, der Mann und das Telefon. Es passen natürlich noch mehr rein. Aber der Mann ist allein drin. Also nicht ganz allein, sondern zusammen mit dem Telefon. Draußen warten ein Mann und eine Frau. Oder eine Frau und ein Mann. Ich weiß auch nicht, wer zuerst da war. Vielleicht beide gleichzeitig. Möglich auch, dass sie miteinander verheiratet sind. Also der Mann mit der Frau und die Frau mit dem Mann, sozusagen gegenseitig. Die warten draußen. Der Mann, der, der telefoniert, ist natürlich drin. Der ist vorher reingegangen. Sonst wär der ja auch draußen, oder der Mann und die Frau, die jetzt draußen warten, wären drin. Oder nur der Mann. Und der andere Mann und die Frau würden dann draußen warten. Oder die Frau und der Mann, wenn der andere Mann reingegangen wär. Jedenfalls redet der Mann in der Zelle am Telefon mit dem Telefonhörer in der Hand immer noch, und draußen regnet's immer noch. Aber es hat auch schon geregnet, bevor der Mann immer noch geredet hat. Aber es hat auch schon geregnet, bevor der Mann immer noch geredet hat. Also es regnet immer noch länger als der Mann immer noch telefoniert. Mit dem Telefonhörer in der Hand. Aber wenn der Mann mit dem Telefonhörer spricht, dann ist er der Telefonsprecher. Wenn er nur der Sprecher ist, dann spricht er mit dem Hörer ohne Telefon. Aber dann braucht er ja gar kein Telefon mehr und die Leute vor der Telefonzelle brauchen nicht draußen warten. Es sei denn, sie wollen auch mit dem Hörer ohne Telefon sprechen. Jetzt werden die Leute vor der Telefonzelle nervös. Beide gleichzeitig. Sie trippeln hin und her. Beide gleichzeitig. Aber nebeneinander, sonst würden sie sich vielleicht auf die Füße treten, nicht gleich auf beide oder alle vier, vielleicht nicht mal auf den ganzen Fuß, vielleicht nur auf den halben, oder auf einen Zeh. Jetzt beendet der Mann das Gespräch mit dem Hörer. Der Sprecher hört also auf und hängt den Hörer auf.

Es tut ihm irgendwas leid, und er entschuldigt sich, will ihnen noch den aufgehängten Hörer zeigen und hält darum die Tür ganz weit auf. Die Frau nimmt den aufgehängten Hörer und hört hinein. Aber der Hörer spricht nicht. Er hört nur. Die Frau wird böse und schneidet dem Sprecher ein Gesicht.

Sie will dem aufgehängten Hörer helfen und ihn trocknen, deswegen putzt sie ihn ab und hält ihn ganz weit weg.

Invers

SE TENGER. NIE NNAM TREINOFELET NI RENIE ELLEZNOFELET. NESSUARD NETRAW ENIE UARF DNU NIE NNAM. SAD HCÄRPSEGNOFELET THEIZ HCIS NI EID EGNÄL. SAD RAAP ROV RED ELLEZNOFELET TLEPPIRT NIH DNU REH. RED NNAM TEDNEEB SAD, HCÄRPSEG TMMOK SUA RED, ELLEZNOFELET TGIDLUHCSTNE, HCIS TLÄH NED NEDIEB EID RÜT FUA. EID UARF TETROWTNA TIM MENIE NESÖB, KCILB THEG NI EID, ELLEZNOFELET TFIERG HCAN MED RERÖH, TZTUP NHI FUA MERHI LETNAM DNU TREINOFELET. EIS TLÄH NED RERÖH TIM NEZTIPS NREGNIF.

Vertauscht

es regnet in einer Telefonzelle
ein Mann wartet mit einer spitzen Frau
er telefoniert mit den Fingern
es trippelt in der Telefonzelle
der Hörer hört auf
er hört auf
sie entschuldigt sich

Gastarbeiter

Viel Regen. Das schlecht. Aber was machen? Immer musse telefoniere. Aber Zelle Mann telefoniere. Andere Telefon nix gut. Kaputt. Musse warte. Mann immer, immer telefoniere. Spreche, spreche. Scheiße. Nix aufhöre. Viel warte. Ich viel böse. Aber Mann spreche, spreche. Dann fertig. Mann kommt. Gesagt, ich viel traurig. `Tschuldige. Du nix böse. Ich viel böse. Scheiße Regen. Ich viel nass. Mann stinke. Telefon auch stinke. Ich Telefon mit Mantel abputze. Dann Mann spreche, warum du so, ich nix schmutzig. Aber egal, was mache. Immer muss. Wenn krank, Chef schimpfe.

Ikonisch

```
   Esregnet.Ei
nManntelefonierti         zel                   ältd
ne             in         let                   enbe
er             Te          r                     i
lefonzelle.Drauße      ippelthinu           dendieTürauf.
nw             ar      ndher.DerMa          DieFrauantwor
te             ne     nnbeendetdasG            tetmit
ineFrauundeinMann      espräch,kom          einembösenBl
.D             as     mtausderTelefo       ick,gehtindieT
Te             le     nze   l   le,           ele   fon
fongesprächziehts     ent         sch          zel     le,
ichindieLänge.Das     uld         igt         gre       ift
PaarvorderTelefon     sic         h,h        nac         hde

m H ö r e r , p u t z t i h n a u f i h r e m M a n t e l u n d t e l e f o n i
e r t . S i e h ä l t d e n H ö r e r m i t s p i t z e n F i n g e r n .
```

Dramatisch

Regen prasselt herab. In einer knallgelben Telefonzelle treibt ein dynamisch wiusselnder Mann gnadenlos seine Wortkaskaden einem weit entfernten Hörer ins ertaubende Ohr. Draußen harren eine Frau und ein Mann auf Zutritt. Länger und länger zieht sich das Wortgefecht. Mehr und mehr steigt die Spannung der Wartenden. In wachsender Erregung wogen sie um die Zelle. Erschöpft gelingt es dem rastlosen Sprecher, sein Gespräch zu Ende zu bringen. Er wankt aus der Zelle, entschuldigt sich mir ersterbender Stimme und hält dem sturmbereiten Paar mit letzter Kraft die Tür auf. Ein vernichtender Blick der Frau flammt ihm entgegen. Sie stürzt in die Zelle, reißt den Hörer vom Haken, wischt angewidert den glibbrigen Schweiß und Sabbel an ihrem Mantel ab und hämmert ihre Nummer in das leidgeprüfte Gerät. Den Hörer hält sie mit spitzesten Fingern.

Rückläufig alphabetisiert

zieht	Mann	eine
warten	Mann	ein
vor	Mann	Ein
und	Länge	Draußen
und	kommt	die
und	in	die
Tür	in	die
trippelt	in	Die
Telefonzelle	ihrem	der
Telefonzelle	ihn	der
Telefonzelle	Hörer	Der
Telefonzelle	Hörer	den
telefoniert	hält	den
telefoniert	hält	dem
Telefongespräch	hin	das
spitzen	her	Das
Sie	greift	Das
sich	Gespräch	bösen
sich	geht	Blick
regnet	Frau	beiden
putzt	Frau	beendet
Paar	Fingern	aus
nach	Es	auf
mit	entschuldigt	auf
mit	einer	antwortet
Mantel	einem	

Differenziert

Es regnet den ganzen Tag in Strömen. Ein junger, eleganter Mann telefoniert in einer der normalen, gelben Telefonzellen. Draußen warten längere Zeit eine Frau mit einer Hakennase und hochhackigen Stiefeln und ein winziger Mann im Regenmantel. Das Telefonferngespräch zieht sich wirklich in die Länge. Das seltsame Paar vor der Telefonzelle trippelt aufgeregt hin und her. Der Mann in der Telefonzelle beendet sein angeregtes Dauergespräch, kommt schlaksig, fast provokativ aus der gelben Telefonzelle, darauf entschuldigt er sich mit ironisch devotem Blick, hält höflich den beiden Seltsamen die Telefonzellentür weit auf. Die hipplige Hakennasenfrau antwortet mit einem bitterbösen Blick, stöckelt in die gewöhnliche Telefonzelle, greift bedächtig nach dem Telefonhörer, putzt ihn auf ihrem Leopardenfellmantel und telefoniert selbst. Sie hält den Hörer mit spitzen Fingern.

Expressiv

Es regnet sehr unangenehm feucht, und es ist dazu noch scheußlich kalt. Ein Mann telefoniert in einer Telefonzelle, und es erscheint so, als ob er sich schon eine Ewigkeit in der Zelle befindet. Draußen warten erbärmlich dreinschauende, von Regen und Kälte aufgeweichtes, gepeinigtes Männlein und Weiblein. Das Telefongespräch scheint kein Ende nehmen zu wollen. Das Paar vor der Telefonzelle trippelt, von Nässe gepeinigt und Ungeduld gezeichnet, hin und her, um keine Erfrierungen zu bekommen. Der Mann beendet endlich das Telefonat, das gefühlsmäßig eine halbe Ewigkeit gedauert hat und kommt mit zutiefst schuldbewusstem Gesicht aus der Telefonzelle, indem er sich überschwenglich zu entschuldigen beginnt und den beiden gleichzeitig die Türe ehrerbietig aufhält.

Die Frau, die völlig genervt ist, antwortet mit einem bösen, aggressiven Blick, geht demonstrativ an ihm vorbei in die Telefonzelle, greift energiegeladen nach dem Telefonhörer, putzt ihn, offensichtlich von Ekel gepackt, an ihrem Mantel ab und beginnt zu telefonieren. Sie hält den Hörer mit spitzen Fingern.

Löcherig

____ regnet. ____ Mann telefoniert ____ ____ Telefonzelle. ____ warten ____ Frau ____ ____ Mann. ____ Telefongespräch zieht ____ ____ ____ Länge. ____ Paar ____ ____ Telefonzelle trippelt ____ ____ her. ____ Mann beendet ____ Gespräch, kommt ____ ____ Telefonzelle, entschuldigt ____, hält ____ ____ ____ Tür auf. ____ Frau antwortet ____ ____ bösen Blick, geht ____ ____ Telefonzelle, greift ____ ____ Hörer, putzt ____ ____ ____ Mantel ____ telefoniert. ____ hält ____ Hörer ____ spitzen Fingern.

Explikativ

Es regnet, d.h. Wassertropfen fallen zur Erde. Ein Mann – wir verstehen darunter ein maskulines Exemplar der Gattung homo sapiens sapiens – telefoniert bzw. führt unter Nutzung einer dafür geeigneten technischen Vorrichtung in einer Telefonzelle, d.h. einem Gehäuse, in dem sich ein Terminal der besagten Vorrichtung befindet, ein Gespräch. Außerhalb der Zelle warten eine Frau und ein Mann. Als „warten" bezeichnen wir eine zielgerichtete Untätigkeit, die in aller Regel mit wachsender nervlicher Anspannung einhergeht. Das Telefongespräch, also die durch die technische Einrichtung des Telefons unterstützte dialogische und symbolische Interaktion, zieht sich in die Länge, will sagen: nimmt auf den unidirektionalen Zeitstrahl mehr Raum ein, als wir auf der Grundlage der in unserer sozialen Gemeinschaft geltenden Konventionen für Interaktionen dieses Typs für sozialverträglich halten. Das Paar – ein Element des cartesischen Produkts der Menge der maskulinen und der Menge der femininen Exemplare der Gattung homo sapiens sapiens – trippelt hin und her, d.h. bewegt sich kleinschrittig ohne eine größere Ortsveränderung zu bewirken. Der Mann beendet das Gespräch, er stellt mithin die verbale Interaktion ein, und kommt aus der Telefonzelle, worunter wir eine Dislozierung seines Körpers in einen Bereich außerhalb des besagten Gehäuses zu verstehen haben. Er entschuldigt sich, was nichts anderes bedeutet, als dass er eine Folge von sprachlichen Ausdrücken hervorbringt, die wiederum auf der Basis geltender Konventionen sozialen Handelns geeignet scheinen, sich den Sanktionen zu entziehen, die man durch ein vorgängiges Fehlverhalten auf sich gezogen hat. Zur Unterstützung dieses verbalen Aktes hält er die beiden die Tür auf und erbringt damit eine Dienstleistung, die, da die Partner sie nicht ohnedies beanspruchen können, dazu beitragen soll, die intersubjektive Beziehung der beteiligten Individuen auf einem weniger spannungsgeladenen Niveau zu konsolidieren. Die Frau antwortet mit einem bösen Blick: Sie gibt damit zu verstehen, dass sie nicht gewillt ist, das vorgängige Verhalten des Interaktionspartners zu ratifizieren ...

Präzis

Es regnet ganz leicht und in sehr kleinen Abständen. Ein Mann, 1,80 m groß, athletisch gebaut, mit blonden Locken steht aufrecht und steif mit angewinkeltem Arm, um den Hörer zu halten, in der Telefonzelle am Theodor-Heuss-Platz und telefoniert mit leiser aber scharfer Stimme. Draußen, nur 1m um den Bereich der Telefonzelle herum, stehen eine junge Frau, die sehr klein, zierlich und schwarzhaarig ist, und ein Mann mittleren Alters, auch er klein, untersetzt, eine anfangende Glatze besitzend, und warten. Das Telefongespräch des Mannes mit der/dem Angerufenen zieht sich in die Länge, da er offensichtlich erklärend gestikuliert. Das Paar, die immer noch vor der Telefonzelle stehen, beginnen aus Kälte und Warterei ungeduldig hin und her zu tippeln oder zu trippeln, um dem in der Telefonzelle befindlichen Mann verstehen zu geben, dass sie warten. Der Mann beendet mit einem Lächeln das Telefonat, hängt den Hörer ein und dreht sich um, um mit der einen Hand die Tür der Telefonzelle aufzuschieben, wobei er ein etwas schuldig dreinschauendes Gesicht aufsetzt und langsam mit koordinierten Bewegungen aus der Telefonzelle tritt, sich höflich zu entschuldigen versucht und dem herantretendem Paar die Türe aufhält, indem er versucht, aus dem Weg zu gehen. Die Frau, offensichtlich genervt von der Warterei, antwortet anstatt beschwichtigend mit einem langen, bösen Blick, geht in die Telefonzelle hinein, greift mit einer schnellen Bewegung des rechten Armes nach dem Telefonhörer, putzt diesen am linken Ärmel ihres Wollmantels in Trenchcoat form ab, wählt die Nummer und telefoniert anschließend. Sie hält den Telefonhörer mit spitzen, gespreizten Fingern in Abstand zur Ohrmuschel in der Hand.

Alphabetisch

antwortet
auf
auf
aus
beendet
beiden
Blick
bösen
Das
das
dem
den
den
Der
der
Die
die
die
die
Draußen
Ein
ein
eine

einem
einer
entschuldigt
Es
Fingern
Frau
Frau
geht
Gespräch
greift
hält
hält
Hörer
Hörer
ihn
ihrem
in
in
in
kommt
Länge
Mann
Mann

Mann
Mantel
mit
mit
nach
putzt
regnet
sich
sich
Sie
spitzen
Telefongespräch
telefoniert
telefoniert
Telefonzelle
Telefonzelle
Telefonzelle
Telefonzelle
Tür
und
und
warten
zieht

Zweigeteilt

_____ regnet. _____ Mann telefoniert _____ _____ Telefonzelle. _____ warten _____ Frau _____ _____ Mann. _____ Telefongespräch zieht _____ _____ _____ Länge. _____ Paar _____ _____ Telefonzelle trippelt _____ _____ her. _____ Mann beendet _____ Gespräch, kommt _____ _____ Telefonzelle, entschuldigt _____, hält _____ _____ _____ Tür auf. _____ Frau antwortet _____ _____ bösen Blick, geht _____ _____ Telefonzelle, greift _____ _____ Hörer, putzt _____ _____ _____ Mantel _____ telefoniert. _____ hält _____ Hörer _____ spitzen Fingern.

Es – Ein – in – einer – Draußen – eine – und – ein – Das – sich – in – die – Das – vor – der – hin – und – Der – das – aus – der – sich – den – beiden – die – Die – mit – einem – in – die – nach – dem – ihn – auf – ihrem – und – Sie – den – mit

---

Entgrammatikalisiert

______ regnet. ______ Mann telefoniert ______ ______ Telefonzelle. ______ warten ______ Frau ______ ______ Mann. ______ Telefongespräch zieht ______ ______ ______ Länge. ______ Paar ______ ______ Telefonzelle trippelt ______ ______ her. ______ Mann beendet ______ Gespräch, kommt ______ ______ Telefonzelle, entschuldigt ______, hält ______ ______ ______ Tür auf. ______ Frau antwortet ______ ______ bösen Blick, geht ______ ______ Telefonzelle, greift ______ ______ Hörer, putzt ______ ______ ______ Mantel ______ telefoniert. ______ hält ______ Hörer ______ spitzen Fingern.

Trauerig

Sehr geehrte Trauergäste! Wir haben uns hier versammelt, liebe Brüder und Schwestern im Herrn, um Abschied zu nehmen. Abschied zu nehmen von unserem lieben Mitbruder, der am vergangenen Freitag von uns gegangen ist. Nur der Herr in seiner grenzenlosen Gnade weiß, warum er ihn aus unserer Mitte zu sich gerufen hat. Auf ihn wollen wir all unsere Hoffnung setzen, trotz allen Leides und Schmerzes, den uns der Verlust eines geliebten Menschen bereitet.

Liebe Brüder und Schwestern, liebe Trauergemeinde, der Verstorbene war ein vielbeschäftigter Mann, immer unterwegs in der Sache des Herrn. Kaum ein Tag, an dem er sich nicht für das Wohl der Allgemeinheit eingesetzt hätte. Er wurde nicht müde, von Termin zu Termin, von Telefonzelle zu Telefonzelle zu eilen. Weder Schnee noch Regen konnten ihn aufhalten. Nicht immer wurde ihm Wohlwollen entgegengebracht. Nicht selten erntete er Neid und Missgunst ob seines vielbeschäftigten, ausgefüllten Daseins.

Liebe Brüder und Schwestern, lasst uns beten für seine Seele, damit der Herr sie zu sich aufnehme in seinen himmlischen Frieden und sie von allem irdischen Ballast befreie. Lasst uns aber auch für unsere Brüder und Schwestern beten. In seiner göttlichen Gnade und Liebe möge der Herr unsere Sünden verzeihen und fortan Nachsicht und Geduld in unsere Herzen pflanzen.

Fremdlich

Der Himmel transpiriert. Ein männliches Individuum betreibt Konversation via Telefon. Telefonkabinenextern warten ein feminines und ein maskulines Subjekt. Die Telefonkommunikation zieht sich in die Länge. Die dyadische Konstellation der telefonkabinenexternen Subjekte trippelt hin und her. Das männliche Individuum beendet die Konversation, kommt aus der Telefonzelle, apologisiert, hält den beiden die Türe auf. Das weibliche Subjekt respondiert mit einem furiosen Blick, geht in das Interieur des Telefonkabine, greift nach dem Hörer, poliert ihn an ihrem Mantel und telefoniert. Sie hält den Hörer mit spitzen Fingern.

Präziser

Es regnet ganz leicht und in sehr kleinen Abständen. Ein Mann, exkt 1,83 m groß, athletisch gebaut, mit blonden Locken steht aufrecht und steif mit angewinkeltem Arm, um den Hörer zu halten, in der Telefonzelle am Theodor-Heuss-Platz und telefoniert mit leiser, aber scharfer Stimme. Draußen, ständig nur 1,2 m um den Bereich der Telefonzelle herum, stehen eine junge Frau, die sehr klein, zierlich und schwarzhaarig ist, und ein Mann mittleren Alters, klein, untersetzt und eine anfangende Glatze besitzt, und warten. Das Telefongespräch des Mannes mit der/dem von ihm Angerufenen zieht sich in die Länge, da er offensichtlich erklärend gestikuliert. Das Paar, die immer noch vor der Telefonzelle stehen, beginnen aus Kälte und Warterei ungeduldig hin und her zu tippeln, um dem in der Telefonzelle befindlichen Mann zu verstehen zu geben, dass sie warten. Der Mann beendet mit einem ironischen Lächeln das Telefonat, hängt den Hörer ein und dreht sich um, um mit der einen Hand die Tür der gelben Telefonzelle aufzuschieben, wobei er ein etwas schuldig dreinschauendes Gesicht aufsetzt und langsam mit koordinierten Bewegungen aus der Telefonzelle tritt, sich höflich zu entschuldigen versucht und dem herantretendem Paar die Türe aufhält und dabei mit Bedacht versucht, aus dem Weg zu gehen. Die Frau, offensichtlich genervt von der langen Warterei, antwortet anstatt beschwichtigend mit einem langen, bösen Blick, geht in die Telefonzelle hinein, greift mit einer schnellen Bewegung des rechten Armes nach dem noch warmen Telefonhörer, putzt diesen am linken Ärmel ihres Wollmantels in Trenchcoatform ab, wählt die Nummer, indem sie die einzelnen Ziffern eingibt, und telefoniert im Anschluss hieran. Sie hält den Telefonhörer mit spitzen, gespreizten Fingern in Abstand zur Ohrmuschel in der Hand.

Interkulturell

Wie Sie sehen bin ich Afrikaner, auf Deutsch: ein Neger. Neulich habe ich aus einer Telefonzelle beim Ausländeramt angerufen. Bis ich schon mal den Sachbearbeiter am Apparat hatte! Aber auch das Gespräch dauerte etwas länger. Ich habe den Herrn nicht so gut verstanden. Ich glaube, Ihre Beamten sprechen eine ganz eigene Sprache.
Vor der Zelle wartete ein feines Pärchen. Zuerst hatte ich sie gar nicht bemerkt. Darum weiß ich auch nicht, wie lange sie schon dastanden. Beide starrten mir fordernd ins Gesicht. Es nieselte etwas. Sie taten mir leid. Als ich mit meinem Beamten fertig war, beeilte ich mich, aus der Zelle zu kommen. Ich lächelte die Frau verbindlich an und entschuldigte mich förmlich, obwohl das natürlich nicht nötig gewesen wäre.
Die Frau würdigte mich keines Blickes, sie ging im Bogen um mich herum, schickte dann aber doch einen tiefbösen Blick aus der Zelle. Zu dem Mann sagte sie noch etwas, von dem ich nur die Wörter „geschwätzige“ und „Neger“ verstand. In der Zelle nimmt sie ein Paket Tempo und wischt sorgfältig den Hörer ab. Am Schluss umwickelt sie die Muschel noch mit einem Taschentuch und fasst ihn nur mit spitzen Fingern an.

Kompakt

Regnet Mann telefoniert Telefonzelle warten Frau Mann Telefongespräch zieht Länge Paar Telefonzelle trippelt Mann beendet Gespräch kommt Telefonzelle entschuldigt hält Tür auf Frau antwortet böser Blick geht Telefonzelle greift Hörer putzt Mantel telefoniert hält Hörer spitzen Fingern

Offen

Es ____. __ ___ ________ _ ____ Telefonzelle.

_____ _____ ___ ___ __ __ Mann. __

___________ ____ ___ _ __ Länge. __ ___ __

__ _________ ______ hin __ __. __ ___ _____

__ Gespräch, ____ __ __ _________,

_________ ___, hält __ _____ __ __ __. __

Frau _______ __ ____ ____ ____, ___ _ die

_________, _____ ___ __ ___, ___ ihn __

____ _____ __ ________. __ hält __ ____ __

_____ _____.

Passivisch

Der Himmel lässt es in Strömen regnen. In einer Telefonzelle wird telefoniert. Draußen wird das Ende des Telefongesprächs von einer Frau und einem Mann erwartet. Ungeduld lässt sie vor der Telefonzelle hin und her trippeln. Den beiden wird die Tür aufgehalten, nachdem das Gespräch beendet wurde. Mit einem bösen Blick wird dem Mann geantwortet. Wiederum wird telefoniert, nachdem der Hörer, der mit spitzen Fingern gehalten wird, am Mantel abgeputzt worden ist.

Psycho

Der Blick, wie sie ihn angeschaut hatte und die Art und Weise, wie sie den Hörer genommen hatte, waren tief belastend. Der Blick spiegelte mehr als Verachtung wieder. Er war eiskalt. Und als sie den Hörer an ihrem Mantel demonstrativ abputzte, war klar, was sie damit sagen wollte. Gut, er hatte etwas länger telefoniert. Und es regnete leicht. Aber manchmal konnte man diese Situationen nicht vermeiden, wenn man telefonieren musste. Er hatte versucht, ihr Zeichen zu geben. Er hatte sich entschuldigt, als er rausging, hatte ihr die Tür offengehalten. Aber diese Geste ihrerseits war feindlich, mehr als feindlich. Für ihn war das keine neue Erfahrung für ihn. Wie oft schon? Nie wurden seine Entschuldigungen akzeptiert. Das war schon immer so gewesen. Was konnte man in der Situation mehr tun? Er hatte es deutlich gesagt. „Entschuldigen Sie bitte!". Er hatte ihr höflich die Tür aufgehalten, hatte sich symbolisch ein wenig verbeugt. Diese Reaktion nun traf ihn ins Innerste. Schlimm. Schlimme Erinnerungen wurden wachgerufen.

Sie kannte diese Typen, die nicht zu ihren Unverschämtheiten stehen konnten. Diese schüchtern-devote Haltung. Kriechertum hatte sie schon immer angewidert. Eigentlich konnte ihr der Typ in der Telefonzelle ja egal sein. Aber es war eines dieses tausendfachen kleinen alltäglichen déja vues, die sie aus der Fassung brachten, die ihr die qualvolle Zeit mit ihrem Mann immer wieder präsent werden ließ. Und sie hasste das. Dieser kleine tägliche Erinnerungsterror en passant. Sie mußte lernen, damit zu leben.

Rätselhaft

In einer Telefonzelle führt ein Mann ein Dauergespräch. Draußen warten genervt eine Frau und ein Mann. Die Frau gibt dem Dauerredner zu verstehen, dass er zu Ende kommen soll. Er antwortet mit einer Geste. Als er die Zelle verlässt, haut ihm der Mann der Frau rechts und links auf die Ohren.

Was war das für eine Geste, die der Dauerredner gemacht hatte?

Rückläufig

Sie hält den Hörer mit spitzen Fingern und telefoniert, putzt ihn auf ihrem Mantel, greift nach dem Hörer, geht in die Telefonzelle. Die Frau antwortet mit einem bösen Blick, hält den beiden die Tür auf, entschuldigt sich, kommt aus der Telefonzelle. Der Mann beendet das Gespräch. Das Paar vor der Telefonzelle trippelt hin und her. Das Telefongespräch zieht sich in die Länge. Draußen warten eine Frau und ein Mann. Ein Mann telefoniert in einer Telefonzelle. Es regnet.

Schwammig

Mieses Wetter. In einem dieser gelben Gehäuse, die von der Post da und dort aufgestellt werden, macht sich ein Typ zu schaffen. Sieht nach Mann aus. Draußen halten sich Wesen beiderlei Geschlechts auf. Das Gespräch kommt und kommt nicht zu Ende. Die Menschen, die auf Einlass warten, laufen hin, laufen her. Das Individuum kommt zum Schluss, verlässt den Ort seines Tuns, äußert Worte der Entschuldigung und sucht den anderen Wesen den Zugang zu der Zelle zu erleichtern. Er handelt sich seitens der Frau einen bös gemeinten Blick ein. Sie betritt den für das Führen von Ferngesprächen bestimmten Ort, ergreift die technische Vorrichtung, um sie zunächst an ihren Mantel hin und her zu bewegen. Alsdann führt sie aus, was sie mit dem Aufsuchen dieser Lokalität bezweckt. Sie trägt Sorge, die Sprech- und Hörvorrichtung nur soweit zu berühren, wie dies ohne gänzlichen Verzicht auf seine Nutzung möglich scheint.

Sprachspielerisch

Es netreg. Ein Mann niertfolete in nerei Lezelfonlete. ßendrau tenwar neei Frau und ein Mann. Das Sprächgefonlete zieht sich in die Gelän. Das Paar vor der Lezelfonlete pelttrip hin und her. Der Mann detenbe das Sprächge, kommt aus der Lezelfonlete, digschulen sich, hält den denbei die Türe auf. Die Frau tetworant mit nemei senbö Blick, geht in die Lezelfonlete, greift nach dem Rerhö, putzt ihn auf reih Telman und niertfolete. Sie hält den Rerhö mit zenspit Gernfin.

Teflonisch

Es regnet. Ein Mann tefloniert in einer Teflonzelle. Draußen warten eine Frau und ein Mann. Das Teflongespräch zieht sich in die Länge. Das Paar vor der Teflonzelle trippelt hin und her. Der Mann beendet das Gespräch, kommt aus der Teflonzelle, entschuldigt sich, hält den beiden die Tür auf.
Die Frau antwortet mit einem bösen Blick, geht in die Teflonzelle, greift nach dem Hörer, putzt ihn auf ihrem Mantel und tefloniert. Sie hält den Hörer mit spitzen Fingern.

Warnung des Gesundheitsministers:
Teflonieren kann tödlich sein.

Verkehrt

Fingern spitzen mit Hörer den hält Sie. telefoniert und Mantel ihrem auf ihn putzt, Hörer dem nach greift, Telefonzelle die in geht, Blick bösen einem mit antwortet Frau Die. auf Tür die beiden den hält, sich entschuldigt, Telefonzelle der aus kommt, Gespräch das beendet Mann Der. her und hin trippelt Telefonzelle der vor Paar Das. Länge die in sich zieht Telefongespräch Das. Mann ein und Frau eine warten Draußen. Telefonzelle einer in telefoniert Mann Ein. regnet Es.

Journalistisch

Augsburg, 17. Juni 2991
Am späten Nachmittag des gestrigen Tages telefonierte ein Mann in einem öffentlichen Münzfernsprecher, während außerhalb ein weiterer Mann und eine Frau im Regen auf das Freiwerden der Zelle warteten. Nach Beendigung des Gesprächs verließ der Mann die Zelle und hielt den beiden die Tür auf. Die Frau jedoch zeigte deutliche Anzeichen von Verärgerung, was ihr weiteres Verhalten beeinflusste.

Zentriert

Es regnet.
Ein Mann telefoniert in einer Telefonzelle.
Draußen warten eine Frau und ein Mann.
Das Telefongespräch zieht sich in die Länge.
Das Paar vor der Telefonzelle trippelt hin und her.
Der Mann beendet das Gespräch,
kommt aus der Telefonzelle,
entschuldigt sich,
hält den beiden die Tür auf.
Die Frau antwortet mit einem bösen Blick,
geht in die Telefonzelle,
greift nach dem Hörer,
putzt ihn auf ihrem Mantel
und telefoniert.
Sie hält den Hörer mit spitzen Fingern.

Dies sind einige Früchte eines Seminars von
H. J. Heringer und V. Hinnenkamp.

Die Texte haben unterschiedliche Autoren und sind gemeinsam überarbeitet worden.

Die Formatierung ist meine.